PETER BAUMANN

# Das aktuelle Recht für Arbeitnehmer

Ebenfalls von Peter Baumann im Walhalla Fachverlag:

**Das aktuelle Scheidungsrecht**
Finanzen – Kinder – Unterhalt
ISBN 3-8029-3513-6

**Scheidung – ein Finanzproblem?**
Kosten – Unterhalt – Rente
Mit Berechnungsbeispielen
ISBN 3-8029-3620-5

PETER BAUMANN

# Das aktuelle Recht für Arbeitnehmer

## Arbeitsvertrag · Kündigung · Abfindung

WALHALLA
REGENSBURG · BONN

Die Deutsche Bibliothek – CIP-Einheitsaufnahme

**Baumann, Peter:**
Das aktuelle Recht für Arbeitnehmer: Arbeitsvertrag – Kündigung – Abfindung /
Peter Baumann. – 2., neubearb. Aufl., Stand: Februar 1996. – Regensburg ; Bonn : Walhalla, 1996
(Geld & Gewinn)
ISBN 3-8029-3492-X

Zitiervorschlag:
**P. Baumann,** Das aktuelle Recht für Arbeitnehmer,
Regensburg, Bonn 1996

**Hinweis:** Unsere Ratgeber sind stets bemüht, Sie nach bestem Wissen zu informieren.
Die vorliegende Ausgabe beruht auf dem Stand von Februar 1996. Verbindliche Rechtsauskünfte holen Sie gegebenenfalls bei Ihrem Rechtsanwalt ein.

2., neubearbeitete Auflage


Produktion: Walhalla Fachverlag, **93042** Regensburg
Printed in Germany
ISBN 3-8029-3492-X

Schnellübersicht

*Nutzen Sie das Inhaltsmenü:*
*Die Schnellübersicht führt Sie zu Ihrem Thema.*
*Die Kapitelüberschriften führen Sie zur Lösung.*

# Vorwort

„Das aktuelle Recht für Arbeitnehmer" bietet einen Überblick über zahlreiche Probleme dieses Rechtsgebiets, wobei in der 2. Auflage alle Gesetzesänderungen und zahlreiche bedeutsame Entscheidungen der Gerichte verarbeitet sind. Gleichwohl kann es jedoch nicht auf alle Einzelheiten des Arbeitsrechts eingehen.

Das Buch kann und soll nicht dazu dienen, daß Sie ohne Einschaltung Ihres Rechtsanwalts selbst den Gerichtsweg beschreiten. Vielmehr soll es Ihnen helfen, ob Sie nun Arbeitgeber oder Arbeitnehmer sind, sich einen Überblick zum Arbeitsrecht zu verschaffen.

Ich bedanke mich bei meiner Frau, Margit Baumann, für ihre redaktionelle Bearbeitung.

München *Peter Baumann*

## Abkürzungen

DB = Der Betrieb
NZA = Neue Zeitschrift für Arbeitsrecht
NJW = Neue Juristische Wochenschrift

# Besonderheiten des Arbeitsrechts

1

Es gibt – wie immer bei rechtlichen Sachverhalten – viele Theorien darüber, was unter Zivilrecht zu verstehen ist und welche Besonderheit hierzu das Arbeitsrecht darstellt. Ganz allgemein kann gesagt werden, daß man unter Zivilrecht Rechtsverhältnisse versteht, die von der Gleichordnung der betroffenen Personen ausgehen und nicht von dem Unterworfensein unter staatliche Anordnungen. Vielfach geht das Arbeitsrecht von diesem Gleichordnungsverhältnis aus – dementsprechend finden sich wichtige Regelungen hierzu auch in unserem Bürgerlichen Gesetzbuch. Es gibt aber auch eine ganze Reihe von Bestimmungen, in denen der Staat meinte, in die Rechtsverhältnisse eingreifen und – meist zum Schutz der Arbeitnehmer – Regelungen treffen zu müssen.

## Besonderheiten im Gerichtsverfahren

Das Arbeitsrecht ist einer eigenen Gerichtsbarkeit unterworfen. Wenn Sie einen Rechtsstreit mit Ihrem Arbeitgeber haben, dann können Sie diesen in den allermeisten Fällen nur vor den Arbeitsgerichten austragen.

Anders als bei den Zivilgerichten, findet vor den Arbeitsgerichten zunächst immer eine sogenannte *Sühneverhandlung* statt, bei der noch keine großartigen Beweise angeboten oder Zeugen mitgebracht werden müssen. Vielmehr ist der Arbeitsrichter gehalten, in dieser Sühneverhandlung zunächst einmal, ohne daß alle Einzelheiten ausgebreitet werden müssen, die gegenseitigen Interessen festzustellen und, wenn irgend möglich, im Rahmen eines Vergleichs zu lösen. Nur wenn das in diesem Sühneverfahren nicht möglich ist, wird eine sogenannte *Hauptverhandlung* vor einer Kammer beim Arbeitsgericht angeordnet. Dann müssen der hauptberufliche und zwei ehrenamtliche Arbeitsrichter – einer vertritt dabei die Arbeitgeberseite, der andere die Arbeitnehmerseite – über den Rechtsstreit entscheiden. Während es vor den sonstigen Zivilgerichten (Amtsgerichte,

Landgerichte, Oberlandesgerichte etc.) keine ehrenamtlichen Richter gibt, sieht das Gesetz für Entscheidungen der Arbeitsgerichte vor, daß diese auch mit ehrenamtlichen Richtern besetzt sind.

## Kosten beim Arbeitsgericht

Eine weitere Besonderheit des Verfahrens vor dem Arbeitsgericht ist das Problem der Verfahrenskosten. Es gibt vielfach keine Gerichtskosten, im Gegensatz zum ansonsten recht aufwendigen und teuren Zivilprozeß. Während aber beim sonstigen Zivilprozeß der Unterlegene grundsätzlich auch die Kosten desjenigen mitbezahlen muß, der den Prozeß gewonnen hat, einschließlich der angefallenen Gerichts- und Anwaltskosten, zahlt beim Arbeitsgericht jede Partei grundsätzlich ihre Kosten – also in erster Linie die Anwaltskosten – selbst. Nur vor dem Landesarbeitsgericht und dem Bundesarbeitsgericht gilt die gleiche Kostenfolge wie vor den sonstigen Zivilgerichten. Es muß also nur in diesen Fällen die unterlegene Partei grundsätzlich auch die Kosten der gewinnenden Partei übernehmen.

*Sie müssen also – ob Sie Recht bekommen oder nicht – vor dem Arbeitsgericht grundsätzlich damit rechnen, daß Sie Ihre Anwaltskosten selbst übernehmen müssen.*

Aus diesem besonderen Grund ist gerade für das Arbeitsrecht eine Rechtsschutzversicherung außerordentlich empfehlenswert. Sie nimmt Ihnen das oft durchaus hohe Kostenrisiko ab. Immerhin gibt es im Arbeitsrecht oft hohe Streitwerte. Für die Gebührenberechnung der Anwälte wird von einem Streitwert von drei Monatsbruttogehältern ausgegangen; es können aber aufgrund von Besonderheiten noch höhere Streitwerte entstehen.

## Tarifverträge als zusätzliche Rechtsvorschriften

Das Arbeitsrecht enthält neben den üblichen Vorschriften für das Arbeitsvertragsrecht zahlreiche Besonderheiten durch die Tarifverträge für die einzelnen Branchen. In den meisten Fällen sind die Tarifverträge für allgemeinverbindlich erklärt worden, das heißt, daß sie zwar nur zwischen den Gewerkschaften als Vertreter von Gewerkschaftsmitgliedern und Angehörigen von Arbeitgeberverbänden ausgehandelt wurden, daß gleichwohl die ausgehandelten Bestimmungen aber auch für alle diesen Organisationen nicht angehörenden Firmen und Personen Geltung haben. In vielen Fällen gelten für zahlreiche Angehörige der unterschiedlichen Berufsgruppen, auch neben den allgemeinen Bestimmungen des Arbeitsrechts, noch die Besonderheiten der Tarifverträge. *Es empfiehlt sich deshalb für jeden Arbeitnehmer, schon bei Abschluß eines Arbeitsvertrages zu überprüfen, welcher Tarifvertrag gegebenenfalls in das Arbeitsverhältnis miteinbezogen ist und vor allem auch, sich diesen Tarifvertrag zu besorgen.* Selbst ein ausschließlich nur im Bereich des Arbeitsrechts tätiger Anwalt wird in der Regel nicht alle Tarifverträge in seiner Kanzlei haben. Bevor er mehr oder weniger mühsam versucht, an den für Sie einschlägigen Tarifvertrag heranzukommen, können Sie ihm die Arbeit erheblich erleichtern, wenn Sie schon zur ersten Besprechung den für Sie gültigen Tarifvertrag mitbringen.

Immer wieder werden auch Tarifverträge geändert. Sie müssen also zumindest wissen, daß es Tarifverträge gibt, die oft umfangreiche Bestimmungen zum individuellen Arbeitsrecht enthalten. Nur wenn Sie diese für Sie gültigen Tarifverträge kennen, werden Sie auch über Ihre Rechte und Pflichten als Arbeitnehmer Bescheid wissen.

Um Ihnen die Bedeutung der Tarifverträge für das Arbeitsrecht zu verdeutlichen, wird nachfolgend auf zwei Entscheidungen (a), b)) des Bundesarbeitsgerichts hingewiesen:

a) Gerade im Jahr 1995 ergingen zur tariflichen Eingruppierung und zu sonstigen Bestimmungen der Tarifverträge zahlreiche Entscheidungen des Bundesarbeitsgerichts. Besonders bedeutsam ist die Entscheidung vom 14. 6. 1995 (DB 1995, 2614), in der festgelegt wurde, daß Tarifvertragsparteien nicht gehindert sind, die Eingruppierungsmerkmale auch zum Nachteil der Arbeitnehmer zu ändern. Diese Entscheidung erging zum Bundesangestelltentarifvertrag, in dem ein sogenannter Bewährungsaufstieg in eine höhere Vergütungsgruppe festgelegt, nachträglich durch Änderungstarifvertrag vom 24. 4. 1991 wieder beseitigt worden war. Die Klägerin meinte in diesem Fall, sie hätte aufgrund der Eingruppierung in eine bestimmte Vergütungsgruppe des alten Tarifvertrags bereits eine verfassungsrechtlich geschützte Anwartschaft auf Höhergruppierung nach vierjähriger Berufsausübung erlangt. Das Bundesarbeitsgericht hatte in einer Entscheidung aus dem Jahr 1994 (DB 1995, 778) bereits festgestellt, daß sogar eine rückwirkende Tariflohnsenkung zulässig ist, wenn der Grundsatz des Vertrauensschutzes nicht verletzt worden ist. Dementsprechend könne auch eine Änderung tariflicher Merkmale zum Nachteil des Arbeitnehmers durchgeführt werden.

b) In der Metallindustrie gibt es einen Tarifvertrag zur Beschäftigungssicherung. Die Klägerin eines 1995 beim Landesarbeitsgericht Niedersachsen entschiedenen Falles (DB 1995, 2482) verlangte von der Firma, in der sie ausgebildet worden war, Schadensersatz, weil sie entgegen der Bestimmungen dieses Tarifvertrages nicht in ein Vollzeitarbeitsverhältnis wenigstens für die Dauer von 6 Monaten übernommen worden war. Der Klägerin hatte ursprünglich gegen die Beklagte ein Anspruch auf Abschluß eines Arbeitsvertrages für die angegebene Dauer und damit auch ein Anspruch auf tatsächliche Beschäftigung während dieses Zeitraums zugestanden. Da der Arbeitgeber dieser Verpflichtung nicht nachgekommen war, hatte er sich nach Meinung des Landesarbeitsgerichts schadensersatzpflichtig gemacht.

Allein aus diesen zwei zitierten Gerichtsentscheidungen können Sie die außerordentliche Bedeutung der Tarifverträge für das Arbeitsrecht und für Ihr Arbeitsverhältnis wohl ohne weiteres ermessen.

Bei nahezu allen größeren Firmen wurden meist mit Hilfe von Gewerkschaften Betriebsräte gewählt. Im hier vorliegenden Buch geht es allerdings ausschließlich um das sogenannte *Individualarbeitsrecht* – also um arbeitsrechtliche Fragen zwischen Arbeitnehmer und Arbeitgeber – und nicht um das sogenannte *kollektive Arbeitsrecht,* das Rechtsverhältnis zwischen den Tarifvertragsparteien beziehungsweise den Betriebsräten und den Firmen. Gleichwohl wird auch hier immer wieder das kollektive Arbeitsrecht berührt und sei es nur insoweit, als zum Beispiel die Betriebsräte bei Kündigungen ein erhebliches Mitspracherecht haben und eine Kündigung ohne Beachtung dieses Mitspracherechts von der Rechtsprechung grundsätzlich als nichtig angesehen wird.

Selbst bei kleineren Fällen des Zivilrechts, also kleinen Streitigkeiten vor den Amtsgerichten, wird es immer weniger üblich, ohne Anwalt aufzutreten. Für Streitigkeiten vor den Arbeitsgerichten gilt heute auch in verstärktem Maße, daß Sie nach Möglichkeit einen Anwalt mit Ihrer Vertretung betrauen sollten. Die Vertretung durch Verbandsangehörige dürfte sich nicht empfehlen.

# Bewerbung

2

## Aufnahme von Vertragsverhandlungen

Sie haben sich entschlossen, eine andere Arbeitsstelle zu suchen oder vielleicht auch, sich zum ersten Mal zu bewerben. Es sei dahingestellt, wie sorgfältig Sie Ihre Bewerbungsunterlagen zusammengestellt haben (wie Ihre Unterlagen aussehen sollen, wollen wir hier nicht behandeln).

*Wichtig für Sie ist aber, daß Sie sich darüber im klaren sind, daß bereits die Aufnahme von Vertragsverhandlungen, die durch die Übersendung von Bewerbungsunterlagen eingeleitet werden, für beide Seiten Verpflichtungen begründet.*

Das wurde besonders deutlich bei einer Entscheidung des Bundesarbeitsgerichts aus dem Jahre 1984 (NJW 1995, 509):

Der mögliche künftige Arbeitgeber betrieb eine Spedition, der Arbeitnehmer, der eingestellt werden sollte, war Speditionskaufmann in einer anderen Speditionsfirma. Bereits im Juli 1979 vereinbarten die Parteien, daß der Speditionskaufmann Anfang 1980 die Speditionsabteilung in dieser Firma übernehmen sollte. Die ersten sechs Monate sollten als Probezeit mit einer beiderseitigen Kündigungsfrist von einem Monat zum Monatsende gelten. Um sich entsprechend auf das neue Arbeitsverhältnis und die dadurch entstehenden Möglichkeiten vorzubereiten, kaufte die Spedition im Dezember 1979 Fahrzeuge zu einem Gesamtpreis von mehr als 300 000,– DM. Ende Dezember und schließlich noch einmal kurz vor dem 15. 1. 1980 rief der Speditionskaufmann bei dem möglichen künftigen Arbeitgeber an und bat um Verschiebung seines Eintrittstermins. Er erklärte, er müsse noch verschiedene Geschäfte mit Kunden seiner bisherigen Arbeitgeberin abwickeln. Die Spedition ließ sich zunächst darauf ein, als es aber Anfang Februar 1980 noch immer nicht zur Arbeitsaufnahme des Speditionskaufmanns kam, verkaufte die Spedition schließlich mit einem Verlust von ca. 25 000,– DM die Fahrzeuge und forderte diesen Betrag von dem „Beinahe-Arbeitnehmer".

Wie es aufgrund unseres demokratischen Gerichtswesens immer wieder geschieht, konnten sich aufgrund der freien Entscheidungsmöglichkeit der Richter die Gerichte hier nicht einigen. Das Arbeitsgericht war zunächst der Meinung, der Speditionskaufmann müsse die 25 000,– DM bezahlen, das Landesarbeitsgericht war der gegenteiligen Meinung, das Bundesarbeitsgericht schloß sich der Meinung des Landesarbeitsgerichts an.

Das Bundesarbeitsgericht machte zunächst deutlich, daß auch bei einem Vertragsbruch des Speditionskaufmanns dieser nur zum Ersatz des Schadens verpflichtet sei, der bei Einhaltung der ordentlichen Kündigungsfrist vermeidbar gewesen wäre. Auch wenn das Bundesarbeitsgericht hier der Klage nicht stattgab, verwies es doch darauf, „daß ein Arbeitnehmer den Arbeitgeber unverzüglich unterrichten muß, ob er die Arbeit antreten kann oder will, wenn er vor dem vertraglich zugesagten Arbeitsantritt erkennen muß, daß der Arbeitgeber im Vertrauen auf diesen Arbeitsantritt erhebliche Aufwendungen macht." Unterläßt der Arbeitnehmer diese Unterrichtung schuldhaft, so ist er dem Arbeitgeber für den Schaden ersatzpflichtig, der nicht eingetreten wäre, wenn er dieser Unterrichtungspflicht nachgekommen wäre. Es handelt sich dabei allerdings nicht um Schäden, die auf dem Nichtantritt der Arbeit beruhen, sondern um Schäden, die durch die fehlende Unterrichtung entstanden sind.

Der in dem hier geschilderten Fall durchaus mögliche Schadensersatzanspruch wurde unter anderem deshalb nicht gewährt, weil die Spedition die Beweise nicht führen konnte, die ihr auferlegt gewesen waren. Sie sollten aber anhand dieser Entscheidung erkennen, daß Sie vorsichtig sein müssen, wenn Sie den Arbeitgeber durch den Abschluß eines Arbeitsvertrags zu erheblichen Investitionen veranlassen und wenn Sie nicht rechtzeitig deutlich machen, daß Sie die Arbeit doch nicht antreten wollen.

## Psychologische und ärztliche Gutachten

Bei jugendlichen Arbeitnehmern schreibt das Gesetz eine ärztliche Untersuchung vor, so daß insbesondere in Berufsausbildungsverhältnissen eine Ausbildungsaufnahme nur möglich ist, wenn sich der Ausbildende ein ärztliches Zeugnis hat vorlegen lassen.

Bei kleineren Firmen wird auf die ärztliche Untersuchung und vor allen Dingen auf einen psychologischen Test vielfach verzichtet. In Großunternehmen sind sie allerdings üblich. Immerhin wird dort auch ein teurer Stab von sogenannten Spezialisten in den Personalabteilungen unterhalten, der sich natürlich Gedanken darüber machen muß, wie man nur die besten und geeignetsten Personen für die eigene Firma gewinnt. Einige dieser Großmeister der Einstellungspraxis sind darauf verfallen, Erkenntnisse über die einzustellenden Personen mittels graphologischer Gutachten zu gewinnen. Das Bundesarbeitsgericht mußte schließlich entscheiden, daß die Einholung dieser Gutachten ohne Einwilligung des Bewerbers nichtig ist. Wenn Sie aber aufgefordert werden, einen handgeschriebenen Lebenslauf vorzulegen, so müssen Sie – zumindest, wenn Sie leitender Angestellter werden wollen – davon ausgehen, daß mit Vorlage Ihres handgeschriebenen Lebenslaufes angenommen wird, daß Sie mit einem graphologischen Gutachten einverstanden sind. Sie sollten dabei allerdings nicht auf die Idee kommen, sich einen handgeschriebenen Lebenslauf von einer anderen Person schreiben zu lassen. Einen derartigen Fall hatte das Bundesarbeitsgericht 1982 (NJW 1984, 446) zu entscheiden:

Eine Dame hatte sich als Gebietsleiterin im Außendienst beworben. Als das Unternehmen daraufhin einen handgeschriebenen Lebenslauf erbat, ließ sie sich diesen von ihrem Anwalt schreiben und von diesem mit ihrem Namen auch unterzeichnen. Es sei dahingestellt, was man von diesen

Handlungen halten mag und wie man sie sonst rechtlich beurteilt. Zugunsten des Anwalts spricht, daß das eingeholte Schriftgutachten überaus positiv ausfiel. Die Dame wurde daraufhin eingestellt. Es dauerte allerdings nicht lange, bis der Arbeitgeber feststellte, daß ihm ein falscher handgeschriebener Lebenslauf vorgelegt worden war. Er focht das Arbeitsverhältnis wegen arglistiger Täuschung an, verlor das Verfahren zunächst am Arbeitsgericht, konnte sich jedoch dann am Landesarbeitsgericht und am Bundesarbeitsgericht durchsetzen. Dieses stellte fest, daß die bloße Anforderung eines handgeschriebenen Lebenslaufes zur Vervollständigung des Persönlichkeitsbildes in der betrieblichen Praxis vielfach üblich sei und aus Ordnungsgesichtspunkten grundsätzlich nicht mißbilligt werden könne. Grundsätzlich bedürfe es hierfür allerdings der ausdrücklichen Einwilligung des Betroffenen. Das Einverständnis der Dame in dem hier vorliegenden Fall konnte aufgrund der Sachlage angenommen werden.

*Grundsätzlich dürften nur insoweit graphologische Gutachten erstellt werden, als sie für das Arbeitsverhältnis überhaupt erforderlich sind.* Sie werden allerdings nur wenig Möglichkeit haben, den Umfang des graphologischen Gutachtens zu überprüfen, weil Sie in den meisten Fällen, zumal wenn Sie wegen des Gutachtens den Arbeitsplatz nicht erhalten, auch keine Einsichtsmöglichkeit bekommen.

*Auch bei den psychologischen Eignungsuntersuchungen muß der Bewerber ausdrücklich zustimmen, damit sie ihm auferlegt werden können.* Welcher Bewerber wird allerdings nicht – und sei es zähneknirschend – seine Zustimmung zu diesen Tests erteilen, wenn er den Arbeitsplatz haben möchte?

Der Wert graphologischer und psychologischer Tests kann ohne weiteres angezweifelt werden. Ohne diese Tests müßte aber der zuständige Personalleiter seine möglicherweise fehlerhafte Entscheidung ganz allein vor seinem Arbeitgeber verantworten. Kann er sich auf die Tests berufen, wird er in den Augen des Arbeitgebers eine gewisse Entlastung für seine Fehlentscheidung finden können. Werden dem Personalleiter zu viele Fehlentscheidungen direkt angelastet, dann müßte er ja Zweifel an der eigenen Befähigung für die Personalauswahl haben und gar sein Amt zur Verfügung stellen.

Insbesondere in Großunternehmen sind ärztliche Untersuchungen vor der endgültigen Entscheidung für den Bewerber üblich. *Der Arzt hat sich allerdings dem Arbeitgeber gegenüber auf die Feststellung zu beschränken, ob der Bewerber für die Stelle geeignet ist oder nicht. Weitergehende Angaben verbietet ihm die ärztliche Schweigepflicht.*

Häufig werden Arbeitsverträge unter der auflösenden Bedingung fehlender gesundheitlicher Eignung geschlossen, weil die Einstellungsuntersuchung erst nach Beschäftigungsaufnahme erfolgen kann. Das bedeutet, daß der Arbeitgeber nach Vorliegen dieser Einstellungsuntersuchung das Arbeitsverhältnis dann beenden kann, wenn der Arzt zu dem Ergebnis kommt, daß der Arbeitnehmer die gesundheitlichen Voraussetzungen für seine Aufgaben nicht erfüllt.

Das hessische Landesarbeitsgericht hat in einer Entscheidung von 1994 (DB 1995, 1617) ausdrücklich festgestellt, daß eine derartige arbeitsvertragliche Vereinbarung zulässig ist und zwar auch dann, wenn der Arbeitnehmer bereits seine Tätigkeit in der Firma aufgenommen hat. Der Arbeitgeber kann seiner Entscheidung die Einstellungsuntersuchung durch einen Betriebsarzt oder einen sonst mit arbeitsmedizinischen Fachkenntnissen und einem ausreichenden Einblick in die Gegebenheiten des Betriebs/der Dienststelle ausgestatteten Arzt zugrundelegen.

Durch die Besonderheiten von Aids sind insoweit neue Rechtsprobleme entstanden. Einerseits gibt es zwar die Verpflichtung für den Arbeitgeber, seine beschäftigten Arbeitnehmer zu schützen – das gilt auch bei Arbeitskontakten mit HIV-Infizierten –, eine Untersuchung auf Aids generell ist jedoch nicht erlaubt, wenn bei normalen Arbeitskontakten keine Schwierigkeiten befürchtet werden müssen. Aufgrund seiner Schweigepflicht ist es dem Arzt verboten, den Arbeitgeber von Aids zu unterrichten, er darf nur den Arbeitnehmer darauf aufmerksam machen.

Das Landgericht Braunschweig bestätigte in einer Entscheidung von 1989 (NJW 1990, 700) ausdrücklich das unbedingte Erfordernis der ärztlichen Schweigepflicht auch bei Feststellung positiver HIV-Antikörper:
Ein Krankenpfleger wurde nach einem Unfall in die Klinik, in der er selbst beschäftigt war, eingeliefert. Bei einer routinemäßigen Blutabnahme wurde ohne seine Einwilligung auch ein HIV-Test durchgeführt, der positiv war. Der zuständige Arzt teilte das nun nicht dem Krankenpfleger, sondern dessen Dienstvorgesetzten mit, der sich seinerseits dann an den Krankenpfleger wandte. Das Gericht stellte ausdrücklich eine Verletzung der ärztlichen Schweigepflicht fest und verurteilte den Arzt zur Zahlung eines beträchtlichen Schmerzensgeldes.

## Fragen beim Vorstellungsgespräch

Immer wieder gibt es beim Vorstellungsgespräch oder in Zusammenhang mit dem dabei vorgelegten Fragebogen Probleme für den Arbeitnehmer. Muß er diese oder jene Frage beantworten, kann er gegebenenfalls sogar eine falsche Antwort geben?

*Ganz allgemein kann zunächst festgehalten werden, daß die meisten Fragen vollständig und richtig beantwortet werden müssen* und daß wahrheitswidrige oder unvollständige Beantwortungen dem Arbeitgeber das Recht geben könnten, den Arbeitsvertrag anzufechten, wenn er später die Wahrheit erfährt. Von diesem Grundsatz gibt es aber auch ganz erhebliche und gewichtige Ausnahmen.

Zunächst ist festzuhalten, daß sich der Arbeitgeber bei seinen Fragen auf das Arbeitsverhältnis beschränken muß. Er kann – und wenn das Interesse noch so groß ist – nicht ernsthaft bei einer hübschen Bewerberin die Frage stellen, ob Sie einen Freund hat und gar meinen, er könne das Arbeitsverhältnis anfechten, wenn er später von einer wahrheitswidrigen Beantwortung der Frage erfährt. Es hat den Arbeitgeber auch nicht zu interessieren, ob die Bewerberin oder der Bewerber bald heiraten will. *Auf solche, neben der beruflichen Tätigkeit liegende Fragen kann der Bewerber, ohne irgendwelche negativen Rechtsfolgen auch falsche Antworten geben.* Gleiches gilt weitgehend für die Frage der Parteizugehörigkeit oder gar der Religion. Hinsichtlich der Parteizugehörigkeit sind allerdings Einschränkungen möglich. Zwar stellte das Landesarbeitsgericht Mainz 1984 (NJW 1985, 510) fest, daß ein DKP-Mitglied bei der Bewerbung um eine Angestelltenposition im öffentlichen Dienst nicht verpflichtet sei, ungefragt seine Mitgliedschaft in der DKP und verwandten Organisationen zu offenbaren, andererseits läßt diese Entscheidung den Schluß zu, daß die Frage nach der Mitgliedschaft in der DKP – und gegebenenfalls auch einer rechtsradikalen Partei – zulässig sein könnte. Die Mitgliedschaft in radikalen Parteien kann bei Beamten und Angestellten des öffentlichen Dienstes eine Kündigung zulassen, wenn „durch die Übernahme von Parteiämtern und Kandidaturen bei allgemeinen Wahlen" der Beamte oder Angestellte im öffentlichen Dienst aktiv in der Öffentlichkeit für die Partei eintritt, „ohne daß es darauf ankommt, ob er nach seiner inneren Einstellung das Programm und die Ziele der Partei in ihrer Gesamtheit oder nur insoweit billigt, als er sie für verfassungskonform hält." Wenn diese fehlende Verfassungstreue zur Kündigung führen kann, dann müssen auch Fragen hinsichtlich der Zugehörigkeit zu einer radikalen Partei – zumindest für die Einstellung im öffentlichen Dienst – zulässig sein.

Eine beliebte Frage bei Frauen war und ist diejenige nach der Schwangerschaft. Noch bis November 1990 waren das Bundesarbeitsgericht und andere Gerichte der Meinung, die Frage nach der Schwangerschaft sei zulässig oder müsse zumindest dann wahrheitsgemäß beantwortet werden, wenn sich um den Arbeitsplatz nur Frauen bewerben würden. Erst der Europäische Gerichtshof setzte in seiner Entscheidung vom 8. 11. 1990 dieser Rechtsprechung ein Ende (NJW 1991, 628). Erstreiten mußte die Entscheidung eine Holländerin, die sich im Juni 1981 – der Gesamtprozeß hatte also etwa neun Jahre gedauert – um eine Tätigkeit als Erzieherin in einer Bildungsstätte für junge Erwachsene bewarb. Wahrheitsgemäß teilte sie der Auswahlkommission mit, daß sie seit drei Monaten schwanger sei. Gleichwohl schlug die Kommission sie der Leitung des Unternehmens als für die Tätigkeit am besten geeignete Bewerberin vor. Dieses wollte sie jedoch trotzdem nicht einstellen und begründete die Ablehnung damit, daß die Klägerin schon bei Einreichung ihrer Bewerbung schwanger gewesen sei und daß niemand die Leistungen erstatten würde, welche das Unternehmen der Klägerin während ihres Mutterschaftsurlaubs zu bezahlen hätte. Nun mußte das Gerichtsverfahren erst sämtliche zuständigen Gerichte in den Niederlanden durchlaufen, bevor es dem Europäischen Gerichtshof vorgelegt werden konnte. Dieser stellte fest, daß die Verweigerung einer Einstellung wegen Schwangerschaft nur Frauen gegenüber in Betracht komme und daher eine unmittelbare Diskriminierung aufgrund des Geschlechts darstelle. Eine Verweigcrung der Einstellung aufgrund der finanziellen Auswirkungen der Fehlzeiten wegen Schwangerschaft sei als eine Weigerung zu sehen, die im wesentlichen ihren Grund in der Schwangerschaft als solcher habe. Eine derartige Diskriminierung könne nicht mit den finanziellen Nachteilen gerechtfertigt werden, die der Arbeitgeber im Falle der Einstellung einer schwangeren Frau während deren Mutterschaftsurlaub erleiden würde. Des weiteren stellte das Gericht fest, daß es keinen Unterschied mache, ob sich für die Stelle ein Mann beworben habe oder nicht.

Zumindest seit dieser Entscheidung ist davon auszugehen, daß Frauen auf die Frage nach Schwangerschaft nicht wahrheitsgemäß zu antworten brauchen. Ob etwas anderes gelten kann, wenn sich eine Sportlehrerin oder ein Mannequin bewerben, erscheint zweifelhaft. Ist der Mutterschaftsurlaub abgelaufen, können Sportlehrerinnen und Mannequins ihre Arbeitstätigkeiten wieder genauso verrichten wie andere Frauen. *Es erscheint deshalb nicht gerechtfertigt, insoweit Ausnahmen vom Grundsatz zu machen, daß Frauen bei der Bewerbung nicht nach Schwangerschaft gefragt werden dürfen beziehungsweise bei einer derart unzulässigen Frage keine wahrheitsgemäße Antwort zu geben brauchen.*

Fragen nach Vermögensverhältnissen und Vorstrafen sind nur insoweit zulässig, als sie den besonderen Tätigkeitsbereich des Bewerbers beeinflussen können. Wer sich als Kraftfahrer bewirbt, wird gegebenenfalls auch ungefragt klarstellen müssen, daß ihm, zum Beispiel wegen Trunkenheit, in Kürze der Führerschein entzogen werden wird.

# Arbeitsvertrag

3

## Vertragsform

Es gibt immer noch eine ganze Reihe von Berufsgruppen, in denen es ausreicht, „seine Papiere" – das heißt, die Lohnsteuerkarte und die Sozialversicherungsunterlagen – vorzulegen und mit der Arbeit zu beginnen. In vielen Bereichen haben sich die Gewerkschaften allerdings mit Hilfe von Tarifverträgen darum bemüht, schriftliche Arbeitsverträge vorzuschreiben. Damit sollen dem Arbeitnehmer wenigstens in groben Umrissen seine Rechte und Pflichten klargelegt werden. Wenig nützlich ist es allerdings, wenn in diesen Arbeitsverträgen vielfach wieder nur auf den Tarifvertrag verwiesen wird, ohne daß dem neu zu Beschäftigenden ein Exemplar dieses Vertrages ausgehändigt wird.

Ist durch Tarifvertrag – oder auch nur durch eine Betriebsvereinbarung zwischen Betriebsrat und Arbeitgeber – die Schriftform für den Arbeitsvertrag vorgeschrieben, führt die Nichteinhaltung dieses Formzwangs dazu, daß Arbeitgeber und Arbeitnehmer ohne Einhaltung irgendeiner Frist das Arbeitsverhältnis beenden können. Für geleistete Arbeit muß allerdings bezahlt werden.

## Nichtantritt des Arbeitsverhältnisses

Lesen Sie einen Arbeitsvertrag, bevor Sie ihn unterschreiben, immer gründlich durch. Es gibt inzwischen durchaus eine ganze Reihe von Verträgen, in denen festgelegt ist, daß Sie eine Vertragsstrafe bezahlen müssen, wenn Sic Ihr Arbeitsverhältnis nicht wie vereinbart antreten.

*Grundsätzlich werden diese Vertragsstrafen-Vereinbarungen von der Rechtsprechung gebilligt, sofern die Geldstrafe nicht unverhältnismäßig hoch angesetzt wird.*

Sowohl das Bundesarbeitsgericht (AP 9 zu § 339 BGB) wie auch das Landesarbeitsgericht Berlin (BB 91, 1867) haben 1991 entschieden, daß Vertragsstrafen-Regelungen sowohl im Arbeitsrecht als auch im Recht der Handelsvertreter zulässig sind. Ausdrücklich wurde auch festgestellt, daß diese Vertragsstrafen nicht gegen das Gesetz zur Regelung der allgemeinen Geschäftsbedingungen verstoßen, wenn sie für den Fall „versprochen" worden sind, daß sich der andere rechtsgrundlos von einem Vertrag löst, der eine Dienstleistung zum Gegenstand hat. Noch 1981 hatte ein Arbeitsrichter beim Arbeitsgericht Herford in einem ähnlichen Fall zu Lasten des Arbeitgebers entschieden. Ein Speditions- und Lagerunternehmen mit etwa 20 Arbeitnehmern hatte einen Kraftfahrer mit einem schon vorformulierten Arbeitsvertragsmuster der Wirtschaftsvereinigung Groß- und Außenhandel angestellt. In diesem Vertragsmuster heißt es: „Im Falle der schuldhaften Nichtaufnahme oder der vertragswidrigen Beendigung der Tätigkeit ist der Arbeitnehmer verpflichtet,

1. bis zur ordnungsgemäßen Beendigung des Vertragsverhältnisses jegliche Arbeitsleistung für eine andere Firma zu unterlassen und
2. der Firma eine Entschädigung in Höhe des vereinbarten beziehungsweise zuletzt gezahlten Bruttolohnes von zwei Wochenlöhnen beziehungsweise eines halben Monatslohnes zu zahlen, vorbehaltlich weitergehender Schadensersatzansprüche."

Als nun der Kraftfahrer zum vereinbarten Dienstbeginn nicht erschien, verlangte das Speditionsunternehmen Schadensersatz für den nicht eingehaltenen Arbeitsvertrag in Höhe von zwei Wochenlöhnen = 870,– DM. Der zuständige Arbeitsrichter sah in diesem Fall offensichtlich nur den „armen Arbeitnehmer", der nun, da er das Arbeitsverhältnis nicht antreten wollte, ohne erbrachte Arbeitsleistung für den „Speditionskapitalisten" auch noch eine Zahlung erbringen sollte. Der Richter kam zwar nicht umhin festzustellen, daß ein unmittelbares Verbot, in arbeitsvertraglichen Einheitsregelungen Vertragsstrafen festzulegen nicht bestehe, er mußte aber schon die Generalklausel für „Treu und Glauben" bemühen, um seine ablehnende Entscheidung irgendwie zu begründen.

Es muß hier nicht weiter auf diese Entscheidung eingegangen werden, allen Bemühungen, die Vertragsstrafe im Arbeitsrecht zu verbieten, ist durch höchstrichterliche Entscheidungen inzwischen ein Riegel vorgeschoben worden.

Sollte Ihr Arbeitsvertrag keine entsprechende Klausel enthalten, haben Sie bei Nichtantritt des Arbeitsverhältnisses natürlich auch keine Vertragsstrafe zu befürchten.

## Arbeitspapiere

Wer einen Arbeitsvertrag abschließt und ein Arbeitsverhältnis beginnt, also zu arbeiten anfängt, muß dem Arbeitgeber seine Arbeitspapiere – in erster Linie die Lohnsteuerkarte und das Sozialversicherungsnachweisheft – vorlegen. Besonders bedeutsam können auch Gesundheitszeugnisse, bei ausländischen Arbeitnehmern die Arbeitserlaubnis und in Ausbildungsverhältnissen von Jugendlichen die Gesundheitsbescheinigung sein. Die Sozialversicherungen stellen neuerdings Sozialversicherungsausweise aus.

Ihre Lohnsteuerkarte erhalten Sie bekanntlich von den für Sie zuständigen Gemeindebehörden. Diese sind auch dafür zuständig, wenn Änderungen eintreten, die in die Steuerkarte einzutragen sind.

Eine der wichtigsten Tätigkeiten des Arbeitgebers nach Beginn des Arbeitsverhältnisses und Vorlage des Sozialversicherungsnachweisheftes ist die Anmeldung beim zuständigen Versicherungsträger, das ist die für Sie zuständige Krankenversicherung. Diese setzt sich dann ihrerseits mit dem Träger der Rentenversicherung in Verbindung und gibt jeweils die entsprechenden Daten weiter.

## Anfechtung des Arbeitsvertrags

Ein Arbeitsvertrag besteht rechtlich gesehen wie jeder andere Vertrag aus zwei übereinstimmenden Willenserklärungen, nämlich derjenigen des Arbeitnehmers, daß er unter den besprochenen Bedingungen das Arbeitsverhältnis eingehen will, und der entsprechenden Erklärung des Arbeitgebers. Hat man sich nun bei Abgabe dieser Willenserklärung geirrt, dann besteht die Möglichkeit einer Anfechtung des Arbeitsvertrags. Die Bedeutung der Anfechtung ist allerdings relativ gering, weil vielfach von der Möglichkeit der Kündigung Gebrauch gemacht werden wird. Nun kann es allerdings gerade für den Arbeitgeber von besonderem Interesse sein, die Vertragsanfechtung durchzuführen, weil er sich dann viele wesentliche Gesichtspunkte der Kündigung und damit verbundene Probleme erspart. Allerdings gibt es insoweit auch noch eine zusätzliche Beschränkung. Normalerweise wird bei einer Anfechtung eines Vertrages im Zivilrecht das Rechtsverhältnis zum Zeitpunkt des Vertragsschlusses für nichtig erklärt. Das wäre allerdings gerade im Arbeitsrecht mit Nachteilen für denjenigen Arbeitnehmer verbunden, der möglicherweise schon einige Monate ordnungsgemäß gearbeitet hat und bei einer Aufhebung des Arbeitsverhältnisses zum Vertragsbeginn keine Vergütungsansprüche hätte. Grundsätzlich wird deshalb im Arbeitsrecht davon ausgegangen, daß nach der Dienstaufnahme ein sogenanntes faktisches Arbeitsverhältnis besteht, das auch dann, wenn der Arbeitsvertrag nichtig war, nur für die Zukunft gelöst werden kann.

Es gibt nur wenige veröffentlichte Entscheidungen zur Anfechtung von Arbeitsverträgen. Eine interessante Entscheidung hatte das Bundesarbeitsgericht 1991 (NJW 1991, 2723) zu treffen:

Ein Arzt hatte eine Arzthelferin eingestellt, die transsexuell veranlagt war. Die Arzthelferin wollte eine Frau sein und trat auch äußerlich als solche auf. Die gerichtliche Feststellung ihrer Zugehörigkeit zum weiblichen Geschlecht aufgrund des Transsexuellengesetzes konnte allerdings noch nicht erfolgen. Der Arzt hatte einen hohen Anteil türkischer Patienten, sowohl männlichen wie auch weiblichen Geschlechts. Die Arzthelferin hatte erst nach einiger Zeit der Tätigkeit dem Arzt ihre Transsexualität offenbart. Daraufhin kündigte dieser der Arzthelferin und focht den Arbeitsvertrag gleichzeitig wegen Täuschung über das Geschlecht der Mitarbeiterin an. Diese wandte sich nun an das Arbeitsgericht, um gegen die Beendigung ihres Arbeitsverhältnisses vor Ablauf der vereinbarten Kündigungsfrist zu klagen. In schöner demokratischer Art konnten die Gerichte sich nicht zu einem gemeinsamen Nenner durchringen. Das Arbeitsgericht gab zunächst der Arzthelferin recht; das Landesarbeitsgericht dem Arzt, das Bundesarbeitsgericht wollte noch weitere Feststellungen getroffen haben, bevor es zu einer endgültigen Entscheidung kommen konnte:

Das Bundesarbeitsgericht stellte zunächst fest, daß nach seiner ständigen Rechtsprechung ein Arbeitsvertrag durch Anfechtung wegen arglistiger Täuschung beendet werden könne. Der Tatbestand der arglistigen Täuschung erfordere in objektiver Hinsicht, daß der Täuschende durch Vorspiegelung oder Entstellung von Tatsachen beim Erklärungsgegner einen Irrtum errege und ihn hierdurch zur Abgabe einer Willenserklärung veranlasse. Die Täuschung müßte sich auf objektiv nachprüfbare Umstände beziehen. Sie könne auch in dem Verschweigen von Tatsachen bestehen, sofern der Erklärende zur Offenbarung der fraglichen Tatsache verpflichtet sei. Dies gelte auch im Zusammenhang mit der Anbahnung von Arbeitsverhältnissen. Werde der Arbeitnehmer bei der Einstellung nach dem Vorliegen einer bestimmten Tatsache befragt, so sei er – falls die Frage zulässig sei – zu deren wahrheitsgemäßer Beantwortung verpflichtet. Ein Fragerecht werde dem Arbeitgeber nur insoweit zugestanden, als er ein berechtigtes, billigenswertes und schutzwürdiges Interesse an der Beantwortung seiner Frage für das Arbeitsverhältnis habe. Ohne eine entsprechende Frage des Arbeitgebers müsse der Arbeitnehmer von sich aus nur auf solche Tatsachen hinweisen, deren Mitteilung der Arbeitgeber nach Treu und Glauben erwarten dürfe.

Eine Offenbarungspflicht des Arbeitnehmers sei an die Voraussetzung gebunden, daß die verschwiegenen Umstände dem Arbeitnehmer die Erfüllung der arbeitsvertraglichen Leistungspflicht unmöglich machen oder sonst für den in Betracht kommenden Arbeitsplatz von ausschlaggebender Bedeutung seien. Das sind zunächst die allgemeinen Feststellungen des Bundesarbeitsgerichts. Für den besonderen Fall windet sich nun das Bundesarbeitsgericht nach allen Regeln der Kunst, um festzustellen, daß die Klägerin den Arzt nicht rechtswidrig getäuscht habe. Objektiv liege allerdings eine Täuschung vor, meint auch das Bundesarbeitsgericht, zumal die Arzthelferin biologisch noch als Mann – auch im Sinne des Transsexuellengesetzes – gelte, während sie sich durch ihr Auftreten beim Beklagten unstreitig als Frau ausgegeben habe. Wegen der Besonderheiten des Transsexuellengesetzes und dessen Zielsetzung, diesen Menschen behilflich zu sein, sei es jedoch gerechtfertigt gewesen, den Arzt objektiv zu täuschen. Selbst wenn man davon ausgehe, eine vollständige weibliche Identität sei für den in Betracht kommenden Arbeitsplatz als Arzthelferin in der Praxis des Beklagten von ausschlaggebender Bedeutung, habe die Arzthelferin im Hinblick auf die Bestimmungen des Transsexuellengesetzes im Rechtsverkehr als Frau auftreten und den Mangel an weiblicher Identität ungefragt verschweigen dürfen.

Selbst wenn man den guten Willen des Bundesarbeitsgerichts unterstellt, erscheint diese Entscheidung gleichwohl recht fragwürdig. Man stelle sich vor, die beim Arzt untersuchten Türkinnen hätten, durch welchen Zufall auch immer, das wahre Geschlecht der Arzthelferin feststellen können. In welche Schwierigkeiten wäre der Arzt gekommen, welche wirtschaftlichen Einbußen hätte er hinnehmen müssen und zu welchen Schmerzensgeldbeträgen wäre er möglicherweise von Richtern der sonstigen Zivilgerichtsbarkeit verurteilt worden, die ihm angelastet hätten, er hätte sich vorher und gründlicher informieren und bei den möglichen Bedenken über die Person der Arzthelferin genauer nachfragen müssen etc. Bei allem Verständnis für die sicherlich sehr schwierige Situation transsexueller Menschen, erscheint diese Entscheidung des Bundesarbeitsgerichts jedoch schlicht verfehlt. Sie stellt im übrigen die ansonsten klar herausgearbeiteten Voraussetzungen für eine Anfechtung wegen arglistiger Täuschung auf den Kopf.

## Arbeitsverhältnis mit dem Ehegatten oder den Kindern

Es gibt zahlreiche Gerichtsentscheidungen zu der Frage, wann sogenannte Ehegattenarbeitsverhältnisse oder auch Mitarbeiterverhältnisse mit Kindern bestehen können. Zwar gilt einerseits zunächst der familienrechtliche Grundsatz, daß Kinder, die dem elterlichen Hausstand angehören, ebenso wie Ehegatten zur gegenseitigen Mitarbeit verpflichtet sind. Gerade im handwerklichen und landwirtschaftlichen Bereich ist die Mitarbeit von Ehefrau und Kindern ohne besondere Vergütung durchaus üblich. Andererseits können aber auch ausdrückliche Arbeitsverhältnisse abgeschlossen werden, die sowohl arbeitsrechtlich wie auch steuerrechtlich anerkannt werden. Das kann sogar so weit führen, daß – wie das Arbeitsgericht Berlin 1990 (BB 1990, 1845) entschied – bei Ehepartnern, die miteinander ein Arbeitsverhältnis geschlossen haben, durch eine Scheidung nicht automatisch auch eine Auflösung des Arbeitsverhältnisses erfolgt. Der Arbeitgeber habe vielmehr das arbeitsrechtliche Instrument der Kündigung zu benutzen, um sich auch in diesem Bereich von seinem Partner zu trennen. Dabei folge aus dem Verhältnismäßigkeitsprinzip, daß eine Kündigung wegen einer Scheidung vom Ehe- und Arbeitsvertragspartner nur dann gerechtfertigt sei, wenn sich aus der Scheidung konkrete Beeinträchtigungen im Arbeitsverhältnis ergäben. Grundsätzlich wird es allerdings selten vorkommen, daß scheidungswillige Ehepaare weiter zusammenarbeiten und der beim anderen beschäftigte Ehepartner sogar eine Kündigungsschutzklage einreichen wird.

Also: *Auch zwischen Ehegatten oder Eltern und Kindern muß ein Arbeitsverhältnis klar vereinbart und am besten schriftlich abgeschlossen sein, es muß ernsthaft gewollt und auch nachprüfbar durchgeführt worden sein.* Zumindest im steuerlichen Sinne wird zum Beispiel ein Ehegattenarbeitsverhältnis dann nicht anerkannt, wenn eine längere Nichtauszahlung von Arbeitslohn dazwischenliegt. Ein jahrelanger Auszahlungsverzicht ist nach Meinung des Bundesfinanzhofes so gravierend, daß selbst die langjährige frühere, ordnungsgemäße Abwicklung des Arbeitsverhältnisses und die Abführung von Lohnsteuer und Sozialabgaben diesen Mangel nicht ausgleichen können. „Im Unterschied zu der Situation bei einer kurzfristigen Verschiebung des Auszahlungszeitpunktes wegen besonderer betrieblicher Gegebenheiten hätte es in diesem Fall einer besonderen und ausdrücklichen (einem Fremdvergleich standhaltenden) Vereinbarung über die Nichtauszahlung (zum Beispiel in Gestalt einer Darlehensabrede) bedurft. Die jahrelange Nichtauszahlung ohne besondere Vereinbarung spricht in entscheidendem Maße dagegen, daß das Arbeitsverhältnis im Streitjahr noch ernstlich wie ein Arbeitsverhältnis unter Fremden gewollt war."

## Unbefristete Arbeitsverträge

Obwohl Teilzeitarbeitsverträge oder auch Job-Sharing-Arbeitsverträge durchaus auf dem Vormarsch sind, gilt als Normalfall nach wie vor der Arbeitsvertrag auf unbestimmte Dauer mit einem Vollzeit-Arbeitstag.

Das Bürgerliche Gesetzbuch regelt in § 624 ausdrücklich die Besonderheit bei einer Vereinbarung von Dauerarbeitsverträgen über fünf Jahre bis auf Lebenszeit. Derartige Verträge sind also möglich, sofern diese ungewöhnlich lange Vertragsdauer tatsächlich vereinbart werden soll, der Arbeitnehmer muß allerdings vor einer knebelnden Einschränkung seiner persönlichen Freiheit bewahrt werden, so daß ihm vertraglich unabdingbar nach fünf Jahren das Recht zusteht, das Arbeitsverhältnis zu kündigen. Die gesetzlich vorgeschriebene Kündigungsfrist beträgt dabei sechs Monate, sie kann zugunsten des Arbeitnehmers gekürzt werden. Es sind allerdings in erster Linie Personen in gehobenen Positionen, wie zum Beispiel Vorstandsmitglieder von Aktiengesellschaften, die üblicherweise 5-Jahresverträge erhalten. Eine außerordentliche Kündigung ist damit aber nicht ausgeschlossen.

## Befristete Arbeitsverträge

Ein weiter und auch viel diskutierter Spielraum ergibt sich aus dem Grundsatz der Vertragsfreiheit für Arbeitsverhältnisse, die auf eine bestimmte Zeitdauer eingegangen werden, nach deren Ablauf sie ohne Kündigung enden. *Am 12. 10. 1960 entschied das Bundesarbeitsgericht, daß befristete Arbeitsverhältnisse an die Notwendigkeit eines sachlichen Grundes gebunden sein müßten und daß sie ohne einen derartigen besonderen Grund als unbefristet zu gelten hätten.* Der Abschluß befristeter Arbeitsverträge war somit nur sehr schwer zu erreichen, von bestimmten Branchen wie dem Gastgewerbe, einmal abgesehen. 1985 erließ die Bundesregierung das sogenannte Beschäftigungsförderungsgesetz, das ausdrücklich unter bestimmten Voraussetzungen einmalig befristete Arbeitsverträge bis zur Dauer von 18 Monaten beziehungsweise von zwei Jahren zuließ, ohne daß hierfür der vom Bundesarbeitsgericht geforderte sachliche Grund besonders nachgewiesen werden mußte. Dieses Gesetz ist allerdings zum 1. 1. 1990 ausgelaufen.

Der Unsinn, der darin liegt, daß das Beschäftigungsförderungsgesetz mit seinen Wirkungen zum 1. 1. 1990 beendet wurde, ist bei den heutigen Arbeitslosenzahlen geradezu mit Händen zu greifen. Während Arbeitsminister Blüm noch 1984 im Parlament feststellen konnte, es sei besser, befristet zu arbeiten als unbefristet arbeitslos zu sein, scheint dieser Satz inzwischen nicht mehr zu gelten, obwohl die Arbeitslosenzahlen im Vergleich zum damaligen Zeitpunkt insbesondere auch in den neuen Bundesländern dramatisch angestiegen sind. Es ist deutlich erkennbar, daß sich inzwischen bei den Unternehmern die Erfahrung wieder breit gemacht hat, daß es im Zweifel besser ist, überhaupt niemanden einzustellen und Engpässe mit Überstunden zu überwinden. Von besonderen Branchen abgesehen, wie zum Beispiel den Hochschulen und Forschungseinrichtungen mit ihrem Gesetz über befristete Arbeitsverträge für wissenschaftliches Personal, sind befristete Arbeitsverhältnisse nur sehr begrenzt möglich.

Speziell bei leitenden Angestellten sind befristete Arbeitsverträge möglich, inwieweit hier ein sachlicher Grund besonders angegeben werden muß, ist offen. Meist enthalten diese Arbeitsverträge besondere finanzielle Abfindungsklauseln für den Fall, daß die Arbeitsverträge nicht verlängert werden. Unter diesen Umständen sieht auch das Bundesarbeitsgericht keinen Grund, die Befristung zu beanstanden.

*Wünscht nachweisbar der Arbeitnehmer selbst einen befristeten Arbeitsvertrag, so ist das allerdings immer möglich.* Üblich sind derartige Verträge insbesondere bei Künstlern, wie Musikern, Schauspielern und Sängern, die vielfach zu Kurzzeit-Engagements verpflichtet werden.

Im Jahre 1990 hatte das Bundesarbeitsgericht über die Zulässigkeit von befristeten Arbeitsverträgen mit Studenten zu entscheiden (BB 1990, 1907):

Eine Studentin arbeitete während ihres Studiums in einem Druckereibetrieb. Dieser stellte häufig Studenten ein, mit denen er jeweils eine Woche vor Arbeitsbeginn Schichten für die folgende Woche vereinbarte. Auch die Studentin hatte bereits 1983 diesen Schichtdienst aufgenommen, bis zum April 1988 arbeitete sie immer wieder in dem Druckereibetrieb. Im Juni 1988 wurde sie schwanger, seit Ende April 1988 hatte sie sich bei der Beklagten nicht mehr gemeldet, um zu Arbeitsschichten eingeteilt zu werden. Nun wollte sie allerdings die Vorteile der Mutterschaft genießen und beantragte schließlich in einer Klage die Feststellung, daß sie sich in einem unbefristeten Arbeitsverhältnis mit der Druckerei befunden habe. Hervorzuheben ist in diesem Fall, daß tatsächlich ausnahmsweise alle arbeitsgerichtlichen Instanzen, also sowohl das Arbeitsgericht wie das zuständige Landesarbeitsgericht und das Bundesarbeitsgericht, einer Meinung waren. Sie gaben alle der Studentin nicht recht. Sie stellten übereinstimmend fest, daß die Parteien keinen unbefristeten Arbeitsvertrag, sondern jeweils befristete Arbeitsverträge abgeschlossen hätten.

Fest stand zweifelsfrei, daß keine ausdrückliche, gar schriftliche Vereinbarung über ein Dauerarbeitsverhältnis getroffen worden war. Nun meinte allerdings die Studentin, aus der Aufbewahrung ihrer Lohnsteuerkarte bei der Druckerei, aus den monatlichen Lohnabrechnungen und den darin enthaltenen Angaben, aus der Zahlung von Urlaubsvergütung und zusätzlichem Weihnachtsgeld und aus ihrer Teilnahme an Betriebsversammlungen sei zu entnehmen, daß sich die Parteien arbeitsvertraglich auf unbestimmte Zeit hätten binden wollen. Die Arbeitsgerichte stellten dagegen fest, einer derartigen Annahme stünde hier vor allem entgegen, daß die Druckerei der Studentin stets erklärt habe, sie begründe mit ihr kein Arbeitsverhältnis auf Dauer.

Das Bundesarbeitsgericht verwies auf seine ständige Rechtsprechung, aufgrund derer eine Befristung eines Arbeitsverhältnisses grundsätzlich möglich sei. Werde jedoch dem Arbeitnehmer durch die Befristung der Schutz zwingender Kündigungsschutzbestimmungen entzogen, so bedürfe die Befristung eines sie rechtfertigenden, sachlichen Grundes. Fehle es an einem derartigen sachlichen Grund für die Befristung, so liege eine objektiv funktionswidrige und deshalb mißbräuchliche Vertragsgestaltung vor mit der Folge, daß sich der Arbeitgeber auf die Befristung nicht berufen könne. Zwar werde in dem hier vorliegenden Fall der Klägerin durch die Befristung ihres Arbeitsvertrages der Kündigungsschutz nach dem Kündigungsschutzgesetz entzogen, für die Befristung gebe es jedoch einen sachlichen Grund, weil die Eingehung solcher auf kurze Zeit befristeter Arbeitsverträge im Interesse der Klägerin wie auch der übrigen Studenten liege, die ihre Interessen an einer vernünftigen Durchführung des Studiums einerseits und an der Erzielung von Einkünften andererseits miteinander in Einklang bringen müßten. Wiederholte, auf den jeweiligen Einsatz befristete Arbeitsverhältnisse mit Studenten wie hier bei der Klägerin, seien im Arbeitsleben weitgehend üblich. Wegen der wechselnden Inanspruchnahme durch das Studium könnten Studenten immer nur für einen begrenzten Zeitraum übersehen, in welchem Umfang und zu welchen Zeiten sie sich neben ihrem Studium noch arbeitsvertraglich binden könnten. Eine konkrete vertragliche Festlegung erfolge deshalb in der Regel nur kurzfristig und auch nur für einen überschaubaren Zeitraum. Gemessen hieran erweise sich die Befristung auch des letzten Arbeitsvertrags der Parteien auf die in der Woche bis zum 27. April 1988 geleisteten Schichten als wirksam. Ähnliche Entscheidungen hatte das Bundesarbeitsgericht bereits für die Tätigkeit studentischer

Nachtwachen in Krankenhäusern und für studentische Krankenpflegehilfen getroffen.

Neben den gesetzlichen Bestimmungen für Befristung von Arbeitsverträgen mit wissenschaftlichem Personal an Hochschulen und Forschungseinrichtungen gibt es auch ein ähnliches Gesetz für befristete Arbeitsverträge mit Ärzten. Zwar ist derzeit vorgesehen, daß dieses Gesetz nur bis Ende des Jahres 1997 Geltung haben soll; der rechtfertigende Grund, der in der Weiterbildung des Arztes oder in dem Erwerb einer Anerkennung für ein Teilgebiet oder einer Zusatzbezeichnung liegt, dürfte jedoch dann nicht wegfallen, so daß auch weiterhin das Bedürfnis bestehen bleiben wird, diese Befristung aufrechtzuerhalten.

1994 hatte sich das Bundesarbeitsgericht mit der Frage zu befassen, wer beweisen muß, daß ein befristeter Arbeitsvertrag vorliegt, wenn z. B. der Arbeitnehmer behauptet, er habe einen unbefristeten Vertrag abgeschlossen, der Arbeitgeber jedoch der Meinung ist, es sei ein befristeter Vertrag gewollt gewesen (DB 1995, 980). Die meisten Arbeitsverhältnisse werden durch einen schriftlichen Arbeitsvertrag bestätigt, aus dem im Einzelfall wohl ohne weiteres der Nachweis zu erbringen ist, was für eine Vertragsart tatsächlich gewollt war.

Gibt es allerdings keinen derartigen schriftlichen Arbeitsvertrag, dann hat nach Meinung des Bundesarbeitsgerichts derjenige die tatsächlichen Voraussetzungen des Vertragsverhältnisses – also auch die Frage, ob ein befristetes oder unbefristetes Arbeitsverhältnis gewollt war – darzulegen und unter Beweis zu stellen, für den sich eine günstigere Rechtsfolge aus dem Erlöschen der Vertragspflichten ergibt. Das muß nicht immer, aber wohl in den meisten Fällen, der Arbeitgeber sein.

Das Bundesarbeitsgericht stützte seine Meinung vor allem auch darauf, weil es dem Arbeitgeber eher möglich sein wird, die Mündlichkeit des Vertragsabschlusses entweder zu vermeiden, indem er auf einer schriftlichen Dokumentation des Vertragsabschlusses bestehe, oder durch Zeugenbeweis mit Hilfe derjenigen Arbeitnehmer, die für ihn die Vertragsverhandlungen geführt und in seinem Auftrag den Vertrag abgeschlossen haben, die Tatsachen nachzuweisen.

## Probearbeitsverhältnis

Das Probearbeitsverhältnis ist eine besondere Form befristeter Arbeitsverhältnisse. Es soll beiden Seiten, also dem Arbeitgeber und dem Arbeitnehmer, die Möglichkeit geben, festzustellen, ob Qualifikation und persönliche Verhaltensweisen auf beiden Seiten für eine längerfristige Zusammenarbeit geeignet sind. Üblich ist, daß in einem Arbeitsvertrag ein Probearbeitsverhältnis vereinbart wird, wobei auch festgelegt ist, daß nach Ablauf der Probezeit automatisch das unbefristete Arbeitsverhältnis eintritt, wenn nicht vorher nach festgelegten Fristen gekündigt wird. Das Probearbeitsverhältnis muß ausdrücklich im Vertrag als solches bezeichnet werden, damit davon ausgegangen werden kann, daß eine Befristung gewollt ist.

Das Bundesarbeitsgericht hat bereits 1981 (NJW 1982, 1173) ausdrücklich festgestellt, daß die Befristung eines Arbeitsvertrags zum Zwecke der Erprobung des Arbeitnehmers nur dann ein sachlicher Grund ist, wenn dieser Zweck Vertragsinhalt geworden ist. Es genügt nicht, daß die Erprobung nur Motiv des Arbeitgebers ist, selbst wenn dies für den Arbeitnehmer erkennbar ist.

In diesem Fall hatte eine Lehrerin ihr zweites Staatsexamen für das Lehramt an Volksschulen abgelegt. Die Parteien schlossen rückwirkend einen Arbeitsvertrag, aufgrund dessen die Lehrerin im Angestelltenverhältnis beschäftigt wurde. Der Arbeitsvertrag war befristet „für die Dauer der Beurlaubung von Frau N. (einer anderen Lehrerin), längstens jedoch bis zum 30. 6. 1977". Als nun der Arbeitsvertrag aufgrund der Befristung auslief, beantragte die Lehrerin festzustellen, daß das Dienstverhältnis zwischen den Parteien über den 30. 6. 1977 hinaus Bestand habe. Bei diesem Fall bekam die Lehrerin recht. Das Bundesarbeitsgericht stellte, ebenso wie die Vorinstanzen fest, daß „haushaltsrechtliche Erwägungen kein sachlicher Grund für die Befristung von Arbeitsverträgen sind, wenn sie auf die Begrenzung des Haushaltes durch das Haushaltsjahr abheben, wenn eine allgemeine Mittelkürzung zu erwarten ist oder wenn allgemeine Einsparungen haushaltsrechtlich angeordnet werden". Nur wenn Haushaltsmittel von vornherein für eine genau bestimmte Zeit bewilligt würden und anschließend in Fortfall kämen, liege ein sachlicher Grund für eine Befristung vor. Dies gelte auch im Schulbereich. Die Beklagte hatte im übrigen vorgetragen, der Lehrerin sei im Rahmen eines Gesprächs unmißverständlich verdeutlicht worden, daß die befristete Einstellung in erster Linie erfolge, um ihr die Chance der Bewährung zu geben. Damit wollten sich jedoch die Arbeitsgerichte nicht begnügen. Sie erklärten, es fehle hier an der Vereinbarung, daß das befristete Arbeitsverhältnis auch zur Probe abgeschlossen worden sei. „Es genügt nicht, daß die Erprobung, wenn auch für den Arbeitnehmer erkennbar, nur Motiv des Arbeitgebers für die Befristung ist; dieser Befristungszweck muß auch Inhalt des Vertrages werden."

Noch einmal muß also in aller Deutlichkeit festgehalten werden: *Grundvoraussetzung für ein Probearbeitsverhältnis ist, daß der Erprobungszweck ausdrücklich im Vertrag festgehalten ist.* Ausnahmen bestehen natürlich dann, wenn in Tarifverträgen oder Betriebsvereinbarungen entsprechende Probezeiten festgelegt sind.

Probezeiten betragen üblicherweise bei einfachen Arbeiten ein bis drei Monate, bei besonders qualifizierten Arbeitsverhältnissen können sechs oder in Ausnahmefällen sogar neun

Monate Probezeit vereinbart werden. Bei kurzen Probezeiten kann eine einmalige Verlängerung möglich sein, diese muß jedoch von beiden Seiten ausdrücklich festgelegt sein.

Grundsätzlich kann der Arbeitgeber dem Arbeitnehmer während der Probezeit kündigen, beziehungsweise ihm mitteilen, daß er ihn nach Ablauf der Probezeit nicht weiterbeschäftigt, ohne daß er hierfür Gründe anzugeben braucht. Als rechtsmißbräuchlich wird es allerdings angesehen, wenn die Nichtübernahme aus sogenannten sachfremden Gründen erfolgt. Das Bundesarbeitsgericht entschied 1989 (NZA 1989, 719) einen Fall, bei dem der Arbeitgeber die Nichtübernahme des Arbeitsverhältnisses damit begründete, daß die Arbeitnehmerin inzwischen schwanger geworden sei. Es sah das als sachfremde Erwägung an, die nicht zur Ablehnung der Übernahme in ein unbefristetes Arbeitsverhältnis führen könne.

Auch die ordentliche Kündigungsmöglichkeit während des Probearbeitsverhältnisses muß ausdrücklich vertraglich festgelegt werden, ansonsten wird die Probezeit als „Mindestvertragszeit" angesehen, so daß eine Beendigung des Arbeitsverhältnisses auch erst frühestens zum Ende der Probezeit möglich ist.

## Nebenbeschäftigung

Grundsätzlich ist zunächst festzustellen, daß Arbeitnehmer schon aufgrund gesetzlicher Arbeitszeitbestimmungen einem Arbeitgeber nur für eine begrenzte Stundenzahl Arbeit leisten müssen. Aufgrund tariflicher Vorschriften oder auch aufgrund der Bestimmungen im Arbeitsvertrag werden meistens acht oder neun Stunden pro Arbeitstag abzuleisten sein. Will der Arbeitnehmer zusätzliche Stunden, zum Beispiel bei einem anderen Arbeitgeber, tätig sein, so ist er hierzu ohne weiteres berechtigt, auch ohne Benachrichtigung seines Arbeitgebers. Die Nebentätigkeit darf natürlich grundsätzlich keinen negativen Einfluß auf die Haupttätigkeit haben.

Eine interessante Entscheidung traf hierzu das Bundesarbeitsgericht 1988 (NJW 1989, 1629):

In dem zu entscheidenden Fall ging es um eine „geringfügig beschäftigte" Gebäudereinigerin mit einer Arbeitszeit von 14 Stunden wöchentlich und einem Nettolohn von 389,75 DM monatlich. (Inzwischen ist der Betrag, aufgrund dessen Versicherungsfreiheit in allen Zweigen der Sozialversicherung besteht, weiter angehoben worden. Eine Änderung der vom Bundesarbeitsgericht aufgestellten Bedingungen ist damit jedoch nicht verbunden.) Das Bundesarbeitsgericht stellte zunächst einmal ausdrücklich fest, daß ein Arbeitnehmer, der schon eine „geringfügige Beschäftigung" mit Beitragsfreiheit zur Kranken- und Rentenversicherung ausübt, bei Aufnahme einer weiteren geringfügigen Beschäftigung verpflichtet ist, dies seinem Arbeitgeber mitzuteilen. „Verletzt der Arbeitnehmer diese Anzeigepflicht, ist er dem Arbeitgeber zum Schadensersatz verpflichtet."

Der Schaden, der dem Arbeitgeber zunächst einmal entstehen wird, ist darin zu sehen, daß er bei Aufnahme einer weiteren geringfügigen Beschäftigung des Arbeitnehmers verpflichtet sein wird, die Arbeitgeberanteile der Beiträge zur gesetzlichen Kranken- und Rentenversicherung nachzuentrichten. Diesen Schaden kann der Arbeitgeber dem Arbeitnehmer allerdings nicht auferlegen. Das Bundesarbeitsgericht stellte in der Entscheidung ausdrücklich fest, daß eine Vereinbarung der Arbeitsvertragsparteien, nach der der Arbeitnehmer bei Verletzung der Anzeigepflicht dem Arbeitgeber Schadensersatz pauschal in Höhe der nachentrichteten Arbeitgeberanteile schulde, nichtig sei. Gleiches gelte für eine Vereinbarung der Arbeitsvertragsparteien, nach der der Arbeitnehmer eine weitere geringfügige Beschäftigung nicht aufnehmen dürfe.

Das bedeutet im Klartext, daß eigentlich jeder Arbeitgeber sich hüten müßte, einem Arbeitnehmer eine geringfügige Beschäftigung überhaupt anzubieten. Der Arbeitgeber darf nämlich den Arbeitnehmer nicht dazu verpflichten, keine andere zusätzliche Nebenbeschäftigung auszuüben, wenn sie in den Rahmen der von Gewerkschaften und auch manchen anderen Organisationen mißbilligten geringfügigen Beschäftigung fällt, die nicht kranken- und rentenversicherungspflichtig ist. Übt der Arbeitnehmer dann, ohne den Arbeitgeber hiervon zu unterrichten, eine weitere geringfügige Beschäftigung aus, dann wird der Arbeitgeber auch noch verurteilt, Kranken- und Rentenversicherungsbeiträge nachzuzahlen und zwar bezogen auf die gesamten Einkünfte des Arbeitnehmers. Das kann gelegentlich sehr teuer werden.

Einerseits läßt somit der Gesetzgeber die geringfügige Nebenbeschäftigung zu, wohlwissend, daß Arbeitgeber nur dann bereit sind, Leute für diese geringe Nebenbeschäftigung einzustellen, weil auch der zu zahlende Betrag erkennbar begrenzt ist, andererseits führt jedoch die Rechtsprechung des Bundesarbeitsgerichts zu einer erheblichen Bestrafung derartiger Arbeitgeber aufgrund des Urteils des Bundesarbeitsgerichts von 1988. Letztendlich kann Arbeitgebern deshalb nur empfohlen werden, niemandem eine „geringfügige Beschäftigung" ohne Sozialversicherungsabgaben anzubieten, wenn er sicher sein will, nicht möglicherweise erhebliche Beträge an die Sozialversicherungen nachzahlen zu müssen.

*Noch einmal wollen wir festhalten, daß grundsätzlich eine Nebenbeschäftigung ohne Unterrichtung des „Hauptarbeitgebers" möglich ist.* Dieser kann auch die Nebenbeschäftigung nicht verbieten und auch nicht rechtlich zwingend festlegen, daß die Nebenbeschäftigung angezeigt werden muß – mit Ausnahme von Beschäftigungen im öffentlichen Dienst oder bei Beamten. Die Arbeitsgerichte haben jedoch ausdrücklich ebenso festgelegt, daß die Aufnahme einer Nebenbeschäftigung dann unzulässig ist, wenn der Arbeitnehmer seinen Verpflichtungen aus dem Hauptarbeitsverhältnis nicht mehr ordnungsgemäß nachkommen kann. Sie sollten also nach Möglichkeit tunlichst keine Nebenbeschäftigung ausüben, wenn Sie dann jeden Morgen völlig erschlagen und unausgeschlafen an ihrem Hauptarbeitsplatz erscheinen und dort anstelle zu arbeiten nur noch schlafen. Selbstverständlich können Sie in so einem Fall nicht einfach entlassen werden. Ihr Arbeitgeber muß Sie wegen Ihrer möglichen schlechten Leistungen ausdrücklich erst einmal abmahnen. Eine Kündigung kann er nur dann einleiten, wenn Sie trotz dieser Abmahnung das zweite Arbeitsverhältnis aufrechterhalten und weiterhin Schlechtleistungen bieten.

Aufgrund gesetzlicher Vorschriften ist festgelegt, daß bestimmte Arbeitszeiten pro Tag von niemandem überschritten werden dürfen. Die „Horrorzeiten", in denen Arbeitnehmer oft bis zu 16 Stunden pro Tag beschäftigt wurden, sollen schließlich endgültig vorbei sein. *Werden durch die Haupt- und die Nebentätigkeit die vorgeschriebenen Arbeitszeitgrenzen überschritten, so wird der Nebenarbeitsvertrag nichtig, nicht jedoch der Hauptarbeitsvertrag.* Wenn Sie allerdings schon die Arbeitszeitgrenze übersteigende Leistungen während der Nebenbeschäftigung erbracht haben, müssen Sie hierfür noch Geld bekommen; der Arbeitgeber des Nebenbeschäftigungsvertrags kann allerdings in erhebliche Schwierigkeiten kommen, wenn er Sie trotzdem weiterbeschäftigt. Letztendlich wird ein derartiges Vertragsverhältnis jedoch nur dann zu Schwierigkeiten bei Arbeitgebern und Arbeitnehmern führen, wenn diese sich nicht mehr einig sind. Ansonsten gilt auch hier der übergreifende Rechtsgrundsatz: „Wo kein Kläger, da kein Richter."

# Wichtige Vertragspunkte

4

Arbeitnehmer:



Arbeitgeber:

Arbeitnehmer:

## Pflicht zur persönlichen Arbeitsleistung

Zunächst ist festzustellen, daß Sie als Arbeitnehmer selbstverständlich zur persönlichen Arbeitsleistung verpflichtet sind. Sie können üblicherweise nicht einfach einen Ersatzmann an Ihre Arbeitsstelle schicken, wenn Sie selbst gerade keine Lust haben, die Arbeit zu erbringen. Sie sind somit in den meisten Arbeitsverhältnissen grundsätzlich zur persönlichen Arbeitsleistung verpflichtet. Mit dem Tode erlischt auch das Arbeitsverhältnis – eine Tatsache, die auch gegenüber den Erben entsprechende Auswirkungen hat. Der Erbe kann nicht dadurch verpflichtet werden, Ihre Arbeitsleistung zu erbringen, wenn er die Erbschaft annimmt. Andererseits erhält er auch keine Rechtsansprüche aus dem Arbeitsverhältnis, die nur Ihnen zustanden, wie zum Beispiel Urlaubs- und Urlaubsabgeltungsansprüche. 1989 mußte das Bundesarbeitsgericht einen Fall entscheiden (DB 89, 2490), bei dem Erben meinten, etwas anderes müsse dann gelten, wenn der Erblasser gegenüber dem Arbeitgeber Urlaubsabgeltungsansprüche erworben habe. Das Bundesarbeitsgericht lehnte auch in diesem Fall Ansprüche der Erben gegen den Arbeitgeber ab.

Auch bei sogenannten Leiharbeitsverhältnissen erbringt der Arbeitnehmer seine Arbeitsleistung zwar im Unternehmen eines Dritten, letztendlich jedoch gleichwohl für den eigenen Arbeitgeber. Nur der Ort der Arbeitsleistung hat sich geändert.

## Art der zu leistenden Tätigkeit

Bereits im Arbeitsvertrag wird üblicherweise festgehalten, welche Tätigkeit Sie beim Arbeitgeber verrichten müssen. Diese kann sehr genau festgelegt sein, kann oft jedoch auch nur fachlich allgemein umschrieben sein. Wird jemand als

Maurer eingestellt, dann wird man im Arbeitsvertrag nicht jede zu leistende Tätigkeit bis hin zur Säuberung des Arbeitsgeräts festhalten. Wer seinen Beruf ordnungsgemäß erlernt hat, wird in der Regel auch wissen, welche Nebenarbeiten damit verbunden sind. Unabhängig davon ist der Arbeitgeber berechtigt, dem Arbeitnehmer innerhalb der vertraglichen Grenzen und innerhalb des Berufsbildes alle entsprechenden Arbeiten zu übertragen, die dieser dann auch leisten muß.

Das Arbeitsgericht Bonn hat in einer Entscheidung aus dem Jahr 1990 (NJW 1991, 2168) festgestellt, daß der Arbeitgeber von seinem Arbeitnehmer sogar entsprechende Schulungen verlangen kann, wenn ihm Arbeiten übertragen werden sollen, die zu seinem Berufsbild gehören, für die er aber wegen der Entwicklung neuer Techniken nicht über die erforderlichen Fähigkeiten und Kenntnisse verfügt. Ein Arbeitgeber hatte von seiner Mitarbeiterin verlangt, daß sie an einer Schulung/Einweisung in das Btx-System teilnehme und mit diesem System arbeite. Die Arbeitnehmerin hatte tatsächlich beantragt, festzustellen, daß sie nicht verpflichtet sei, an einer entsprechenden Schulung teilzunehmen und Arbeiten mit dem Btx-System zu erbringen. Das Arbeitsgericht stellte fest, daß die Arbeitnehmerin als Büroangestellte bei dem Beklagten angestellt und beschäftigt worden sei. Damit gehöre die Erledigung von Büroarbeiten zu ihren vertraglich geschuldeten Pflichten. Hierzu gehöre auch die Anwendung neuer Bürokommunikationsmittel wie des Btx-Systems. Auf ihrem bisherigen beruflichen Weg habe die Klägerin mehrfach neue Arbeitsgebiete übernommen und sich jeweils eingearbeitet. Mit 50 Jahren habe sie noch eine Reihe von Berufsjahren vor sich, so daß es nicht billig sei, wenn der Beklagte für eine möglichst breite Einsatzmöglichkeit der Klägerin im betrieblichen Interesse Sorge tragen wolle. Auch solle die Klägerin nunmehr nicht etwa einen neuen Arbeitsplatz einnehmen, sondern sie solle lediglich in die Lage versetzt werden, auch mit dem Btx-System arbeiten zu können, um vertretungsweise entsprechende Aufgaben zu übernehmen. Dies sei nicht zu beanstanden, zumal auch die Klägerin nicht etwa behaupte, sie sei konstitutionell und intellektuell nicht in der Lage, das Btx-System zu lernen und mit ihm zu arbeiten.

Soweit die Klägerin nicht einsehen wolle, wieso sie zur Arbeit/Schulung am Btx-System herangezogen werde, nicht aber jüngere Kolleginnen, die sich gern schulen lassen würden, so übersehe sie, daß diese Entscheidung dem Arbeitgeber zustehe. Schon aufgrund seiner Fürsorgepflicht habe dieser dafür zu sorgen, daß auch ältere Mitarbeiter geschult werden, um nicht den Anschluß an die technische Entwicklung zu verlieren und möglicherweise sogar ihren Arbeitsplatz zu riskieren, weil sie mit den neu eingeführten Systemen nicht umgehen könnten.

Üblicherweise werden Arbeitnehmer gerne bereit sein, Schulungsmaßnahmen, die noch dazu der Arbeitgeber bezahlt, durchzuführen. Schwieriger wird die Sache, wenn der Arbeitnehmer andere, womöglich unterwertige Tätigkeiten ausüben soll. Vielfach kann davon ausgegangen werden, daß der Arbeitnehmer unterwertige Tätigkeiten, also solche, die seinem Berufsbild nicht entsprechen, nicht auszuüben braucht. Es gibt jedoch Tarifverträge, die etwas derartiges ausdrücklich vorsehen.

In einer Entscheidung aus dem Jahr 1984 hat das Bundesarbeitsgericht (NJW 1986, 85) ausdrücklich festgehalten, daß Inhalt und Grenzen des Leistungsbestimmungsrechts des Arbeitgebers zur Konkretisierung der vertragsgemäßen Arbeitsleistung sich aus einer Abwägung der beiderseitigen Interessen des Arbeitgebers ergeben. Das Zuweisungsrecht des Arbeitsgebers darf aber nicht so weit gehen, daß der Arbeitnehmer in Gewissenskonflikte kommen kann.

In der Entscheidung des Bundesarbeitsgerichts war der Kläger bei der Beklagten als Drucker beschäftigt. Er war anerkannter Kriegsdienstverweigerer und aktives Mitglied der „Vereinigung der Verfolgten des Naziregimes – Bund der Antifaschisten", wobei er das Amt des Vorsitzenden der Ortsgruppe bekleidete und sowohl dem Präsidium auf Bundesebene als auch dem geschäftsführenden Vorstand des Landesverbandes angehörte. Als dieser Arbeitnehmer nun Druckaufträge erhielt, mit denen für den Kauf von zwei Buchpaketen mit jeweils sechs Büchern über das Dritte Reich und den Zweiten Weltkrieg geworben wurde, weigerte er sich, diesen Druckauftrag auszuführen. Seine Vorgesetzten in der Druckerei teilten ihm daraufhin mit, daß er mit Konsequenzen zu rechnen habe, wenn er seine Haltung nicht ändere. Tags darauf erhielt er einen Druckauftrag für einen Werbebrief zu einem Buch, in dem es unter anderem hieß: „Exclusiv für dieses Buchpaket wurde ein imponierender zeitgenössischer Bildband für das kühnste Luftlandeunternehmen der Kriegsgeschichte produziert. Über 300 Bilder zeugen von den unglaublichen Leistungen, mit denen deutsche Fallschirmjäger auf Kreta ihren erstaunlichen Sieg über die britischen und griechischen Verteidiger der Insel erzielten." Der Kläger verweigerte auch hier die Ausführung des Auftrags. Daraufhin wurde ihm fristlos sowie vorsorglich auch fristgemäß gekündigt. Arbeitsgericht und Landesarbeitsgericht sahen die fristgemäße Kündigung als rechtswirksam an, allerdings nicht die fristlose Kündigung. Das Bundesarbeitsgericht stellte nun allerdings fest, bei verfassungskonformer Auslegung des Direktionsrechts dürfe der Arbeitgeber dem Arbeitnehmer keine Arbeit zuweisen, die diesen in einen vermeidbaren Gewissenskonflikt bringe. Es sei deshalb besonders zu berücksichtigen, ob der Arbeitnehmer bei der Eingehung des Arbeitsverhältnisses mit einem Gewissenskonflikt habe rechnen müssen, ob der Arbeitgeber aus betrieblichen Erfordernissen auf diese Arbeitsleistung bestehen müsse und ob dem Arbeitnehmer andere Arbeit zugewiesen werden könne, beziehungsweise ob mit zahlreichen weiteren Gewissenskonflikten in der Zukunft zu rechnen sei.

## Nebenarbeiten

Grundsätzlich gehört es auch zur Art der Tätigkeit, die der Arbeitnehmer zu erbringen hat, daß er mit dem Berufsbild verbundene Nebenarbeiten ausführen muß. Es ist zum Beispiel selbstverständlich, daß ein Maurer seine Arbeitsgeräte nach getaner Arbeit reinigen muß.

1985 hatte das Bundesarbeitsgericht (NJW 1986, 213) einen Fall zu entscheiden, bei dem sich ein Lehrer weigerte, als Klassenlehrer oder begleitender Lehrer Klassenfahrten von ein- bis mehrtägiger Dauer durchzuführen. Arbeits- und Landesarbeitsgericht hatten eine derartige Verpflichtung verneint. Das Bundesarbeitsgericht war aber der Meinung, daß die Durchführung von ein- oder mehrtägigen Klassenfahrten zum herkömmlichen Berufsbild eines Lehrers gehöre. Ein angestellter Lehrer sei auch ohne ausdrückliche Regelung im Arbeitsvertrag grundsätzlich verpflichtet, ein- oder mehrtägige Klassenfahrten durchzuführen.

Die Aufgabenstellung einer allgemeinbildenden Schule erschöpfe sich nicht in der Vermittlung von spezifischem Fachwissen in den einzelnen Unterrichtsfächern. Der Erziehungsauftrag der allgemeinbildenden Schulen erstrecke sich vielmehr auch darauf, die Schüler durch entsprechende schulische Veranstaltungen in ihrem sozialen Verhalten unter Beachtung der in den Schulgesetzen der Länder festgelegten Erziehungsziele zu beeinflussen. Als Erziehungsziel sei in den Gesetzen des hier betroffenen Landes festgelegt, bei den Schülern „Ehrfurcht vor Gott, Achtung vor der Würde des Menschen und Bereitschaft zum sozialen Handeln zu wecken". Um diesem Erziehungsauftrag gerecht werden zu können, bedürfe es der Mitwirkung der Lehrer bei der Vorbereitung und Durchführung schulischer Veranstaltungen, die von ihrer Aufgabenstellung her dazu geeignet seien, das soziale Verhalten der Schüler auch außerhalb des planmäßigen Unterrichts zu fördern. Klassenfahrten von ein- oder mehrtägiger Dauer seien derartige schulische Veranstaltungen, bei denen der Erziehungsauftrag der Schule außerhalb des planmäßigen Unterrichts verwirklicht werden soll. Die Vorbereitung und Durchführung derartiger schulischer Veranstaltungen gehöre zu den erzieherischen Aufgaben eines Lehrers, ohne daß es hierzu einer ausdrücklichen Erwähnung im Arbeitsvertrag bedürfe.

## Streikarbeit

Der rechtmäßige Streik beginne damit, daß eine Gewerkschaft die Arbeitnehmer dazu aufrufe, in den Streik zu treten. Der Aufruf allein könne aber noch nicht bewirken, daß die Hauptpflichten aus den einzelnen Arbeitsverhältnissen ausgesetzt würden. Vielmehr bedürfe es hierzu noch entsprechender Erklärungen der einzelnen Arbeitnehmer, sei es auch nur durch das Wegbleiben von der Arbeit, daß sie am Streik teilnehmen. In gleicher Weise ende auch die Aussetzung der Hauptpflichten aus dem Arbeitsvertrag erst durch eine gestaltende Erklärung. Entweder müsse der einzelne Arbeitnehmer erklären, er scheide aus dem Streikgeschehen aus oder die Streikleitung müsse für alle Streikteilnehmer verbindlich den Streik für beendet erklären.

Auf eine Besonderheit im Rahmen der Frage, welche Art von Tätigkeit der Arbeitnehmer verrichten muß, sei noch hingewiesen. Da es auch bei uns immer wieder Streiks gibt, stellt sich auch für einen Arbeitnehmer, insbesondere wenn er nicht Gewerkschaftsmitglied ist, die Frage, ob er zu sogenannter Streikarbeit angehalten werden kann. Soweit es sich um Arbeit handelt, die bisher von Streikenden erbracht wurde, geht das Bundesarbeitsgericht davon aus, daß insoweit keine Arbeitsverpflichtung besteht, von sogenannten Erhaltungsarbeiten einmal abgesehen. Anders ist es allerdings, wenn es sich um die Verarbeitung von durch Streikende produzierte Vormaterialien handelt. Das Bundesarbeitsgericht wendet auch hier die Grundsätze über die Gewissensfreiheit an und nimmt eine Interessenabwägung vor.

**Ansprüche arbeitswilliger Arbeitnehmer**

Zahlreiche Entscheidungen ergingen in den letzten beiden Jahren zur Frage von Ansprüchen arbeitswilliger Arbeitnehmer bei streikbedingtem Arbeitsausfall. Das Bundesarbeitsgericht hatte sich 1995 mit dieser Frage zu beschäftigen (DB 1995, 1469).

Es ging um Streiks vom Frühjahr 1992 im *öffentlichen Dienst.* Die Kläger hatten sich daran nicht beteiligt, waren aber auch nicht zur Arbeit herangezogen worden. Die für sie zuständigen öffentlichen Arbeitgeber hatten vor Beginn des Streiks durch Rundschreiben bekanntgemacht, daß Arbeitswillige so lange wie möglich beschäftigt werden sollten, sowie daß sie sich in Listen eintragen müßten, die außerhalb der Dienststellen bereitgehalten würden. Die Arbeitnehmer waren der Meinung, mit der Eintragung in diese Listen hätten sie ihre Arbeitsleistung angeboten und daher Anspruch auf Arbeitsentgelt. Ihre Beschäftigung sei auch möglich gewesen.

Die zunächst betroffenen unterschiedlichen Arbeits- und Landesarbeitsgerichte fällten unterschiedliche Entscheidungen, das Bundesarbeitsgericht hob die Berufungsurteile wieder auf und verlangte eine zusätzliche Aufklärung. Eine Aussetzung des Arbeitsverhältnisses setze voraus, daß für die arbeitswilligen Arbeitnehmer hinreichend klar werde, ob und inwieweit ihre Arbeitspflicht ruhe. Daran könne es z. B. fehlen, wenn sich Arbeitgeber nicht festlegten, sondern die Möglichkeit offen hielten, die Arbeitsleistung jederzeit in

Anspruch zu nehmen. Die Aussetzung des Arbeitsverhältnisses während des Streiks müsse im übrigen vom Arbeitgeber klar erklärt werden. An einer derartigen „klaren Suspendierungserklärung" könne es fehlen, wenn der Arbeitgeber auf die tägliche Verfügbarkeit der Arbeitnehmer Wert gelegt habe und bei diesen den Eindruck erweckte, sie könnten mit ihrer Beschäftigung rechnen.

In einer anderen Entscheidung stellte das Bundesarbeitsgericht (DB 1995, 1817) fest, daß ein Arbeitgeber berechtigt ist, einen bestreikten Betrieb oder Betriebsteil für die Dauer des Streiks ganz stillzulegen mit der Folge, daß auch arbeitswillige Arbeitnehmer ihren Lohnanspruch verlieren.

## Notstands- und Erhaltungsarbeiten

Es kann notwendig sein, daß Notstands- und Erhaltungsarbeiten während eines Arbeitskampfes durchzuführen sind. Unter derartigen Erhaltungsarbeiten seien nach der Rechtsprechung die Arbeiten zu verstehen, die erforderlich sind, um das Unbrauchbarwerden der sächlichen Betriebsmittel zu verhindern. Notstandsarbeiten seien die Arbeiten, welche die Versorgung der Bevölkerung mit lebensnotwendigen Diensten und Gütern während eines Arbeitskampfs sicherstellen sollen. Vereinbarungen über die Einrichtungen und den Umfang von Notdienstarbeiten seien angesichts des Fehlens jeglicher gesetzlicher Regelung nicht nur zulässig, sondern auch wünschenswert und vorrangig von den Arbeitskampfparteien anzustreben. Ein Arbeitnehmer habe aber nicht allein deshalb einen Anspruch auf Einsatz im Notdienst, weil er sich an einem Streik nicht beteiligen wolle.

## Feiertagslohnzahlung

In einer weiteren Entscheidung aus dem Jahr 1995 stellt das Bundesarbeitsgericht (DB 1995, 1819) ausdrücklich fest, daß, wenn ein gesetzlicher Feiertag in die Zeit eines Streiks falle, der Arbeitsausfall an diesem Feiertag durch den Arbeitskampf verursacht sei und daß dann ein Anspruch auf Feiertagslohnzahlung nicht bestehe. Nur wenn der Arbeitskampf unmittelbar vor dem Feiertag ende oder sich unmittelbar an ihn anschließe, müsse Feiertagslohn gezahlt werden.

**Aussperrung**

1995 hatte sich das Bundesarbeitsgericht auch mit der Frage zu befassen, wann eine Aussperrung durch den Arbeitgeber tatsächlich vorliege (DB 1995, 1409). Eine Gewerkschaft hatte im Zusammenhang mit Haustarifverhandlungen die Arbeitnehmer der beklagten Firma zu einem Kurzstreik nach der Mittagspause aufgerufen. An dem gegen $13^{30}$ Uhr beendeten, ca. 1½stündigen Streik nahm ein großer Teil der Mitarbeiter der Früh- und der Normalschicht teil. Die Kläger dieses Falles hatten an diesem Tage Spätschicht, für deren Endphase gleichfalls zum Streik aufgerufen worden war. Sie nahmen gleichwohl um 14 Uhr ihre Arbeit auf. Gegen 15 Uhr wurden sie von der Beklagten aufgefordert, nach Hause zu gehen; der Arbeitsablauf sei nicht gesichert.

Die Firma zahlte den Lohn für diesen Tag nur bis 15 Uhr. Sie war der Ansicht, sie habe die Kläger rechtmäßig ausgesperrt. Das Bundesarbeitsgericht war der Meinung, die Beklagte habe die Kläger nicht ausgesperrt, „... weil es an einer eindeutigen Erklärung gefehlt habe. Die Aufforderung, die Arbeitsplätze zu verlassen, sei weder für die Arbeitnehmer noch für die Gewerkschaft zweifelsfrei gewesen. Es sei unklar geblieben, ob die Beklagte lediglich auf streikbedingte Betriebsstörungen habe reagieren wollen, oder ob sie selbst eine Kampfmaßnahme ergriffen und die Arbeitnehmer der Spätschicht ausgesperrt habe. Eine Klarstellung sei aber angesichts der unterschiedlichen Voraussetzungen und Folgen beider Tatbestände unerläßlich."

Erneut hatte sich – ebenfalls noch 1995 – das Bundesarbeitsgericht mit dem gleichen Fall zu beschäftigen, nachdem das Verfahren über das Landesarbeitsgericht Niedersachsen wiederum an das Bundesarbeitsgericht gelangt war. In dieser Entscheidung (DB 1996, 143) stellte das Bundesarbeitsgericht ausdrücklich noch einmal fest, daß nach Aufgabe der Privilegierung des sogenannten Warnstreiks davon auszugehen ist, daß auch der kurzfristige Streik ein Erzwingungsstreik ist, der von der Seite des Arbeitgebers mit Abwehrmaßnahmen beantwortet werden kann. Zu zulässigen Abwehrmaßnahmen kann auch die Abwehraussperrung gehören. In dem hier vorliegenden Fall habe es jedoch an einer entsprechend deutlichen Erklärung des Arbeitgebers gefehlt.

Die Aussperrung müsse gegenüber den Arbeitnehmern, deren Arbeitsverhältnisse „suspendiert" werden sollen, in irgendeiner hinreichend klaren Form verlautbart werden. Die Erklärung des Arbeitgebers, die Arbeitnehmer der Spätschicht sollten wieder nach Hause gehen, weil ihre Weiterbeschäftigung aufgrund des beabsichtigten Kurzstreiks nicht möglich erschienen sei, habe nicht unbedingt dahingehend verstanden werden müssen, daß sie selbst Arbeitskampfmittel ergreifen wollten.

„Mit der Kurzaussperrung als Antwort auf einen Kurzstreik will der Arbeitgeber seine Kampfbereitschaft demonstrieren. Das verlangt eine entsprechende Verlautbarung mit kampftaktischer Tendenz. Dementsprechend hat auch die Arbeitnehmerseite ein berechtigtes Interesse daran zu wissen, ob der Arbeitgeber aktiv in den Arbeitskampf eingreift. Sie muß entscheiden können, wie sie hierauf taktisch reagieren will. Im Einzelfall mag das ‚Schließen der Fabriktore' eine hinreichend eindeutige Kundgabe der Aussperrungsabsicht sein, lassen aber die eigenen Erklärungen des Arbeitgebers erkennen, daß mit dem Schließen der Fabriktore keine kämpferische Demonstration zum Ausdruck gebracht, sondern lediglich der ohnehin zum Stillstand gebrachte Betrieb gesichert werden soll, so fehlt es an einer Aussperrungserklärung. Etwaige Zweifel gehen insoweit zu Lasten des Arbeitgebers."

Noch 1994 änderte das Bundesarbeitsgericht seine Rechtsprechung hinsichtlich der Verpflichtung des Arbeitgebers zur Beschäftigung arbeitswilliger Arbeitnehmer im bestreikten Betrieb (DB 1995, 100). Es stellte ausdrücklich fest, daß der Arbeitgeber nicht verpflichtet sei, einen bestreikten Betrieb oder Betriebsteil soweit als möglich aufrechtzuerhalten. Er könne ihn stattdessen für die Dauer des Streiks ganz stillegen mit der Folge, daß die beiderseitigen Rechte und Pflichten aus dem Arbeitsverhältnis ausgesetzt würden und auch arbeitswillige Arbeitnehmer ihren Lohnanspruch verlieren.

## Versetzung

Vielfach ergibt sich aus dem Arbeitsvertrag auch der Ort der Arbeitsleistung. Darüber hinaus haben wir schon festgestellt, daß die Art der Arbeitsleistung im Arbeitsvertrag immer festgelegt werden muß. Firmen, die Betriebsteile an verschiedenen Orten haben, werden sich üblicherweise in den Verträgen den Ort der Arbeitsleistung vorbehalten. Ist das geschehen, dann ist auch jederzeit eine Versetzung an einen anderen Ort für die Erbringung der Arbeitsleistung möglich. Sollte der Vertrag allerdings keinen derartigen Vorbehalt enthalten, braucht sich der Arbeitnehmer eine Versetzung an einen anderen Ort nicht gefallen lassen. Versetzungen können aber auch am gleichen Ort durch die Zuweisung einer anderen Arbeit im Rahmen der arbeitsvertraglich geschuldeten Tätigkeit erfolgen. Die Versetzung innerhalb des Betriebes an einen anderen Arbeitsplatz hat mit einer Kündigung nichts zu tun, so daß auch keine Kündigungsschutzvorschriften beachtet werden müssen. Geprüft werden muß allerdings immer, ob die Versetzung noch von der

Beschreibung der Tätigkeit umfaßt ist und ob es sich nicht um eine Versetzung auf einen geringerwertigen Arbeitsplatz handelt, die in vielen Fällen unzulässig ist.

## Arbeitszeit

Die Arbeitszeit wird ebenfalls üblicherweise im Arbeitsvertrag geregelt. Unabhängig davon gibt es jedoch seit 1. 7. 1994 das Gesetz zur Vereinheitlichung und Flexibilisierung des Arbeitszeitrechts, welches die aus dem Jahre 1938 stammende Arbeitszeitordnung und die Sonntagsruhetagsbestimmungen der Gewerbeordnung aus dem Jahr 1891 abgelöst haben. Im Zusammenhang mit dem neuen Arbeitszeitgesetz wurde auch der gesetzliche Mindesturlaub, verankert im Bundesurlaubsgesetz, von jährlich 18 auf 24 Tage heraufgesetzt.

Hervorzuheben ist auch, daß für Arbeitnehmer unter 18 Jahren nicht das Arbeitszeitgesetz, sondern das Jugendarbeitsschutzgesetz gilt.

### Ruhepausen

Vereinheitlicht wurden die Ruhepausen für männliche und weibliche Arbeitnehmer. Eine eventuelle Bezahlung von Arbeitspausen kann jedoch nach wie vor nur tarifvertraglich oder gegebenenfalls betrieblich geregelt werden, im Gesetz ist sie nicht vorgeschrieben. Werden mehr als 9 Stunden gearbeitet, so müssen die Pausen mindestens 45 Minuten betragen. Diese Mindestzeiten können auch nicht tarifvertraglich oder betrieblich verkürzt werden.

Für Nacht- und Schichtarbeit sind in dem neuen Gesetz ziemlich genaue Regelungen getroffen worden. Insbesondere soll der Arbeitgeber dabei auch die gesicherten arbeitswissenschaftlichen Erkenntnisse über die menschgerechte Gestaltung der Arbeit berücksichtigen.

## Überstunden

Überstunden sind erstaunlicherweise im neuen Arbeitszeitgesetz nicht geregelt. In den Grenzen des Arbeitszeitgesetzes sind sie somit unbegrenzt zulässig. Inwieweit Überstunden, Mehrarbeit oder sonstige von der Regelarbeitszeit abweichende Zeiten besonders vergütet werden, ist ausschließlich der Übereinkunft zwischen Arbeitgeber und Arbeitnehmer oder der Regelung in Tarifverträgen überlassen. *Dabei sollten Sie berücksichtigen, daß häufig Vertragsklauseln verwendet werden, wonach mit dem Gehalt sämtliche Überstunden abgegolten sind.* Unter Berücksichtigung des Arbeitszeitgesetzes und dieser Vertragsklausel ist es zu überlegen, ob nicht bereits vor der Unterzeichnung eines Arbeitsvertrags diese Problematik mit dem Arbeitgeber genau besprochen und gegebenenfalls einzelvertraglich geregelt werden sollte.

## Samstag ist Werktag

Der Samstag ist auch nach dem neuen Gesetz ein normaler Werktag, so daß nach wie vor von einer 48 Stunden-Woche auszugehen ist, wobei allerdings die maßgeblichen Entscheidungen zur Arbeitszeit auf tarifvertraglicher Ebene zwischen Gewerkschaften und Arbeitgeber und – noch häufiger – auf betrieblicher Ebene geregelt werden. Bei einer flexiblen Arbeitszeitverteilung darf die Arbeitszeit an den einzelnen Tagen 10 Stunden nicht überschreiten, insgesamt muß jedoch immer die 8-Stunden-Regelung innerhalb eines Ausgleichszeitraums berücksichtigt werden. Festzuhalten ist aber eine wesentlich verbesserte Flexibilisierung der Arbeitszeit, so daß sowohl Arbeitnehmer wie auch Arbeitgeber die Arbeitszeiten individueller und für beide Beteiligten günstiger bestimmen können.

## Sonn- und Feiertage

Die Arbeit an Sonn- und Feiertagen, die zwar zunächst grundsätzlich verboten ist, wird durch insgesamt 16 Ausnahmen von diesem Verbot erheblich flexibler gestaltet. Selbstverständlich gibt es Sonn- und Feiertagsarbeit für bestimmte Branchen, z. B. für Krankenpflegepersonal, Mitarbeiter von Polizei, Theater, Gaststätten und auch für Industrielle Sonntagsarbeit. Völlig neu ist die Vorschrift, aufgrund deren das Gewerbeaufsichtsamt Sonntagsarbeit zu bewilligen hat, wenn „bei einer weitgehenden Ausnutzung der gesetzlich wöchentlichen Betriebszeiten und bei längeren Betriebszeiten im Ausland die Konkurrenzfähigkeit unzumutbar beeinträchtigt ist und durch die Genehmigung von Sonn- und Feiertagsarbeit die Beschäftigung gesichert werden kann".

Wenn man bedenkt, daß nicht nur in Ländern der europäischen Gemeinschaft, sondern vielmehr noch in den USA und in zahlreichen asiatischen Ländern seit jeder überhaupt keine Sonntagsarbeitsverbote vorhanden sind, dann dürfte klar sein, wie außerordentlich wichtig diese Änderung zugunsten der deutschen Wirtschaft ist.

## Weitgehende Aufhebung der Beschäftigungsverbote für Frauen

Interessant ist auch die Änderung der Beschäftigungsverbote für Frauen. Diese sind weitgehend aufgehoben worden, so daß Frauen in Zukunft auch uneingeschränkt nachts und z. B. auch im Baugewerbe arbeiten können.

## Mehr Freiheit durch Tarifverträge und Betriebsvereinbarungen

Besonders hervorzuheben ist auch die erheblich erweiterte Möglichkeit zur Einführung flexibler Arbeitszeitmodelle durch Tarifverträge und Betriebsvereinbarungen.

### Erfüllung der Arbeitsleistung

Sollten Sie als Arbeitnehmer Ihre Arbeitsleistung nicht erbringen, kann – zumindest theoretisch – der Arbeitgeber Sie sogar auf Erfüllung der Arbeitsleistung verklagen. Die Gerichte haben schon mehrfach damit zu tun gehabt und auch schon entsprechende Verpflichtungen ausgesprochen. Gleichwohl erscheint es nicht besonders sinnvoll, einen nicht arbeitswilligen Arbeitnehmer gerichtlich zur Erfüllung seiner Arbeitsleistung verpflichten zu wollen.

### Kurzarbeit

Es gibt allerdings auch Fälle, in denen Arbeitnehmer, ohne entlassen zu werden, keine Arbeit beim Arbeitgeber verrichten zu brauchen. Der Begriff „Kurzarbeit" ist heutzutage fast jedem vertraut. Mit Kurzarbeit soll die Entlassung verhindert werden, wobei bei entsprechender Anmeldung der Arbeitgeber vor allen Dingen auch von der Bezahlung von Arbeitsvergütung befreit ist. Die Bundesanstalt für Arbeit gewährt „Kurzarbeitergeld", bezahlt also den Arbeitnehmer bis zu sechs Monate, in Ausnahmefällen sogar bis zwölf Monate. Die Höhe des Kurzarbeitergeldes beträgt derzeit noch 63 Prozent des früheren Nettoeinkommens beziehungsweise 68 Prozent bei Arbeitnehmern, die mindestens ein Kind haben.

## Nebenpflichten

Neben der Pflicht zur Arbeitsleistung gibt es für den Arbeitnehmer auch noch Nebenpflichten. Dazu gehört insbesondere, daß ein Arbeitnehmer bei Krankheit eine ärztliche Arbeitsunfähigkeitsbescheinigung einreichen und vor allem auch dem Arbeitgeber rechtzeitig mitteilen muß, daß er krank geworden ist. Des weiteren kann ihm auferlegt sein, Arbeitsberichte vorzulegen und Auskünfte über geleistete Tätigkeiten zu geben. In manchen Arbeitszweigen gibt es auch sogenannte Wettbewerbsbeschränkungen, das heißt, daß ein Arbeitnehmer keine gleichartige Tätigkeit bei einem Konkurrenten ausüben darf. Selbstverständlich muß er darüber hinaus Schäden vom Arbeitgeber abwenden beziehungsweise eingetretene Schäden dem Arbeitgeber mitteilen.

Immer wieder ist auch das außerdienstliche Verhalten des Arbeitnehmers Gegenstand von Gerichtsentscheidungen. Grundsätzlich ist festzuhalten, daß es, von wenigen Ausnahmen abgesehen, den Betrieb nichts angeht, was ein Arbeitnehmer in seiner Freizeit tut, beziehungsweise wie er sich verhält. Eine Sparkasse meinte allerdings in einem vom Landesarbeitsgericht Hamm 1990 (LAG E § 1 KSch, verhaltensbedingte Kündigung Nr. 28) entschiedenen Fall, einem Mitarbeiter deshalb kündigen zu können, weil er nach seiner rechtskräftigen Scheidung Beziehungen zu jungen Frauen aufgenommen hatte. Er wurde deshalb schriftlich abgemahnt. Kurz danach beschwerte sich ein Kunde darüber, daß der Sparkassenangestellte intime Beziehungen zu seiner Ehefrau aufgenommen hatte. Der Kunde drohte der Sparkasse damit, daß sowohl er und auch seine Eltern die geschäftlichen Beziehungen zur Sparkasse wegen des Verhaltens von deren Mitarbeiter abbrechen würden. Die Sparkasse meinte daraufhin, das Arbeitsverhältnis fristlos kündigen zu können. Das Landesarbeitsgericht Hamm teilte die Meinung der Sparkasse nicht und sah in dem außerdienstlichen Verhalten des Klägers keinen wichtigen Grund für eine außerordentliche fristlose Kündigung. Die Aufnahme einer intimen Beziehung zu einer verheirateten Person sei kein Dienstvergehen, das geeignet sei, Achtung und Vertrauen in einer für die Tätigkeit des Angestellten oder das Ansehen des öffentlichen Dienstes bedeutsamen Weise zu beeinträchtigen.

Zu den Nebenpflichten des Arbeitnehmers gehört es auch, die Entgegennahme von Schmiergeldern abzulehnen. Er wird sogar vielfach für verpflichtet gehalten, dem Arbeitgeber das Angebot von Schmiergeldern mitzuteilen. Tut der Arbeitnehmer das nicht und nimmt er das Schmiergeld auch noch an, so macht er sich nicht nur strafbar, sondern er kann auch fristlos gekündigt werden.

**Verschwiegenheitspflicht**

Besonders wichtig im Rahmen der arbeitsvertraglichen Nebenpflichten ist die Verschwiegenheitspflicht. Das bedeutet, daß Sie auf jeden Fall darauf achten müssen, daß Sie keine Betriebs- und Geschäftsgeheimnisse an irgendwelche Dritte weitergeben. In einer Entscheidung von 1982 definierte das Bundesarbeitsgericht den Begriff Betriebsgeheimnis (NJW 1983, 134). *Es stellte fest, daß ein Betriebsgeheimnis dann vorliegt, wenn Tatsachen im Zusammenhang mit einem Geschäftsbetrieb, die nur einem eng begrenzten Personenkreis bekannt und nicht offenkundig sind, nach dem Willen des Arbeitgebers aufgrund eines berechtigten wirtschaftlichen Interesses geheimgehalten werden.*

Für die Verpflichtung, bestimmte Betriebsgeheimnisse, die ein Arbeitnehmer aufgrund seiner Tätigkeit erfährt, nach Beendigung des Arbeitsverhältnisses nicht nutzen oder weitergeben zu dürfen, kann dieser aber keine Zusage einer Entschädigung verlangen.

Bei dieser Entscheidung erwarb eine Firma ein Rezept für die Herstellung eines Reagenzes zur Erleichterung der Auszählung von Thrombozyten in Blutproben. Die Wirkung des Reagenzes beruhte auf der Kombination verschiedener, in der Wissenschaft bekannter Lösungen mit Quecksilber-II-Chlorid bei einer bestimmten Bandbreite des pH-Wertes. Der Kläger vertrieb das Reagenz seit November 1975 unter der Bezeichnung „T". Er behandelte das Rezept von Anfang an als Betriebsgeheimnis und teilte es nur dem Beklagten, der Leiter des Entwicklungslabors war, mit. Dieser verpflichtete sich zur Geheimhaltung. Er stellte die

Lösung in dem Labor her, zu dem außer ihm selbst nur der Kläger Zutritt hatte. Später gründete der Beklagte mit zwei Kollegen aus der gleichen Firma eine eigene Gesellschaft, mit der sie dem früheren Arbeitgeber Konkurrenz machten. Sie brachten dabei eine dem „T" des Klägers ähnliche, aber verbesserte Reagenz zur Auszählung von Thrombozyten auf den Markt. Nun wollte der Kläger Schadensersatz, weil die Beklagten das vom Kläger unredlich erlangte Betriebsgeheimnis verwertet hätten. Nachdem der Arbeitgeber beim Arbeitsgericht und Landesarbeitsgericht bereits die Klage verloren hatte, hatte endlich das Bundesarbeitsgericht ein Einsehen:

Die klägerische Firma hatte vorgetragen, daß gerade der Leiter des Entwicklungslabors eine besondere Vertrauensstellung bekleidet habe, daß die Firma sich vollkommen auf ihn verlassen, ihm in jeder Hinsicht vertraut und ihm Zugang zu allen Unterlagen und Geheimnissen gewährt habe. Zusätzlich habe sich dieser auch nochmals besonders gerade zur Geheimhaltung des Rezepts „T" verpflichtet. Das Bundesarbeitsgericht hielt diesen Vortrag der Klägerseite für berechtigt. Es wies darauf hin, daß das Landesarbeitsgericht die Frage der Geheimhaltungspflicht und der Wettbewerbsunterlassung in Bezug auf „T" verkürzt habe, indem es allein auf das Fehlen einer nachvertraglichen Wettbewerbsvereinbarung abgestellt habe. Es gehe nicht darum, ob die früheren Mitarbeiter verpflichtet seien, jeden Wettbewerb mit ihrem früheren Arbeitgeber zu unterlassen. Das verlange dieser nicht einmal. Es sei aber eine andere Frage, ob dieses Recht so weit gehe, daß die Beklagten ein Betriebsgeheimnis für Wettbewerbszwecke verwerten durften. Die Parteien konnten eine Pflicht zur Wahrung des Betriebsgeheimnisses über das Ende des Arbeitsverhältnisses hinaus ohne Entschädigungspflicht wirksam vereinbaren.

Anders als im Falle der Pflicht zur Unterlassung jeglichen Wettbewerbs schränkt eine nachvertragliche Pflicht,

Betriebsgeheimnisse weiter zu wahren, berechtigte Interessen eines Arbeitnehmers nicht unzulässig ein. Eine solche Pflicht stellt den Betroffenen nur mit denjenigen Arbeitnehmern gleich, die keine Geheimnisträger sind, führt aber nicht zu einer weiteren Behinderung. Die freie Entfaltung und Weiterentwicklung im Berufsleben darf in der Regel nicht daran scheitern, daß es dem Arbeitnehmer verwehrt ist, seinen künftigen beruflichen Erfolg gerade auf die Preisgabe oder Verwertung eines bestimmten Betriebsgeheimnisses zu gründen. *Die Rechtsordnung stellt Betriebsgeheimnisse unter einen besonderen Schutz. Wer sich Betriebsgeheimnisse unlauter beschafft, sie verrät oder sittenwidrig verwertet, kann auf Unterlassung und Schadensersatz in Anspruch genommen werden. Auch im Arbeitsrecht ist der Schutz von Betriebsgeheimnissen anerkannt. Selbst ohne einen ausdrücklichen Geheimhaltungsvertrag kann die Nachwirkung des Arbeitsvertrags den Arbeitnehmer verpflichten, ein Betriebsgeheimnis weiter zu wahren.*

Zusammenfassend ist noch einmal festzustellen, daß in den meisten Fällen die vertragliche Verschwiegenheitspflicht auch mit der Beendigung des Arbeitsverhältnisses endet, daß es aber Umstände geben kann – vor allem vertragliche Vereinbarungen – die dazu führen, daß auch über die Beendigung des Arbeitsverhältnisses hinaus eine Schweigepflicht für Betriebs- und Geschäftsgeheimnisse vorliegt.

## Rauchen am Arbeitsplatz

Eine weitere Nebenpflicht sind sogenannte betriebliche Rücksichtspflichten, unter denen in den letzten Jahren dem Rauchverbot besondere Bedeutung zukommt. Während früher der Raucher vor dem Nichtraucher geschützt wurde, hat sich inbesondere seit einer Entschließung über ein Rauchverbot durch den Rat der EG am 18. 7. 1989 die Diskussion umgekehrt. Nunmehr soll der Nichtraucher vor dem Raucher geschützt werden, zumal die Ärzte festgestellt haben, daß gerade auch das sogenannte Passivrauchen erheblich gesundheitsgefährdend ist.

Gestützt auf diese Entschließung der Europäischen Gemeinschaft stellt das Landesarbeitsgericht Frankfurt in einem Urteil von 1989 (BB 1990, 781) fest, daß der Arbeitgeber kraft seines Direktionsrechts berechtigt sei, einseitig ein Rauchverbot am Arbeitsplatz einzuführen. Bei Ausübung des Direktionsrechts habe der Arbeitgeber die Grundsätze billigen Ermessens zu wahren. Dabei sei eine Interessenabwägung vorzunehmen zwischen dem sich aus dem Persönlichkeitsrecht ableitenden Recht des Arbeitnehmers auf Handlungsfreiheit – hier dem Recht auf Rauchen – und den Interessen des Arbeitgebers, diese Handlungsfreiheit aus sachlichen Gründen einzuschränken. Die Grundsätze billigen Ermessens seien nicht verletzt, wenn es sich bei dem vom Rauchverbot betroffenen Arbeitsplatz um ein Büro handele, das ständig von dritten Personen – insbesondere auch Kunden – aufgesucht werde. In diesem Fall könne der Arbeitnehmer auch nicht verlangen, daß ihm das Rauchen gestattet werde, wenn sich gerade kein Besucher im Büro aufhalte.

**Private Telefongespräche am Arbeitsplatz**

Auch die Probleme mit dem Führen von Telefongesprächen während der Arbeitszeit werden von den betrieblichen Rücksichtspflichten umfaßt. Schon mehrfach haben Gerichte ausdrücklich festgestellt, daß der Arbeitgeber die Benutzung betrieblicher Telefonanlagen für private Gespräche untersagen kann. Das Bundesarbeitsgericht (AP 1 zu § 611 BGB Persönlichkeitsrecht) hat sogar festgestellt, daß der Arbeitgeber das Recht habe, private Telefongespräche mittels einer Aufschaltanlage zu unterbrechen, sofern er das eine angemessene Zeit vorher durch einen Summton ankündigt.

Inzwischen ist die Telefontechnik so weit fortgeschritten, daß mittels automatischer Telefondatenerfassung genau festgestellt werden kann, von welchem Apparat wann welche Telefonnummer angewählt wurde. In einer vom Verwaltungsgericht Mannheim 1991 getroffenen Entscheidung (NJW 1991, 2721) ging es darum, daß ein Richter am Amtsgericht sich dagegen zur Wehr setzen wollte, daß es mit der neuen Fernsprechanlage möglich sei, eine totale Kontrolle aller geführten Telefongespräche mittels automatischer Registrierung der Gespräche nach gewählter Rufnummer sowie Datum, Uhrzeit und Dauer des Gesprächs durchzuführen. Der Verwaltungsgerichtshof stellte fest, daß die aus Gründen der Kontrolle der Haushaltsmittel und der Telefonkosten erfolgende automatische Registrierung der dienstlichen Telefongespräche der Bediensteten nach Nebenstellennummer, gewählter Rufnummer, Datum, Uhrzeit und Dauer des Gesprächs nicht die Rechte der Bediensteten verletze. Sie bewege sich – bei dienstlichen Telefongesprächen – ausschließlich innerhalb der haushaltsrechtlich veranlaßten und bestimmten Kontrolle der Amtsverwaltung durch den Dienstherrn, welcher der Amtsverwalter grundsätzlich nicht subjektive Rechte entgegenhalten könne. Es verstoße nicht gegen die von dem Richter angeführte Menschenwürde der Bediensteten, wenn die dienstlichen, das heißt, im Rahmen der Amtsverwaltung geführten Telefongespräche, nach den genannten Daten automatisch registriert würden. Ob das Bundesarbeitsgericht das allerdings auch so sehen würde, kann bezweifelt werden. Als unzulässig werden generell Abhöreinrichtungen in Telefonen angesehen.

Arbeitgeber:

## Bezahlung und Lohnabrechnung

Die erste und wichtigste Verpflichtung des Arbeitgebers ist die Bezahlung der für ihn ausgeführten Arbeit. Der Arbeitgeber ist darüber hinaus verpflichtet, Lohnabrechnungen vorzulegen, anhand derer der einzelne Arbeitnehmer genau überprüfen kann, was er tatsächlich verdient hat und welche Abzüge erfolgt sind.

## Lohnfortzahlung im Krankheitsfall

Besonders bedeutsam ist auch die Verpflichtung des Arbeitgebers, die Arbeitsvergütung im Krankheitsfalle fortzuzahlen. Das ist keineswegs so selbstverständlich, wie das bei uns inzwischen angesehen wird. Der Arbeitnehmer ist arbeitsunfähig krank und wird damit von der Verpflichtung zur Arbeitsleistung befreit. Wenn nun der Arbeitnehmer aufgrund von Fortzahlungsbestimmungen doch sein Gehalt beziehungsweise seinen Lohn ganz normal für einen bestimmten Zeitraum ausbezahlt erhält, so ist das ein erheblicher Fortschritt im Vergleich zu früheren Regelungen.

Es sind unterschiedliche Bestimmungen, denen zufolge Gehalt und Lohn weiterbezahlt werden müssen.

Es kann manchmal Unklarheiten dahingehend geben, ob wirklich eine Krankheit vorliegt. Das Bundesarbeitsgericht hatte 1987 (NJW 1988, 1546) einen Fall zu entscheiden, bei dem die Parteien darüber stritten, ob eine Firma ihrem Arbeitnehmer während der Durchführung einer Entwöhnungsbehandlung wegen Alkoholabhängigkeit Gehaltsfortzahlung schulde (es spielt für den Fall letztendlich keine Rolle, daß ihm die Krankenkasse ein Übergangsgeld gewährt hatte und nunmehr die Gehaltsfortzahlung vom Arbeitgeber verlangte). Das Arbeitsgericht war zunächst der Meinung, es bestünde kein Anspruch auf Gehaltsfortzahlung nach einem Rückfall wegen Alkoholabhängigkeit; das Landesarbeitsgericht war der gegenteiligen Meinung, das Bundesarbeitsgericht hob die Entscheidung des Landesarbeitsgerichts wieder auf. Es stellte allerdings fest, daß Alkoholabhängigkeit eine Krankheit im medizinischen und damit auch im entgeltfortzahlungsrechtlichen Sinne sei. Sie sei rechtlich wie jede andere Krankheit zu behandeln.

Andererseits habe der Arbeitgeber das Recht, sich gegen den vom Gesetz begründeten Anspruch des durch Alkoholabhängigkeit arbeitsunfähig erkrankten Arbeitnehmers auf Fortzahlung des Arbeitsentgeltes damit zu wehren, daß der Arbeitnehmer sich die Krankheit schuldhaft zugezogen habe. Schuldhaft handele der Arbeitnehmer, der gröblich gegen die von einem verständigen Menschen im eigenen Interesse zu erwartende Verhaltensweise verstoße. Bei einem solchen „Verschulden gegen sich selbst" wäre es unbillig, den Arbeitgeber mit der Zahlungspflicht zu belasten, weil der Arbeitnehmer zumutbare Sorgfalt gegen sich selbst nicht beachtet und dadurch die Arbeitsunfähigkeit verursacht habe. Allerdings trage auch bei einem durch Rückfall in den Alkoholmißbrauch arbeitsunfähig erkrankten Arbeitnehmer der Arbeitgeber die Darlegungs- und Beweislast für ein Verschulden des Arbeitnehmers an der Krankheit. In diesem Falle gehe es aber nicht mehr allein darum, ob der Arbeitnehmer die Entstehung seiner Alkoholabhängigkeit verschuldet habe oder nicht, sondern nunmehr vor allem darum, ob er sich ein Verschulden an der wiederholten Erkrankung entgegenhalten lassen müsse. Der Arbeitnehmer, der eine Entziehungskur durchgemacht habe, kenne die Gefahren des Alkohols für sich sehr genau. Er sei bei der Behandlung eingehend darauf hingewiesen und weiter dringend ermahnt worden, in Zukunft jeden Alkoholgenuß zu vermeiden. Werde der Arbeitnehmer nach erfolgreicher Behandlung einer Entwöhnungskur und weiter nach einer längeren Zeit der Abstinenz dennoch wieder rückfällig, so spreche die Lebenserfahrung dafür, daß er die ihm erteilten dringenden Ratschläge mißachtet und sich wieder dem Alkohol zugewandt habe. Dieses Verhalten werde im allgemeinen den Vorwurf eines „Verschuldens gegen sich selbst" begründen: Der Arbeitnehmer verstößt gröblich gegen die von einem verständigen Menschen im eigenen Interesse zu erwartende Verhaltensweise und handelt damit schuldhaft im Sinne des Entgeltfortzahlungsrechts.

Arbeitsunfähigkeit und damit die Lohnfortzahlungspflicht wird auch dann angenommen, wenn der Arbeitnehmer sich operieren läßt, um ein angeborenes Leiden zu beheben, wenn eine künstliche Befruchtung durchgeführt oder sogar dann, wenn eine Geschlechtsumwandlung wegen Transsexualität erfolgt. Für Schönheitsoperationen gibt es in vielen Fällen keine Lohnfortzahlung, wenn nicht Besonderheiten vorliegen. Das Landesarbeitsgericht Hamm verurteilte 1988 (NJW 1989, 1564) eine Firma, bei der ein Zaunmonteur im Akkordlohn beschäftigt war. Der Zaunmonteur war bei einer Radtour zu Fall gekommen und hatte sich die Nase verletzt. Seither trug er einen Höcker. Dadurch litt er aber zusätzlich an einer Behinderung der Nasenatmung, so daß eine Korrektur der Nasenscheidewand medizinisch indiziert war. Es war auch notwendig, dabei die äußere Nasenform zu verändern. Die Firma wurde zur Lohnfortzahlung verurteilt. Es handelte sich dabei also nicht um eine reine Schönheitsoperation, sondern zusätzlich darum, die Behinderung der Nasenatmung zu beheben. Weil die medizinische Notwendigkeit des Eingriffs gegeben war, stand dem Versicherten Lohnfortzahlung zu.

Die Krankenvergütung ist als Arbeitsvergütung anzusehen. Deshalb muß sie selbstverständlich dann nicht bezahlt werden, wenn der Arbeitnehmer im Falle seiner Gesundheit auch nichts ausbezahlt bekommen hätte. Das gilt insbesondere dann, wenn wegen Kurzarbeit, wegen Schlechtwetter oder wegen Betriebsstörungen sowieso keine Arbeitsvergütung bezahlt worden wäre.

Da der Anspruch auf Lohnfortzahlung nur dann besteht, wenn der Arbeitnehmer die Erkrankung nicht verschuldet hat – als Verschulden wird hier nur ein gröblicher Verstoß angesehen – sind hierzu noch einige Ausführungen erforderlich. Grundsätzlich können Verkehrsunfälle, selbst wenn sie vom Arbeitnehmer selbst verursacht wurden, nicht als schuldhaft in diesem Sinne angesehen werden. Anders hat das Bundesarbeitsgericht jedoch entschieden, wenn Verkehrsunfälle zum Beispiel auf Trunkenheit des Arbeitnehmers zurückzuführen waren.

Im Jahr 1988 entschied das Bundesarbeitsgericht (NJW 1988, 2323) einen Fall, bei dem ein Arbeitnehmer morgens mit eigenem Pkw zur Arbeitsstelle fuhr. Er war bereits seit längerer Zeit an Alkoholismus erkrankt. Während des Dienstes sprach er in erheblichem Maße dem Alkohol zu. Auf der Rückfahrt verursachte er mit einem Blutalkoholgehalt von 2,7 bis 2,85 Promille einen Auffahrunfall mit Personen- und Sachschaden. Infolge des Unfalls, bei dem er auch selbst verletzt wurde, war der Arbeitnehmer ca. zwei Wochen arbeitsunfähig krankgeschrieben. Das Bundesarbeitsgericht stellte fest, daß dem Kläger ein Anspruch auf Lohnfortzahlung nicht zustehe. Er sei nicht aufgrund seiner als Krankheit anzusehenden Alkoholabhängigkeit arbeitsunfähig geworden, diese sei vielmehr nur die mittelbare Ursache dafür. „Unmittelbare Ursache für die Arbeitsunfähigkeit war der durch übermäßigen Alkoholkonsum herbeigeführte Verkehrsunfall des Klägers. *Grundsätzlich ist ein den Lohnfortzahlungsanspruch beseitigendes Verschulden des Arbeitnehmers zu bejahen, wenn die Arbeitsunfähigkeit auf einem Unfall beruht, der durch Alkoholmißbrauch herbeigeführt worden ist, ohne daß eine andere Ursache dabei mitgewirkt hat.*"

Bei aus normaler sportlicher Tätigkeit entstehenden Unfällen besteht in der Regel Lohnfortzahlungsverpflichtung, bei besonders gefährlichen Sportarten allerdings, wie zum Beispiel Boxen oder Drachenfliegen, wird vielfach der Anspruch auf Lohnfortzahlung nach einem Unfall erlöschen.

Um es dem Arbeitnehmer nicht ganz so leicht zu machen, änderte der Gesetzgeber am 1. 6. 1994 das „Gesetz über die Zahlung des Arbeitsentgelts an Feiertagen und im Krankheitsfall". In diesem neuen Gesetz wurde ausdrücklich festgelegt, daß dieses auch für geringfügig und auch für kurzfristig Beschäftigte gilt. Mit diesem Gesetz sollte auch das sogenannte „Krankfeiern" eingedämmt werden. In § 5 dieses Gesetzes wurde festgelegt, daß der Arbeitnehmer verpflichtet ist, dem Arbeitgeber die Arbeitsunfähigkeit und deren voraussichtliche Dauer unverzüglich mitzuteilen. Wenn die Arbeitsunfähigkeit länger als 3 Kalendertage dauert, hat der Arbeitnehmer eine ärztliche Bescheinigung über das Bestehen der Arbeitsunfähigkeit sowie deren voraussichtliche Dauer spätestens an dem darauffolgenden Arbeitstag vorzulegen. Der Arbeitgeber ist berechtigt, die Vorlage der ärztlichen Bescheinigung früher zu verlangen. Hat der Arbeitgeber einen begründeten Zweifel an der behaupteten Arbeitsunfähigkeit, so könnte er eine Untersuchung des Arbeitnehmers durch den medizinischen Dienst der Krankenversicherung verlangen – eine Bestimmung, die allerdings deshalb wohl ins Leere geht, weil der medizinische Dienst der Krankenversicherungen so schnell gar nicht reagieren wird. Der Arbeitgeber kann gegebenenfalls auch durch Aushang eine generelle Regelung über die Attestpflicht schaffen, ohne daß er den Betriebsrat an dieser Regelung beteiligen muß.

### Auslandserkrankungen

Geändert wurden auch die Anzeige- und Nachweispflichten bei Auslandserkrankungen. Der Arbeitnehmer muß dem Arbeitgeber neben der Tatsache der Erkrankung auch seinen Aufenthaltsort mitteilen und zwar „in der schnellstmöglichen Art der Übermittlung". Das kann z. B. per Telefon oder Telefax geschehen, gegebenenfalls auch mit einem Telegramm.

Der Europäische Gerichtshof hatte 1992 entschieden, daß ein deutscher Arbeitgeber grundsätzlich an eine Arbeitsunfähigkeitsbescheinigung in einem anderen EG-Mitgliedsstaat gebunden sei. Habe er Zweifel an deren Richtigkeit, bleibe ihm die Möglichkeit, den Arbeitnehmer am Aufenthaltsort durch einen Arzt seines Vertrauens untersuchen zu lassen. Diese Möglichkeit, die allerdings in vielen Fällen wohl nur eine sehr theoretische ist, ist dem Arbeitgeber also nunmehr eröffnet.

Die Anspruchsdauer ist üblicherweise auf sechs Wochen begrenzt. Nach Ablauf von sechs Wochen müssen die Krankenversicherungen eintreten.

## Gleichbehandlungspflicht

Besonders einzugehen ist hier noch auf die Verpflichtung des Arbeitgebers zur Gleichbehandlung. Dabei wird allgemein zwischen dem verfassungsrechtlichen Gleichheitssatz und dem Gleichbehandlungsgrundsatz – der letztendlich eine Ausgestaltung des Gleichheitssatzes ist – unterschieden. Der Gleichbehandlungsgrundsatz wird allerdings dem Privat- und nicht dem Verfassungsrecht zugeordnet. Mit ihm soll sichergestellt werden, daß kein Arbeitnehmer aus sachfremden Gründen in vergleichbarer Lage schlechtergestellt wird als seine Kollegen. Dieser Gleichbehandlungsgrundsatz verhindert allerdings die Begünstigung einzelner Arbeitnehmer nicht. Besonders bedeutsam ist das inzwischen im Gleichbehandlungsgrundsatz zwischen Arbeitern und Angestellten geworden, nachdem das Bundesverfassungsgericht festgestellt hat, daß zum Beispiel die unterschiedlichen Kündigungsfristen für Arbeiter und Angestellte verfassungswidrig seien.

Eine Entscheidung des Europäischen Gerichtshofs vom 17. 10. 1995 ließ hier die Wogen hochgehen (DB 1995, 2172).

Der Kläger des Ausgangsverfahrens arbeitete als Diplomingenieur für Garten- und Landschaftspflege im Gartenbauamt der Hansestadt Bremen. Er war ständiger Vertreter des Sachgebietsleiters. Eine Diplomingenieurin für Landschaftspflege war gleichfalls gartenbautechnische Angestellte im gleichen Sachgebiet. Das Gartenbauamt hatte den männlichen Angestellten zur Beförderung vorgeschlagen, der Personalrat verweigerte der Beförderung seine Zustimmung. Die angerufene Einigungsstelle entschied für den Arbeitgeber bindend, daß beide Bewerber die gleiche Qualifikation besäßen und daß daher auf der Grundlage des Landesgleichstellungsgesetzes – Gesetz zur Gleichstellung von Mann und Frau im öffentlichen Dienst des Landes Bremen – der weiblichen Bewerberin der Vorrang gebühre.

Dagegen klagte nunmehr der männliche Angestellte, wobei er behauptete, er besitze eine bessere Qualifikation als seine Kollegin und im übrigen verstoße das Gesetz mit seiner Quotenregelung gegen die Verfassung des Landes Bremen, das Grundgesetz und gegen den Gleichbehandlungsgrundsatz des § 611a BGB. Das Arbeitsgericht und das Landesarbeitsgericht hatten seine Klage abgewiesen, das Bundesarbeitsgericht hatte die Rechtsfrage dem Europäischen Gerichtshof zur Entscheidung vorgelegt. Dieser erklärte nun, daß die bevorzugte Berücksichtigung weiblicher Bewerber im öffentlichen Dienst bei gleicher Qualifikation unzulässig sei. „Eine nationale Regelung, wonach Frauen, welche die gleiche Qualifikation wie ihre männlichen Bewerber besitzen, in Bereichen, in denen die Frauen unterrepräsentiert sind, bei einer Beförderung automatisch der Vorrang eingeräumt wird, bewirkt eine Diskriminierung der Männer aufgrund des Geschlechts. Eine solche Quotenregelung gehe über eine Förderung der Chancengleichheit hinaus und überschreite damit die Grenzen der in der Europäischen Richtlinie festgelegten Gleichbehandlung von Männern und Frauen hinsichtlich des Zugangs zur Beschäftigung, zur Berufsbildung und zum beruflichen Aufstieg.

Noch 1995 hatte sich das Bundesarbeitsgericht mit der Lohngleichheit von Mann und Frau zu befassen (DB 1995, 1816). In dieser Entscheidung ging es um eine tatsächliche Benachteiligung einer Frau, weil die Klägerin erreichen wollte, daß sie denselben höheren Lohn erhält wie elf vergleichbare männliche Arbeiter. Es handelte sich bei der beklagten Firma um einen Hersteller und Vertreiber von gerösteten und gesalzenen Erdnüssen. Von den 230 Arbeitnehmern der Firma sind 180 Arbeiter, davon jeweils 115 bis 120 Frauen. In der Verpackungsabteilung waren etwa 96 Arbeiterinnen tätig. Ihre Löhne richteten sich nach der Lohngruppe „C" bzw. „B" des einschlägigen Tarifvertrags für die Süßwarenindustrie. Daneben wurde eine Zulage gezahlt. Die Klägerin hatte in der Verpackungsabteilung sogenannte Verpackungsmaschinen zu bedienen, vor allem die sogenannte Schlauchbeutelmaschine. Sie hatte keine Nachtarbeit zu leisten.

Um einer vorübergehend erheblich gestiegenen Nachfrage aus der ehemaligen DDR und aus Frankreich nachkommen zu können, wurde in dieser Abteilung während ca. 7 Monaten im Jahr 1990 zusätzliche Nachtarbeit geleistet. In der Nachtschicht wurden keine Frauen eingesetzt, sondern insgesamt bis zu elf Männer. Die Männer waren überwiegend oder ausschließlich für andere Aufgaben als jene in der Verpackungsabteilung eingestellt worden. Mit fünf von ihnen war ausdrücklich vereinbart worden, daß sie alle 3 Wochen Nachtschichtarbeit in der Verpackung zu leisten hätten, die anderen 2 Wochen Arbeiten in anderen Abteilungen. Alle Männer erhielten Lohn nach Lohngruppe „E" zuzüglich einer Zulage, die geringer war als die Zulage, welche die Klägerin erhielt. Der Lohnunterschied lag bei ca. 500,– DM im Monat.

Die Klägerin wollte nun ihrerseits tariflich ebenfalls in die Lohngruppe „E” eingruppiert werden. Das stehe ihr nach dem Lohngleichheitsgebot sowie nach dem Gebot der Gleichbehandlung von Männern und Frauen zu.

Das zunächst angerufene Arbeitsgericht war der Meinung, der Anspruch der Klägerin sei nicht berechtigt, das Landesarbeitsgericht gab der Frau recht, das Bundesarbeitsgericht änderte diese Entscheidung wieder ab. Dieses war der Meinung, eine Pflicht zur Gleichbehandlung bestehe vorliegend nur, wenn Arbeitnehmer gleiche oder gleichwertige Arbeit leisteten. Ob das der Fall sei könne nur festgestellt werden, indem die Tätigkeiten insgesamt miteinander verglichen würden. Es könne aber nach den Feststellungen der Vorinstanzen nicht von insgesamt gleichen oder gleichwertigen Tätigkeiten ausgegangen werden. Die Männer, mit denen sich die Klägerin verglichen habe, hätten nur vorübergehend an denselben Maschinen wie die Frauen gearbeitet, überwiegend jedoch andere Aufgaben wahrgenommen.

Verneint wurde vom Bundesverwaltungsgericht in einer Entscheidung aus dem Jahr 1985 (NJW 1986, 1560) ein Gleichbehandlungsgrundsatz zwischen Beamten und Angestellten, selbst dann, wenn sie die gleiche Tätigkeit ausüben.

In diesem Fall klagte eine Ärztin, die als wissenschaftliche Assistentin im Beamtenverhältnis auf Widerruf in einem Institut für Anästhesiologie einer Universität tätig war, weil ihr vom Bereitschaftsdienst 55 Prozent Arbeitszeit bewertet und vergütet wurden, den Kollegen im Angestelltenverhältnis hingegen aufgrund einer Sonderregelung im Bundesangestelltentarifvertrag 80 Prozent. Das Verwaltungsgericht war teilweise der Meinung, die Klage der Ärztin sei berechtigt, das Oberverwaltungsgericht war der Meinung, es sei ihr in vollem Umfang zuzustimmen, das Bundesverwaltungsgericht hob diese Entscheidung wieder auf. Es meinte, daß entgegen der Ansicht des Oberverwaltungsgerichts der Gleichheitssatz nicht gebiete, während der Bereitschaft geleistete Mehrarbeit von Beamten der für Angestellte im vergleichbaren Falle tarifvertraglich vereinbarten Anrechnung als angemessenen Anrechnungsumfang anzusehen. Noch weniger bedeute die Geltung unterschiedlicher Regelungen für Beamte und Arbeitnehmer für die im einzelnen Fall jeweils ungünstiger gestellte Gruppe von Beschäftigten ein unzulässiges oder abzugeltendes Sonderopfer. Vielmehr bringen der strukturelle Unterschied zwischen Beamtenverhältnis und Arbeitsverhältnis und die unterschiedlichen Regelungskompetenzen die Möglichkeit inhaltlich unterschiedlicher Regelungen, auch in bezug auf Vergütungen der hier erörterten Art, notwendig mit sich.

1985 entschied das Bundesarbeitsgericht (NJW 1987, 1285) einen Fall, bei dem es um die Gleichbehandlung bei Gehaltserhöhungen ging:
Ein Fruchtvertrieb-Großhandelsunternehmen hatte bei 235 Mitarbeitern unterschiedliche Gehaltserhöhungen nach Kriterien wie „Qualifikation, Alter, Familienstand, Unterhaltsverpflichtungen, Betriebszugehörigkeit und Leistung der Arbeitnehmer" vorgenommen. Einige Arbeitnehmer erhielten überhaupt keine Gehaltserhöhung, weshalb sie schließlich auf dem Gleichbehandlungsgrundsatz Klage erhoben.

Das Bundesarbeitsgericht stellte zunächst fest, daß es auch im Bereich der Arbeitsvergütung den Gleichbehandlungsgrundsatz jedenfalls insoweit anwende, als es sich um freiwillige Lohnerhöhungen oder die gleichgelagerte Frage des Verzichts des Arbeitgebers auf eine ihm einzelvertraglich mögliche Anrechnung übertariflicher Lohnbestandteile auf eine Tariflohnerhöhung handelte. „Trägt der Arbeitgeber einer den Gesamtbereich des Arbeitslebens erfassenden Lohnwelle bei der Mehrzahl seiner Arbeitnehmer durch Lohnerhöhungen Rechnung, so darf er einzelne Arbeitnehmer nicht ohne sachlichen Grund ausnehmen. Auch in unterschiedlichen, unter anderem nach Leistungsgesichtspunkten bemessenen Lohnerhöhungen kann eine ‚Linearkomponente' angesichts des Anstiegs der Preise und Gehälter enthalten sein; jedenfalls von einem derartigen ‚Grundbetrag' darf ein Arbeitnehmer nur nach Maßgabe des Gleichbehandlungsgrundsatzes ausgeschlossen werden." Der Getränkegroßhandel habe bei den seinen Arbeitnehmern gewährten Gehaltserhöhungen nicht aufgeschlüsselt, wie sich die von ihr dabei berücksichtigten Gesichtspunkte in den Erhöhungsbeträgen jeweils niederschlagen, aus welchen Komponenten sich also der jeweilige Erhöhungsbetrag zusammensetzt und welche Teilbeträge auf die einzelnen Komponenten entfallen. In welchem Umfang die Gehaltserhöhungen auch einem Ausgleich oder einer Minderung des seit der letzten Gehaltserhöhung durch Geldentwertung eingetretenen Kaufkraftverlustes und damit der Erhaltung des erreichten Lebensstandards dienen sollten, lasse sich daher nur im Wege einer Schätzung ermitteln. Die Beklagte habe keinen sachlichen Grund gehabt, die Mitarbeiter von im Beurteilungszeitraum vorgenommenen allgemeinen Entgelterhöhungen, soweit sie dem Ausgleich des Kaufkraftverlustes dienen sollten, auszunehmen.

Ein Arbeitgeber müßte also bei seinen Gehaltserhöhungen, wenn er sie nicht linear vornehmen will, immer exakt darlegen, welcher Teil daran Ausgleich des Kaufkraftverlustes sein soll und welcher Teil leistungsbezogen. Besonders sinnvoll und praktikabel erscheint diese Rechtsprechung allerdings nicht.

Der Gleichbehandlungsgrundsatz muß auch dann angewandt werden – sei es freiwillig oder aufgrund von Tarifvereinbarungen –, wenn Lohnzulagen gewährt werden, zumindest dann, wenn diese an objektive Tatsachen anknüpfen, wie die Betriebszugehörigkeit oder eine besondere Arbeitserschwernis.

# Schlechtleistungen

5

Deutschland galt früher als Land mit besonderer Wertarbeit. „Made in Germany" war ein Wertbegriff. Inzwischen haben andere Länder in bezug auf die Werthaltigkeit präziser Arbeitsleistung erheblich aufgeholt. In Deutschland wird ein Rückgang der Arbeitsmoral und der Bereitschaft, ordnungsgemäß und gezielt zu arbeiten, festgestellt. Die Bereitschaft zu Bestleistungen nimmt zusehends ab.

Das Ergebnis sind häufig Schlechtleistungen, schlampiges oder zu langsames Arbeiten, Mängel in der Arbeitsleistung, Beschädigung von Werkzeugen, Maschinen und sonstigem anvertrauten Gerät und damit Schädigungen des Arbeitgebers. Vielfach liegt allerdings die Schlechtleistung so an der Grenze, daß Lohnminderungen, Kündigungen oder gar Schadensersatzansprüche nicht gegeben sind. Allerdings wird der Arbeitgeber bevorzugt beim Stellenabbau auf diese arbeitsunwilligen Arbeitnehmer zurückgreifen.

## Schadensersatz und gefahrgeneigte Arbeit

Die wichtigste Frage im Rahmen von Schlechtleistungen, die sich für den Arbeitnehmer stellt, ist die, inwieweit er zu Schadensersatzleistungen herangezogen werden kann. Grundvoraussetzung im gesamten Schadensersatzrecht ist die Frage, inwieweit dem Arbeitnehmer an der Schädigung – sei es des Arbeitgebers selbst, sei es auch eines Kunden des Arbeitgebers –, ein Verschulden angelastet werden kann. Selten wird eine vorsätzliche, also bewußte und absichtliche Schädigung vorliegen. Meistens wird man dem Arbeitnehmer vorwerfen, er habe die nötige Sorgfalt leicht oder gar grob außer acht gelassen. Daß bei vorsätzlicher Schädigung Schadensersatzansprüche gegeben sind, bedarf keiner weiteren Erörterung.

Im Rahmen der Fahrlässigkeit gibt es allerdings erhebliche Abstufungen. Das Bundesarbeitsgericht unterscheidet nach wie vor zwischen einer besonders geringen Schuld, der leichtesten Fahrlässigkeit, der sonstigen Fahrlässigkeit (als leichte und mittlere) und der groben Fahrläsigkeit.

*Bei leichtester Fahrlässigkeit haftet der Arbeitnehmer überhaupt nicht.* Im Rahmen der leichten und mittleren Fahrlässigkeit ist der Schaden quotenmäßig zu verteilen. Das bedeutet, daß der zuständige Richter, wenn es zu einem Rechtsstreit kommt, nach seinem freien persönlichen Ermessen – und das ist bei jedem Richter unterschiedlich – feststellt, welchen Anteil der Arbeitgeber und welchen Anteil der Arbeitnehmer zu tragen hat.

*Bei grober Fahrlässigkeit haftet grundsätzlich der Arbeitnehmer in vollem Umfang.* Allerdings gibt es auch hier bei besonders hohem Schadensrisiko Ausnahmen. Das Bundesarbeitsgericht unterscheidet dabei auch nach wie vor nach dem Kriterium der sogenannten gefahrgeneigten Arbeit.

Im Jahr 1987 entschied das Bundesarbeitsgericht (NJW 1988, 2816) einen Fall, bei dem ein Student in einem Mietwagenbetrieb als Aushilfsfahrer beschäftigt war:

Im Rahmen dieser Tätigkeit beachtete er an einer Kreuzung die Vorfahrt nicht und stieß mit einem anderen Pkw zusammen. Die Mietwagenfirma nahm daraufhin den Studenten auf Schadensersatz in Höhe von 8500,– DM in Anspruch. Sie warf dem Studenten vor, er habe grob fahrlässig gehandelt, denn ihm sei durch seine längere Tätigkeit als Taxifahrer die Kreuzung bekannt gewesen; außerdem seien Sicht- und Witterungsverhältnisse zum Unfallzeitpunkt gut gewesen. Das Arbeitsgericht hatte den Studenten zur Zahlung der Hälfte – 4250,– DM – verurteilt. Es hatte angenommen, daß dem Studenten Fahrlässigkeit zur Last falle, da er aber in Ausübung gefahrgeneigter Arbeit und nicht grob fahrlässig gehandelt habe, müsse er nur für die Hälfte des Schadens einstehen. Das Landesarbeitsgericht verurteilte statt dessen den Studenten zur Zahlung von 2000,– DM. Es stellte fest, daß sich das Mietwagenunternehmen so behandeln lassen müsse, als habe es für das Unfallfahrzeug eine Kaskoversicherung mit einer Selbstbeteiligung in dieser Höhe abgeschlossen. Nun wandte sich der Student auch gegen diese Verurteilung und wollte nur noch einen Betrag von 1000,– DM zahlen. Das Bundesarbeitsgericht sah dieses Ansinnen als unbegründet an und verurteilte den Studenten dazu, den Schaden in Höhe von 2000,– DM zu ersetzen.

Das Landesarbeitsgericht habe zu Recht angenommen, daß der Beklagte, als er den Funkmietwagen führte, eine gefahrgeneigte Arbeit ausgeübt habe. Das Bundesarbeitsgericht bestätigte die ständige Rechtsprechung, daß die Arbeit eines Kraftfahrers regelmäßig gefahrgeneigt sei, wenn nicht besondere Umstände vorlägen, die ausnahmsweise eine andere Beurteilung rechtfertigen könnten. Es wiederholte dann die schon frühere Rechtsprechung, daß Schäden, die ein Arbeitnehmer bei gefahrgeneigter Arbeit grob fahrlässig verursacht, in aller Regel von ihm allein zu tragen sind. Schäden, die ein Arbeitnehmer bei gefahrgeneigter Arbeit nicht grob fahrlässig verursacht, sind bei normaler Schuld (auch normale, leichte oder mittlere Fahrlässigkeit oder mittleres Verschulden genannt) in aller Regel zwischen Arbeitgeber und Arbeitnehmer quotal zu verteilen; dabei sind die Gesamtumstände von Schadensanlaß und Schadensfolgen nach Billigkeitsgrundsätzen und Zumutbarkeitsgesichtspunkten gegeneinander abzuwägen. Bei geringer Schuld des Arbeitnehmers (auch leichteste Fahrlässigkeit genannt) hat der Arbeitgeber solche Schäden allein zu tragen. Der 8. Senat des Bundesarbeitsgerichts widersprach dabei der früheren Rechtsprechung des 7. Senats des Bundesarbeitsgerichts, der angenommen hatte, ein Schaden, den ein Arbeitnehmer in Ausübung gefahrgeneigter Arbeit weder vorsätzlich noch grob fahrlässig verursache, gehöre grundsätzlich zum Betriebsrisiko des Arbeitgebers und sei daher vom Arbeitgeber allein zu tragen.

Sie sehen an dieser Entscheidung, daß auch die Senate der höchsten Gerichte oft unterschiedlicher Meinung sein können. Der 7. Senat war eher bereit, dem Arbeitgeber die gesamte Schadenstragungspflicht allein aufzuerlegen als der 8. Senat.

Im Jahre 1990 hatte der Bundesgerichtshof wieder einmal Gelegenheit, zu den Problemen gefahrgeneigter Arbeit und Auferlegung von Schadensersatzansprüchen zu urteilen (BGH NJW 1991, 1683). Weitgehend bestätigte er die Rechtsprechung des 8. Senats des Bundesarbeitsgerichts, indem er feststellte, daß Schäden, die ein Arbeitnehmer bei gefahrgeneigter Arbeit nicht grob fahrlässig verursacht, bei normaler Schuld in aller Regel zwischen Arbeitgeber und Arbeitnehmer zu teilen sind, wobei die Gesamtumstände von Schadensanlaß und Schadensfolgen nach Billigkeitsgrundsätzen und Zumutbarkeitsgesichtspunkten gegeneinander abzuwägen sind. Es bestätigt in seiner Entscheidung außerdem ausdrücklich, daß es die frühere Rechtsprechung des 7. Senats des Bundesarbeitsgerichts nicht teilt und sich dem 8. Senat anschließt mit der entsprechenden Haftungsquote.

Mit einer Entscheidung aus dem Jahr 1989 schränkte das Bundesarbeitsgericht seine frühere Rechtsprechung zur ausschließlichen Haftung des Arbeitnehmers bei grober Fahrlässigkeit ein (NJW 1990, 468). Es stellte fest, daß Haftungserleichterungen zugunsten des Arbeitnehmers auch bei grober Fahrlässigkeit nicht ausgeschlossen seien:
In diesem Fall war ein Busfahrer mit einem Lastkraftwagen zusammengestoßen, der von links kommend die Kreuzung überquerte. An dem Bus war ein Schaden in Höhe von ca. 110 000,– DM entstanden. Das Busunternehmen verlangte nunmehr vom Busfahrer Schadensersatz, weil dieser in den Kreuzungsbereich eingefahren sei, obwohl die Verkehrsampel in seiner Richtung bereits mehrere Sekunden lang rot gezeigt habe. Das zuständige Arbeitsgericht verurteilte den

Busfahrer zur Zahlung des gesamten Betrags wegen grob fahrlässiger Unfallverursachung. Das Landesarbeitsgericht hatte zugunsten des Busfahrers und zu Lasten des Busunternehmers andere Vorstellungen, es verurteilte den Busfahrer nur zur Zahlung von 50 Prozent. Es hatte auch grobe Fahrlässigkeit angenommen, aber die Auffassung vertreten, im Gegensatz zur bisherigen Rechtsprechung sei es unbillig und unzumutbar, den Beklagten für mehr als die Hälfte des Unfallschadens haften zu lassen.

Das Bundesarbeitsgericht hob diese Entscheidung auf, weil das Landesarbeitsgericht gewichtige Sachverhalte nicht ausreichend aufgeklärt hatte. Es stellte auch fest, daß für die Entscheidung eventueller Haftungserleichterungen eine Abwägung aller Umstände des Einzelfalls zu treffen sei, wobei es entscheidend darauf ankommen könne, daß der Verdienst des Arbeitnehmers in einem deutlichen Mißverhältnis zum Schadensrisiko der Tätigkeit stehe. Auch bei grober Fahrlässigkeit des Arbeitnehmers müsse bei der Beurteilung, unter welchen Voraussetzungen und in welchem Umfang von den Prinzipien der Schadensfeststellung abgewichen werden dürfe – wie auch sonst beim innerbetrieblichen Schadensausgleich –, der Rechtsgedanke des Mitverschuldens entsprechend herangezogen werden. Verschulden des Arbeitnehmers und Betriebsrisiko des Arbeitgebers müssen unter Beachtung aller Umstände gegeneinander abgewogen werden. Dabei sei zu berücksichtigen, daß gegenüber grober Fahrlässigkeit das Betriebsrisiko des Arbeitgebers eine untergeordnete Rolle spielen werde, solange der zu ersetzende Schaden eine Größenordnung nicht übersteige, die den Arbeitnehmer in seiner Existenz nicht gefährde. Soweit der Arbeitnehmer in der Lage sei, von seinem Lohn den verursachten Schaden zu ersetzen, bestehe kein Anlaß, die Haftung für grobe Fahrlässigkeit aus Gründen des Persönlichkeitsschutzes einzuschränken. In diesen Fällen werde gegenüber dem erheblichen Verschulden des Arbeitnehmers das vom Arbeitgeber zu tragende Betriebsrisiko grundsätzlich nicht ins Gewicht fallen können.

„Anders ist es aber, wenn der Schaden bei Ausübung einer Tätigkeit entsteht, deren Schadensrisiko so hoch ist, daß der Arbeitnehmer typischerweise schon von seinem Arbeitsentgelt her nicht in der Lage ist, Risikovorsorge zu betreiben oder einen eingetretenen Schaden zu ersetzen. Hier drückt sich das zu Lasten des Arbeitgebers ins Gewicht fallende Betriebsrisiko unter anderem darin aus, daß der im Schadensfall zu erwartende Vermögensverlust des Arbeitgebers in einem groben Mißverhältnis zu dem als Grundlage der Ersatzleistung in Betracht kommenden Arbeitslohn steht. In diesen Fällen, die häufig gegeben sein werden, wenn Arbeitnehmer, wie hier, teure Fahrzeuge des Arbeitgebers zu führen oder wertvolle Maschinen zu bedienen haben, kann es im Einzelfall geboten sein, die Schadensersatzpflicht des Arbeitnehmers auch bei grober Fahrlässigkeit nicht unerheblich herabzusetzen."

Zur Frage der Haftungsbeschränkung bei nicht gefahrgeneigter Arbeit traf das Bundesarbeitsgericht 1989 eine Entscheidung (BB 1990, 64). Es war wieder der 8. Senat, der den großen Senat des Bundesarbeitsgerichts anrief, weil er die Grundsätze über die Beschränkung der Arbeitnehmerhaftung auch für nicht gefahrgeneigte Arbeiten anwenden wollte. In diesem Fall hatte ein Bauunternehmen auf einem Hausgrundstück eine Grundstückseinfriedung zu erstellen. Zum Ausbau des Fundaments mußten mit einem Bagger Gräben ausgehoben werden. Beim Aushub beschädigte der Baggerführer die Gasleitung. Durch den Schaltfunken eines elektrischen Geräts explodierte das in die Kellerräume des Hauses ausströmende Gas, so daß an dem Haus ein Schaden in Höhe von fast 250 000,– DM entstand. Die Gebäudeversicherung ersetzte zunächst den Schaden, wollte dann aber vom Bauunternehmen die Versicherungsleistung ersetzt haben. Das Bauunternehmen seinerseits verlangte nun vom zuständigen Polier der Baustelle den durch die Betriebshaftpflichtversicherung nicht gedeckten Schaden, weil dieser den Baggerführer fehlerhaft eingewiesen hatte.

Bis zur Entscheidung des Bundesarbeitsgerichts von 1989 gab es keine Haftungserleichterungen, wenn ein Arbeitnehmer einem Arbeitgeber Schaden zufügte und die Arbeit nicht als gefahrgeneigt eingestuft worden war. Das Bundesarbeitsgericht wollte nun diese Haftungserleichterung allgemein anwenden, auch für den Fall, daß von gefahrgeneigter Tätigkeit keine Rede sein konnte. Nun hatte es allerdings vom Begriff der gefahrgeneigten Arbeit häufig unterschiedliche Auffassungen gegeben. Das Bundesarbeitsgericht war deshalb der Meinung, daß dieser Begriff unscharf und zu eng sei. Ergänzend meinte das Bundesarbeitsgericht, daß auch in Ausübung nicht gefahrgeneigter Arbeit ein Arbeitnehmer mit leichtester oder normaler Schuld einen Schaden verursachen könne. Im Hinblick auf die Gründe, die für die Beschränkung der Arbeitnehmerhaftung angeführt werden, sei nicht einzusehen, daß ein Arbeitnehmer in diesem Fall den Schaden, der möglicherweise sehr hoch sei, ganz soll ersetzen müssen, während er bei gefahrgeneigter Arbeit überhaupt nicht oder nur anteilig haften würde. Auch soweit ein Arbeitnehmer nicht gefahrgeneigte Arbeit ausübe, stelle sich die Frage, in welchem Umfang das vom Arbeitgeber zu tragende Betriebsrisiko als Abwägungsmerkmal die Verschuldenshaftung des Arbeitnehmers einschränke oder ausschließe.

„Die Vergrößerung der Haftungsrisiken, die im Laufe der Zeit durch den technischen Fortschritt und die Werterhöhung der sachlichen Betriebsmittel eingetreten ist, läßt es nicht mehr gerechtfertigt erscheinen, den Arbeitnehmer in jedem Fall für einen Schaden voll haften zu lassen."

Der Große Senat des Bundesarbeitsgerichts teilte die Auffassung des 8. Senats und legte zwischenzeitlich diese

Rechtsfrage dem gemeinsamen Senat der Obersten Gerichtshöfe des Bundes vor, mit dem Ziel, die Gefahrgeneigtheit als Voraussetzung für eine eingeschränkte Arbeitnehmerhaftung aufzugeben und die seitherigen Grundsätze über die Beschränkung der Arbeitnehmerhaftung auf alle Arbeiten anzuwenden, die durch den Betrieb veranlaßt sind und aufgrund eines Arbeitsverhältnisses geleistet werden.

Der gemeinsame Senat der obersten Gerichtshöfe des Bundes hat zwischenzeitlich noch im September 1993 seine Entscheidung gefällt und festgelegt, daß die Grundsätze über die Beschränkung der Arbeitnehmerhaftung für alle Arbeiten gelten sollen, die durch den Betrieb veranlaßt sind und aufgrund eines Arbeitsverhältnisses geleistet werden, auch wenn diese Arbeiten nicht gefahrgeneigt sind. Die Gefahrgeneigtheit der Arbeit sei jedoch für die Gewichtung der Abwägungsfaktoren – des Verschuldens auf der einen und des Betriebsrisikos auf der anderen Seite – im Rahmen einer Mithaftung von Bedeutung (NJW 1994, 856).

Auch wenn der gemeinsame Senat der obersten Gerichtshöfe des Bundes auf das Merkmal der Gefahrneigung zur Begründung der Haftungsbegrenzung nicht gänzlich verzichten wollte, ist mit dieser Entscheidung doch eine erhebliche Änderung bei der gesamten Haftung des Arbeitnehmers eingetreten. Die künftigen Haftungsgrundsätze werden erst noch ermittelt werden müssen, damit man sich in der Rechtsprechung wieder auf einigermaßen festem Boden bewegt.

1995 befaßte sich das Bundesarbeitsgericht (DB 1995, 1179) mit der Arbeitnehmerhaftung. Eine Flugbegleiterin eines Luftfahrtunternehmens hatte entgegen einschlägiger Dienstvorschriften bei einem Flug in die USA ihren Reisepaß vergessen. Die Einreisebehörde in den USA verhängte gegen das Luftfahrtunternehmen eine Einreisestrafe von 3000,– $. Das Bundesarbeitsgericht stellt nun fest, die Flugbegleiterin hafte ihrem Arbeitgeber wegen schuldhafter Verletzung des Arbeitsvertrags auf Schadensersatz. Die Haftung sei aber nach den Grundsätzen der Haftungsbeschränkung des Arbeitnehmers bei betrieblicher Tätigkeit zu mildern. Außerdem treffe das Luftfahrtunternehmen ein Mitverschulden, weil es keinerlei Kontrolle zur Überprüfung der Einreisedokumente der Flugbegleiterin vorgenommen habe.

**Grundsätze über die Beschränkung der Arbeitnehmerhaftung (Bundesarbeitsgericht)**

„Bei grober Fahrlässigkeit hat der Arbeitnehmer in aller Regel den gesamten Schaden zu tragen, bei leichtester Fahrlässigkeit haftet er dagegen nicht, während bei normaler Fahrlässigkeit der Schaden in aller Regel zwischen Arbeitgeber und Arbeitnehmer quotal zu verteilen ist. Ob und gegebenenfalls in welchem Umfang der Arbeitnehmer an den Schadensfolgen zu beteiligen ist, richtet sich im Rahmen einer Abwägung der Gesamtumstände, insbesondere von Schadensanlaß und Schadensfolgen, nach Billigkeits- und Zumutbarkeitsgesichtspunkten."

Die Klägerin, nämlich die Flugbegleiterin, habe mit normaler Fahrlässigkeit gehandelt. Wenn sie vor Dienstantritt nicht ihre Dokumententasche auf Vollständigkeit überprüft und erst während des Fluges in die USA bemerkt habe, daß sie den Reisepaß nicht mit sich führte, habe sie nicht grobfahrlässig gehandelt. Angesichts eines durch ständige Wiederholung zur Routine werdenden Verhaltens könne das einmalige Vergessen der Kontrolle nach Vollständigkeit der Papiere nicht als eine ungewöhnlich hohe Sorgfaltspflichtverletzung angesehen werden, andererseits sei das Verhalten der Klägerin auch nicht nur als leichteste Fahrlässigkeit zu werten. Bei der Haftungsquote sei darüber hinaus auch ein Organisationsverschulden der Beklagten als Mitverschulden zu berücksichtigen. Das Luftfahrtunternehmen hatte sich darauf berufen, ein Kontrollsystem zur Überprüfung der

Einreisedokumente der von ihr beschäftigten Flugbegleiter sei ihr nicht zumutbar.

Es erscheint sehr zweifelhaft, ob durch die Änderung der Rechtsprechung das Arbeitnehmerhaftungsrecht auch tatsächlich günstiger oder übersichtlicher gestaltet worden ist. Nach wie vor läuft es auf eine Ermessensentscheidung der Gerichte hinaus, wobei keinem Arbeitnehmer oder auch Arbeitgeber im voraus gesagt werden kann, wie dieses Ermessen der Gerichte aussehen soll und aussehen wird. Die Gerichte werden zu Lasten der Arbeitgeber, wie es schon in dem hier geschilderten Fall deutlich wird, vom Arbeitgeber Pflichten verlangen, welche dieser in den seltensten Fällen wirklich erbringen kann. Dem Einfallsreichtum der Gerichte sind dabei kaum Grenzen gesetzt. Die anwaltliche Beratung ist durch die Änderung der Rechtsprechung auf jeden Fall nicht erleichtert worden.

## Schädigung von betriebsfremden Dritten

Ein Arbeitnehmer kann nicht nur den Arbeitgeber im Rahmen seiner Tätigkeit schädigen, sondern gegebenenfalls auch einen betriebsfremden Dritten. Einen derartigen Fall hatte der Bundesgerichtshof im Jahr 1989 (BB 1989, 2252) zu entscheiden:

Eine Autohandlung hatte einer anderen Firma einen Pkw als Leasing-Fahrzeug zur Nutzung überlassen. Diese Firma ihrerseits stellte dieses Fahrzeug dem für sie als Verkaufsrepräsentanten tätigen Beklagten zur Verfügung. Auf einer Dienstfahrt verlor der Verkaufsrepräsentant die Kontrolle über den Wagen und geriet gegen eine Leitplanke. Nachdem die Arbeitgeberin des Verkaufsrepräsentanten selbst zahlungsunfähig war, wandte sich die Autohandlung unmittelbar an den Verkaufsrepräsentanten wegen Ersatz des Schadens in Höhe von fast 8000,– DM. Während das Landgericht in der ersten Instanz noch zugunsten des Verkaufsrepräsentanten entschied, waren sowohl das Oberlandesgericht wie auch der Bundesgerichtshof der Meinung, der Verkaufsrepräsentant müsse für den gesamten Schaden aufkommen. Der Bundesgerichtshof stellte fest, daß die geschilderten Grundsätze zur Rechtsprechung zur gefahrgeneigten Arbeit dann nicht gelten könnten, wenn es sich um die Schädigung eines Dritten handelt. Die geltende Rechtsordnung kenne einen allgemeinen Grundsatz der Haftungsbeschränkung bei gefahrgeneigter Arbeit weder im allgemeinen Vertrags- noch im Deliktsrecht. Die Rechtsprechung zur eingeschränkten Haftung des Arbeitnehmers bei gefahrgeneigter Arbeit beruhe nicht auf übergreifenden, sondern auf spezifisch arbeitsvertraglichen Erwägungen. Die eigentliche Begründung liege in den das Arbeitsverhältnis beherrschenden Treue- und Fürsorgepflichtgedanken, mit denen es sich nicht vertrüge, daß der Arbeitgeber den Arbeitnehmer mit Schäden und Ersatzansprüchen belasten würde, die sich aus der besonderen Gefahr und Eigenart der ihm übertragenen Arbeit ergeben. Mit dieser Entscheidung lehnte der Bundesgerichtshof eine Haftungsbeschränkung gegenüber betriebsfremden Dritten zugunsten des Arbeitnehmers ab.

Sie müssen nun als Arbeitnehmer jedoch keineswegs immer Angst haben, daß Sie dann, wenn Sie das Eigentum betriebsfremder Personen in Ausübung Ihrer beruflichen Tätigkeit schädigen, zur vollen Haftung herangezogen werden. Diesen betriebsfremden Dritten gegenüber haften Sie nämlich gemeinsam mit dem Arbeitgeber, und Sie haben gegenüber dem Arbeitgeber nach den Grundsätzen, die vorher zum Begriff der gefahrgeneigten Tätigkeit geschildert wurden, einen Freistellungsanspruch. Zunächst also wird immer der Arbeitgeber zur Ersatzleistung herangezogen werden und nur, wenn von diesem nichts zu holen ist, wie im Fall des Bundesgerichtshofs mit der Autohandlung und dem Verkaufsrepräsentanten, müssen Sie eine eigene Entschädigungsleistung fürchten.

Auch wenn Sie im Rahmen Ihrer beruflichen Tätigkeit einen Kollegen schädigen, sind bei Sachschäden die Grundsätze der gefahrgeneigten Tätigkeit heranzuziehen. Bei Sachschäden gibt es in der Regel keine Ersatzpflicht. Auf die Ausnahmen werden wir später beim Thema Arbeitsunfall eingehen.

## Mankohaftung

Ein letzter Hinweis sei noch zur sogenannten Mankohaftung vorgetragen. Unter Manko versteht man die Fehlmenge oder den Fehlbetrag, der in einem Warenbestand beziehungsweise einer Kasse auftritt, wenn es Fehler bei der Kassenführung beziehungsweise beim Inventarverzeichnis gibt. Der Arbeitnehmer hat in der Regel die Waren oder Geldbeträge zur eigenen Verwaltung übertragen erhalten. Meist wird eine sogenannte Mankoabrede zwischen Arbeitgeber und Arbeitnehmer vorliegen, aus der sich ergibt, wann der Arbeitnehmer den Fehlbetrag übernehmen muß. Selbst wenn es jedoch eine derartige Mankoabrede nicht gibt, kann dann, wenn dem Arbeitnehmer die Fehlmenge beziehungsweise der Fehlbetrag anzulasten ist, eine Haftung in Frage kommen. Das gilt insbesondere dann, wenn man dem Arbeitnehmer ein an grob fahrlässig grenzendes Verhalten nachweisen kann, zum Beispiel wenn ein Autobusfahrer eingenommenes Bargeld während einer Pause im verschlossenen Autobus zurückläßt (BAG BB 90, 925).

# Arbeitsvergütung

6

Auf die Hauptpflicht des Arbeitgebers zur Zahlung der Arbeitsvergütung wurde bereits in Kapitel 4 bei den Pflichten für Arbeitgeber und Arbeitnehmer kurz hingewiesen. Wegen ihrer besonderen Bedeutung muß sie jedoch in einem eigenen Kapitel ausführlich besprochen werden.

Die Zeiten, in denen die Arbeit mit Naturalien statt mit Geld abgegolten wurde, sind weitgehend vorbei. Allerdings gibt es nach wie vor sogenannte Deputate in Firmen, in denen derartiges möglich ist. In der Landwirtschaft werden vielfach Milch, Getreide oder Eier als eine Art Naturalvergütung gewährt, im Bergbau ist es üblich, daß eine bestimmte Menge Kohlen geliefert wird. Als Naturalvergütung wird auch die Überlassung eines Pkw zur privaten Nutzung neben der dienstlichen angesehen. Nicht als Naturallohn wird die Kantinenverpflegung oder die Übergabe von Dienst- und spezieller Arbeitskleidung angesehen.

Es ist Ihnen bekannt, daß in vielen Fällen der Lohn beziehungsweise das Gehalt teilweise bei den Vertragsbesprechungen vereinbart wird, in vielen Fällen ist es aber durch Tarifverträge vorgegeben, so daß es keiner zusätzlichen Vereinbarung bedarf. In den meisten Fällen ist von einer Bruttolohnvereinbarung auszugehen, gelegentlich – zum Beispiel bei Arbeitsverhältnissen mit Studenten – wird auch eine sogenannte Nettolohnvereinbarung geschlossen, aufgrund derer sich der Arbeitgeber verpflichtet, nicht nur den vereinbarten Nettolohn an den Arbeitnehmer zu zahlen, sondern darüber hinaus auch die gesamten Lohnabzüge, Steuern und eventuelle Sozialabgaben zu übernehmen.

### Lohn- und Gehaltsüberzahlung

Fehler in der Buchhaltung von Unternehmen führen immer wieder dazu, daß es Lohn- oder Gehaltsüberzahlungen gibt. Mit zwei solchen Fällen hatte sich das Bundesarbeitsgericht 1995 zu befassen (DB 1995, 1567).

**Im öffentlichen Dienst:**

In der ersten Entscheidung ging es um eine Gehaltsüberzahlung, welche ein Mitarbeiter des öffentlichen Dienstes bekommen hatte. Die Überzahlung war nicht sehr hoch, gleichwohl wollte der Arbeitnehmer das Geld nicht mehr herausgeben, als dem öffentlichen Arbeitgeber die Überzahlung aufgefallen war und er sie zurückverlangte. In erstaunlicher Einmütigkeit waren sowohl das Landesarbeitsgericht Berlin wie auch das Bundesarbeitsgericht der Meinung, in diesem Fall könnte sich der Arbeitnehmer auf den Grundsatz des Wegfalls einer Bereicherung berufen, soweit es sich um eine geringfügige Überzahlung handle und die Lebenssituation des Arbeitnehmers so sei, daß erfahrungsgemäß ein alsbaldiger Verbrauch der Überzahlung für die laufenden Kosten der Lebenshaltung anzunehmen sei.

Tatsache ist jedoch zunächst, daß der Arbeitnehmer die Überzahlung „ohne Rechtsgrund" erhalten hat. Er ist dadurch im Sinne unseres Bürgerlichen Gesetzbuchs ungerechtfertigt bereichert. Das Gesetz sieht aber auch vor, daß der Bereicherungsanspruch, also der Rückzahlungsanspruch desjenigen, der zu viel bezahlt hat, ausgeschlossen sein kann, wenn der Empfänger des Geldes „nicht mehr bereichert ist". Dies ist nur dann der Fall, wenn das Erlangte ersatzlos weggefallen ist und kein Überschuß zwischen dem vorhandenen Vermögen und dem Vermögen mehr besteht, das ohne den bereichernden Vorgang vorhanden wäre.

In dieser Entscheidung ging das Bundesarbeitsgericht sogar so weit, den sogenannten „Beweis des ersten Anscheins", also eine erhebliche Beweiserleichterung, anzunehmen, soweit es sich bei kleineren und mittleren Arbeitseinkommen um eine gleichbleibend geringe Überzahlung des laufenden Arbeitsentgelts handelt. Das sei regelmäßig dann der Fall, wenn Arbeitnehmer mit geringem oder mittlerem Einkommen nicht über nennenswerte weitere Einkünfte verfügten, so daß sie die Nettobezüge aus ihrem Arbeitsverhältnis verwendeten, um den laufenden Lebensunterhalt für sich und eventuell ihren Familienhaushalt zu bestreiten. Dabei berücksichtigte das Bundesarbeitsgericht eine frühere Entscheidung des Bundesverwaltungsgerichts und entsprechende Verwaltungsvorschriften bei überzahlter Besoldung für Beamte. Diesen wurde tatsächlich durch Verwaltungsvorschriften erlaubt, Zuvielzahlungen bei einmaligen Leistungen in Höhe von 10 % des zustehenden Betrags, höchstens 200,– DM, und bei wiederkehrenden Leistungen 10 % aller für den Zeitraum zustehenden Bezüge, höchstens monatlich 200,– DM, zu kassieren. Eine entsprechende Richtlinie gibt es z. B. auch in Berlin, so daß sich das Bundesarbeitsgericht schon an diese erstaunliche Richtlinie aus dem Jahr 1981 halten konnte.

**Nicht-öffentlicher Dienst**

Längst nicht so großzügig wie bei Beamten bzw. Angestellten des öffentlichen Dienstes sind die Richter des Bundesarbeitsgerichts bei nicht zum öffentlichen Dienst gehörenden Arbeitnehmern (DB 1995, 2317): Hier hatte ein Arbeitnehmer ebenfalls zuviel vergütet bekommen, er war jedoch nicht zu seinem Arbeitgeber gegangen, um diesen auf die Überzahlung aufmerksam zu machen. Da es in Tarifverträgen teilweise Ausschlußfristen für die Geltendmachung des Rückzahlungsanspruchs gibt – z. B. im Bundesangestelltentarifvertrag – stellt sich hier die Frage, inwieweit diese Ausschlußfrist tatsächlich Gültigkeit hat. Das Bundesarbeitsgericht stellte ausdrücklich in dieser Entscheidung – unter Bezugnahme auf entsprechende frühere Entscheidungen – fest, daß der Anspruch des Arbeitgebers auf Rückzahlung überzahlter Vergütung bereits im Zeitpunkt der Überzahlung fällig wird, wenn die Vergütung fehlerhaft berechnet worden ist, obwohl die maßgebenden Umstände bekannt waren oder hätten bekannt sein müssen. Dabei kommt es auf die Kenntnis des Arbeitgebers von seinem Rückzahlungsanspruch nicht an – schließlich würde er ja nicht zuviel bezahlen, wenn er nicht fehlerhaft berechnet hätte.

Das Bundesarbeitsgericht verpflichtet nunmehr den Arbeitnehmer dazu, dem Arbeitgeber sofort mitzuteilen, daß er zuviel erhalten hat. Kommt er dieser Verpflichtung nicht nach, dann beginnt auch die Ausschlußfrist für die Geltendmachung des Rückzahlungsanspruchs nicht zu laufen. Es ist also möglich, daß Sie dann, wenn Ihnen eine ungewöhnlich hohe Zahlung auffällt und Sie nicht sofort zu Ihrem Arbeitgeber gehen, um ihn darüber aufzuklären, unter Umständen noch nach längerer Zeit nicht nur zur Zurückzahlung, sondern auch zur Zinszahlung verpflichtet werden.

In dem konkreten Fall ging es auch nicht nur um einen Betrag in Höhe von 10 % des Arbeitsentgelts, höchstens 200,– DM pro Monat, sondern um eine Mehrzahlung von ca. 15 000,– DM, die anstelle von tatsächlich zustehenden 525,– DM bezahlt worden waren. Bei dieser Entscheidung berief sich das Bundesarbeitsgericht allerdings auf die besonderen Umstände des Einzelfalls, weil ansonsten auch bei geringfügigen Überzahlungen keine allgemeine Pflicht zur Überprüfung der durch den Arbeitgeber erstellten Vergütungsabrechnung bestehen soll.

## Tariflohn

Der sogenannte Tariflohn ist der auf jeden Fall zu zahlende Mindestlohn. Häufig werden übertarifliche Vereinbarungen zwischen Arbeitnehmer und Arbeitgeber getroffen. Bei einer Erhöhung des Tariflohns schlägt diese nur dann auf den übertariflichen Lohn durch, wenn dieser niedriger sein sollte als der erhöhte Tariflohn. Vielfach wird jedoch auf den übertariflich gezahlten Lohn die tariflich vereinbarte Lohnerhöhung übertragen.

In Ausnahmefällen kann selbst dann, wenn eine Vergütung nicht vereinbart und auch zunächst nicht vorgesehen war, diese nachträglich doch noch verlangt werden. Das bestätigte das Oberlandesgericht Stuttgart in einer Entscheidung aus dem Jahr 1977 (NJW 1978, 1779):

In diesem Fall war die Klägerin zum Beklagten gezogen, sie lebte mit ihm in nichtehelicher Lebensgemeinschaft zusammen. Die Kosten des gemeinsamen Haushalts trug der Beklagte, die Klägerin ihrerseits arbeitete für den Beklagten als Verkaufskraft in einem Selbstbedienungskiosk, zwischendurch in der Küche einer Gaststätte und später wieder als Verkaufskraft im Selbstbedienungsladen. Als sich der Beklagte von seiner Freundin trennte, verlangte diese eine Vergütung von im Durchschnitt monatlich 1200,– DM. Das Landgericht sprach ihr durchschnittlich 400,– DM im Monat zu, das Oberlandesgericht Stuttgart erhöhte den Betrag auf 600,– DM im Monat unter Anrechnung dessen, was sie an Kost und Wohnung darin erspart hatte, weil sie beim Beklagten lebte. Die Klägerin war ja der Meinung gewesen, es sei eine Eheschließung zu erwarten und hatte deshalb unentgeltlich im Gewerbebetrieb ihres Freundes mitgearbeitet. Als nun nach erbrachter Leistung feststand, daß der bezweckte Erfolg nicht eintrat, mußte der Beklagte insgesamt 5600,– DM als Lohnersatz an seine frühere Freundin bezahlen.

## Akkordlohn

Es ist allgemein bekannt, daß sich vorwiegend der Lohn auch als Zeit- beziehungsweise als Akkordvergütung errechnen kann. In vielen Arbeitsverhältnissen kann nicht nach Stückzahl abgerechnet werden, so daß der Lohn beziehungsweise das Gehalt meist als Monatsvergütung vereinbart wird, vielfach auch als Stunden-, Tages- oder Wochenvergütung bei Teilzeitarbeiten. Im übrigen kann statt des sogenannten Zeitlohns auch ein Akkordlohn vereinbart werden, wobei diese Vergütung dann nach dem erzielten Arbeitsergebnis bemessen wird. In einer bestimmten Zeit muß eine bestimmte Menge von Arbeitsergebnissen erbracht werden. Dabei wird vom Arbeitgeber – allerdings meist in Form von Tarifverträgen mit den Gewerkschaften – festgelegt, welche Relation zwischen dem Geldfaktor und der erbrachten Arbeitsmenge vorliegen muß, damit ein bestimmter Lohn erzielt wird. Die Voraussetzung für Akkordlohn ist eine gewisse Gleichförmigkeit der Arbeit, so daß überhaupt entsprechende Arbeitsmengen festgelegt werden können. In diesen Tarifverträgen wird auch festgelegt, inwieweit sich der Arbeitnehmer bei der Akkordarbeit an Schlechtleistungen beteiligen lassen muß. Um den Arbeitnehmer nun zu besonders gründlicher und qualifizierter Arbeit anzuhalten, wird häufig zusätzlich ein *Prämienlohn* vereinbart.

## Lohn- und Gehaltszuschläge

Jedem Arbeitnehmer sind weitere Lohn- und Gehaltszuschläge bekannt. Es gibt Mehrarbeitszuschläge, Arbeitszuschläge, Gefahren-, Schmutz- oder sonstige Erschwerniszuschläge, Zulagen für besondere Leistungen, die sogenannte Auslöse oder vor allem auch Nacht-, Sonntags- und Feiertagszuschläge. Auch diese Zuschläge setzen grundsätzlich vertragliche oder tarifvertragliche Vereinbarungen voraus. Häufig gibt es hierzu auch Betriebsvereinbarungen, so daß die Zuschläge nur bei bestimmten Firmen gewährt werden.

## Feiertagsvergütung

Rechtsstreitigkeiten gibt es gelegentlich dann, wenn eine Feiertagslohnzahlung mit einem Streik zusammenfällt. Einen solchen Fall hatte 1988 das Bundesarbeitsgericht zu entscheiden (NJW 1989, 122):

Arbeitnehmer wollten vom Arbeitgeber für den Pfingstmontag Feiertagsvergütung erhalten. Sie hatten diesen möglichen Anspruch allerdings an die streikführende Gewerkschaft abgetreten, so daß diese als Klägerin auftrat. Der Arbeitgeber erhielt erst am Dienstag nach Pfingsten Kenntnis vom Ende des Streiks. Das Arbeitsgericht hatte die Feiertagsvergütung zugesprochen, das Landesarbeitsgericht wies die Berufung dagegen ab; das Bundesarbeitsgericht vertrat erneut die Meinung des erstinstanzlichen Gerichts.

Das Bundesarbeitsgericht stellte fest, daß sich aus Wortlaut und Zweck der Regelung im Feiertagslohnzahlungsgesetz ergebe, daß der Anspruch auf Feiertagsbezahlung nur dann bestehe, wenn der Feiertag die alleinige Ursache des Arbeitsausfalls bilde. Der gesetzliche Anspruch entstehe dagegen dann nicht, wenn der Arbeitsausfall auf anderen Gründen beruhe. „Das ist unter anderem dann der Fall, wenn wegen eines Arbeitskampfes nicht gearbeitet wird. Während eines rechtmäßigen Streiks werden zwar ... die Hauptpflichten der Parteien aus dem Arbeitsvertrag nur suspendiert. *Das ändert aber nichts daran, daß während eines Streiks die Arbeit an einem gesetzlichen Feiertag nicht infolge des Feiertags, sondern aufgrund des Arbeitskampfes ausfällt. Dementsprechend gibt es in diesen Fällen auch keinen Anspruch auf Feiertagsvergütung.*" Nur war in dem hier vorliegenden Fall der Streik am Freitag vor Pfingsten beendet worden, der Arbeitgeber wurde hiervon allerdings erst am Dienstag nach Pfingsten unterrichtet. Das Bundesarbeitsgericht stellte fest, die Streikleitung der Beklagten habe mit Schreiben vom 1. 6. 1984 mitgeteilt, daß sie ihre Mitglieder aufgefordert habe, am 4. 6. die Arbeit niederzulegen. Ob dieser Streik von vornherein begrenzt sein sollte, gegebenenfalls bis zu welchem Zeitpunkt, habe die Streikleitung nicht erklärt. Die Beklagte habe daher davon ausgehen müssen, sie werde so lange bestreikt, bis die Klägerin oder deren Mitglieder etwas Gegenteiliges zum Ausdruck brächten. Statt dessen habe die Streikleitung nur intern beschlossen, mit Ablauf des 8. 6. 1984 den Streik zu beenden. *„Dieser interne Willensent-*

*schluß hat nicht zur Aufhebung der Suspendierung der Hauptpflichten aus den Arbeitsverhältnissen führen können, da die streikführende Gewerkschaft weder die Beklagte noch deren Verband davon unterrichtete, daß der Streik am 8. 6. 1984 auslaufe und die Beklagte auch von den Teilnehmern des Streiks hiervon nicht erfuhr.*" Dementsprechend sei die Arbeit am Pfingstmontag nicht infolge des gesetzlichen Feiertages, sondern infolge des Streiks ausgefallen.

1988 hatte das Bundesarbeitsgericht (NJW 1989, 124) einen Fall zu entscheiden, bei dem es um einen Arbeitskampf in der hessischen Metallindustrie, ebenfalls 1984, ging:

Hier gab es einen Aussperrungsbeschluß des Arbeitgeberverbandes, wonach die gewerblichen Arbeitnehmer in allen Betrieben des Tarifgebietes mit mehr als 1000 gewerblichen Arbeitnehmern ausgesperrt werden sollten, soweit diese in Unternehmen mit mehr als 2000 Arbeitnehmern beschäftigt waren. Am 28. 5. 1984 schrieb deshalb das Unternehmen allen betroffenen gewerblichen Arbeitnehmern: „Wir erklären deshalb hiermit die Aussperrung ab Mittwoch, dem 30. 5. 1984, 0.00 Uhr. Ihr Arbeitsvertrag bleibt bestehen. Sie erhalten vom genannten Zeitpunkt an für die Dauer der Aussperrung kein Arbeitsentgelt und dürfen das Werksgelände nicht mehr betreten ... Das Ende der Aussperrung und den Zeitpunkt der Wiederaufnahme der Arbeit werden wir in geeigneter Form rechtzeitig bekanntgeben."

Die Aussperrung dauerte bis zum 29. 6. 1984. Dem Kläger war in diesem Fall aber auf seinen Antrag vom 3. 5. 1984, also erheblich vor Beginn der Aussperrung, für die Zeit vom 30. 5. 1984 bis zum 22. 6. 1984 Tarifurlaub bewilligt worden. In die Zeit seines Urlaubs fielen drei gesetzliche Feiertage, Himmelfahrt, Pfingstmontag und Fronleichnam. Da der Kläger sowieso in Urlaub war, zahlte die Firma auch die tarifliche Urlaubsvergütung für die Urlaubstage, nicht jedoch für die in die Urlaubszeit fallenden gesetzlichen Feiertage.

Diese Beträge wollte nun mit seiner Klage der Arbeitnehmer von der Beklagten erhalten.

Hier zeigten sich umgekehrt Arbeitsgericht und Landesarbeitsgericht arbeitgeberfreundlich, das Bundesarbeitsgericht dagegen begab sich auf die Seite des Arbeitnehmers. Auch hier stellte das Bundesarbeitsgericht zunächst fest, daß der gesetzliche Feiertag dann alleinige Ursache des Arbeitsausfalls sei, wenn ohne den Feiertag an den betreffenden Tagen gearbeitet worden wäre. Wenn die Beklagte meine, diese Voraussetzung sei nicht erfüllt, weil an diesen Tagen infolge der von ihr erklärten Aussperrung nicht gearbeitet worden wäre, so treffe dies für den Kläger nicht zu. Der Kläger sei für die Zeit seines Urlaubs nicht ausgesperrt. Eine Aussperrung der Arbeitnehmer lasse einen bereits bewilligten Urlaub unberührt, gleichgültig, ob er bei Beginn der Aussperrung schon angetreten sei oder erst im Laufe der Aussperrung beginne. Mit der Bewilligung des Urlaubs für einen bestimmten Zeitraum erfülle der Arbeitgeber seine auf dem Bundesurlaubsgesetz oder tariflichen Vorschriften beruhende Verpflichtung, den Arbeitnehmer für die Zeit des Urlaubs unter Fortzahlung der Urlaubsvergütung von der Arbeit freizustellen. Der Widerruf eines einmal bewilligten, erst recht eines bereits angetretenen Urlaubs, sei nur in Ausnahmefällen, an deren Vorliegen strenge Anforderungen zu stellen seien, zulässig. In der bloßen Erklärung des Arbeitgebers, er sperre seine Arbeitnehmer oder eine bestimmte Gruppe derselben aus, könne jedenfalls im Regelfall ein Widerruf eines bewilligten Urlaubs nicht gesehen werden. „War damit der Kläger für die Dauer des ihm bewilligten Urlaubs nicht ausgesperrt, so war er es auch nicht an den in diesen Urlaub fallenden gesetzlichen Feiertagen oder Sonntagen. Damit entfällt die von der Beklagten erklärte Aussperrung ihrer Arbeitnehmer als andere Ursache für den Lohnausfall an den in die Urlaubszeiten fallenden gesetzlichen Feiertagen."

Gelegentlich werden gesetzliche Feiertage von Arbeitnehmern dazu benutzt, sich zusätzlichen Urlaubsanspruch unrechtmäßig zuzubilligen. Sie verlängern einfach ihren freien Tag. Für diese Fälle des unentschuldigten Fernbleibens hat das Bundesarbeitsgericht festgestellt, daß der Anspruch auf Feiertagsvergütung entfällt, wenn sich der Arbeitnehmer am Tag vor dem Feiertag – oder auch der „Betriebsruhe" – selbst Urlaub erteilt oder am ersten Tag danach.

## Gratifikation

Auch Gratifikationen sind Vergütungen, die allgemein bekannt sind. In erster Linie handelt es sich dabei um sogenannte Jahres- oder Treueprämien, um zusätzliches Weihnachts- und Urlaubsgeld oder auch um Heirats- und Geburtshilfen. Das 13. Monatsgehalt kann ausdrücklich nur dann als solche Gratifikation – zum Beispiel Weihnachtsgratifikation – bezeichnet und verrechnet werden, wenn es auch im Arbeitsvertrag als solches angesprochen wurde. Ist nur generell von einem 13. Monatsgehalt die Rede, so handelt es sich um Arbeitsentgelt und nicht um eine Gratifikation.

Gratifikationen können, außer aufgrund der vertraglichen Basis, auch zusätzlich freiwillig bezahlt werden. Das gilt insbesondere dann, wenn die Gratifikationen widerruflich gewährt werden. Ein Arbeitnehmer kann sich dann auch nicht auf dic Entstehung eines Rechtsanspruchs für die Zukunft berufen, wenn die Gratifikationen immer erneut mit Vorbehalt freiwillig gewährt wurden. Wichtig ist aber auch hier, daß der Arbeitgeber immer den Grundsatz der Gleichbehandlung im Auge behalten muß. Üblicherweise ist ein Zeitpunkt vereinbart, zu dem der Arbeitnehmer in ungekündigtem Arbeitsverhältnis stehen muß, damit die Verpflichtung zur Zahlung der Gratifikation besteht. Haben Arbeitnehmer oder auch Arbeitgeber vor diesem Zeitpunkt rechtswirksam gekündigt, entfällt auch der Anspruch auf die Gratifikation. Hat der Arbeitnehmer die Gratifikation schon erhalten, kann bei Vorhandensein bestimmter Rückzahlungsklauseln auch eine Rückforderung dieser Beträge möglich sein. Das Bundesarbeitsgericht hat bereits mehrfach ausdrücklich festgestellt, daß Rückzahlungsklauseln grundsätzlich zulässig sind, wenn sie nicht für eine unangemessen lange Zeit vereinbart und für den Arbeitnehmer zumutbar und überschaubar sind.

## „Anerkennung für die Leistung"/Fortbestand bzw. Beendigung des Beschäftigungsverhältnisses

1994 mußte sich das Bundesarbeitsgericht mit der Frage befassen, ob der Anspruch auf eine freiwillige Weihnachtsgratifikation auch dann vom Fortbestand des Arbeitsverhältnisses am Auszahlungstag abhängig gemacht werden kann, wenn die Gratifikation auch „als Anerkennung für die Leistung gelten soll" (DB 1995, 581). Das Bundesarbeitsgericht bestätigte, daß selbst in diesem Fall kein Anspruch des Arbeitnehmers auf die Weihnachtsgratifikation gegeben ist, wenn das Arbeitsverhältnis vor dem im Arbeitsvertrag festgelegten Stichtag endet.

Die Klägerin dieses Falles war 1989 noch vor dem Stichtag ausgeschieden, gleichwohl verlangte sie vom Arbeitgeber die Weihnachtsgratifikation, wobei sie sich darauf berief, daß ausdrücklich nach Angaben des Arbeitgebers die Gratifikation auch als Anerkennung für die Leistung während des ganzen Jahres gelten sollte. Das Bundesarbeitsgericht wies zunächst darauf hin, daß der Arbeitgeber, der in seinem Betrieb nach von ihm gesetzten allgemeinen Regeln freiwillige Leistungen gewährt, an den arbeitsrechtlichen Grundsatz der Gleichbehandlung gebunden sei. Bei freiwilligen Leistungen müsse der Arbeitgeber die Voraussetzungen so abgrenzen, daß nicht sachwidrig oder willkürlich ein Teil der Arbeitnehmer von den Vergünstigungen ausgeschlossen bleibe. Dann aber meinte das Arbeitsgericht, der Ausschluß der Klägerin von der Zahlung der Weihnachtsgratifikation sei sachlich gerechtfertigt, weil die Differenzierung nach dem Fortbestand des Arbeitsverhältnisses einerseits und der Beendigung des Arbeitsverhältnisses andererseits vor der Zusage oder Auszahlung der Weihnachtsgratifikation nicht sachwidrig oder willkürlich sei. Das Bundesarbeitsgericht habe im übrigen die Abhängigkeit eines Anspruchs auf eine Gratifikation oder Sonderzahlung davon, daß das Arbeitsverhältnis zu einem bestimmten Stichtag überhaupt noch oder sogar ungekündigt noch besteht, stets für zulässig gehalten:

„Gratifikationen sollen den Arbeitnehmer auch für die Zukunft zu reger und engagierter Mitarbeit motivieren. Eine solche motivierende Wirkung kann die Sonderzahlung gegenüber ausgeschiedenen Arbeitnehmern aber nicht mehr entfalten. Schon diese am Motivationszweck der Gratifikation orientierte Differenzierung danach, ob das Arbeitsverhältnis am Auszahlungstag noch besteht oder nicht, ist sachlich gerechtfertigt, so daß ein Verstoß gegen den Gleichbehandlungsgrundsatz nicht gegeben ist."

Etwas unverständlich an dieser Entscheidung ist, daß sich das Gericht nicht mit der Formulierung auseinandersetzt, daß die Gratifikation auch „als Anerkennung für die Leistung gelten soll", womit ja wohl nur die Gesamtarbeitsleistung im zu Ende gehenden Jahr gemeint sein kann. Nach seiner eigenen Formulierung wollte der Arbeitgeber ja gerade nicht die Motivation für die Zukunft bezwecken, sondern sich für den Einsatz im abgelaufenen Jahr bedanken. Im Hinblick auf die eigene Argumentation des Bundesarbeitsgerichts und auf die ausdrückliche Erklärung des Arbeitgebers in diesem Fall erscheint die Entscheidung des Bundesarbeitsgerichts nicht ausreichend begründet und sogar verfehlt.

## Lohnnebenkosten

Der Arbeitgeber ist verpflichtet, sowohl die Lohnsteuer wie auch die Sozialversicherungsbeiträge einzubehalten und an das Finanzamt beziehungsweise an den zuständigen Sozialversicherungsträger abzuführen. Unterläßt er zum Beispiel vorsätzlich seine Verpflichtung zur Einbehaltung von Lohnsteuern, so kann er sich sogar wegen Steuerhinterziehung verantworten müssen.

Streitig war vielfach die Frage, ob der Arbeitnehmer das Recht hat, bei einer Klage auf Lohn- beziehungsweise Gehaltsnachzahlung den Brutto- oder den Nettobetrag einzuklagen. Inzwischen haben sich weitgehend alle Gerichte darauf geeinigt, daß sich eine Lohnklage auf den Bruttobetrag richtet und daß dann der Arbeitnehmer auch den vollen Bruttobetrag erhält und selbst verpflichtet ist, die entsprechenden Steuer- beziehungsweise Sozialversicherungsbeiträge abzuführen. Diese Frage wird sich in erster Linie jedoch Ihr Anwalt stellen.

Die Sozialversicherungsbeiträge kommen letztendlich dem Arbeitnehmer zugute. Die Hälfte dieser Beiträge muß der Arbeitnehmer selbst bezahlen, die andere Hälfte trägt der Arbeitgeber. Letztere wird nicht zur Bruttoarbeitsvergütung gerechnet. Der Arbeitgeber ist verpflichtet, die Sozialversicherungsbeiträge (Krankenkassenbeitrag, Rentenversicherungsbeitrag, Arbeitslosenversicherungsbeitrag) – auch die vom Arbeitnehmer selbst zu tragenden – an die zuständigen Krankenkassen abzuführen.

## Betriebliche Altersversorgung

Betriebliche Altersversorgung gehört zwar nicht direkt in den Rahmen der Arbeitsvergütung, einige Hinweise sind hierzu jedoch erforderlich. Es gibt inzwischen eine ganze Reihe von Betrieben, die ihren Mitarbeitern nicht nur die normale Arbeitsvergütung zur Verfügung stellen, sondern die auch eine betriebliche Altersversorgung aufgebaut haben, um ihren Mitarbeitern über die gesetzliche Rentenversicherung hinaus weitere Altersversorgungsleistungen zu ermöglichen. Da die Voraussetzungen für diese Art „Ruhegeld" an langjährige Betriebszugehörigkeit geknüpft sind, ist der Zweck der betrieblichen Altersversorgung deutlich erkennbar. Die Mitarbeiter, die schon lange in einer Firma gearbeitet und sich bewährt haben, sollen weiter an die Firma gebunden werden und nicht irgendwelche Veränderungsvorstellungen hegen.

Es gibt dabei unterschiedliche Möglichkeiten der Begründung von Ruhegeldverpflichtungen. Meist erfolgt die Verpflichtung der betrieblichen Altersversorgung mit Hilfe von Pensionskassen entweder direkt über die Betriebe oder über außerhalb der Betriebe bestehende Kassen. Es gibt aber auch die Möglichkeit, daß der Arbeitgeber als Versicherungsnehmer auftritt und dem Arbeitnehmer ein unwiderrufliches Bezugsrecht auf Versicherungsleistungen aus einem Lebensversicherungsvertrag einräumt. Eine derartige Zusage war Gegenstand einer Entscheidung des Bundesarbeitsgerichts im Jahr 1990 (NJW 1991, 717):

In diesem Fall war dem Arbeitnehmer, der von 1948 bis 1986 bei der gleichen Firma beschäftigt war, eine Versorgungszusage in Form einer Lebensversicherung mit einer Laufzeit von 23 Jahren 1970 erteilt worden. 1985 wurde über das Vermögen der Firma das Konkursverfahren eröffnet. Daraufhin kündigte der Konkursverwalter den Lebensversicherungsvertrag und verlangte Auszahlung des inzwischen angesparten Betrags in die Konkursmasse. Dagegen klagte nun der Arbeitnehmer. Arbeitsgericht und Landesarbeitsgericht gaben dem Konkursverwalter recht, das Bundesarbeitsgericht schließlich vertrat die Interessen des Arbeitnehmers. Es erklärte, daß dem Arbeitnehmer der Anspruch auf Leistungen aus dem Versicherungsvertrag zustünde. Es stellte fest, daß über die Zugehörigkeit einer Forderung auf Versicherungsleistungen aus einem Lebensversicherungsvertrag – sei es zum Vermögen des Arbeitgebers oder zum Vermögen des Arbeitnehmers – die versicherungsrechtliche Ausgestaltung dieses Rechtes entscheidet. „Der Versicherungsvertrag wird zwischen Versicherer und Versicherungsnehmer abgeschlossen. Versicherungsnehmer ist der Arbeitgeber. Er kann einem Dritten ein Bezugsrecht an den Versicherungsleistungen einräumen. Aufgrund dieses Bezugsrechts erhält der Begünstigte, hier der klagende Arbeitnehmer, einen unmittelbaren Anspruch gegen den Versicherer auf die Versicherungsleistungen."

Das unwiderrufliche Bezugsrecht war im vorliegenden Fall allerdings mit Vorbehalten verbunden, diese bezogen sich aber auf ein vorzeitiges Ausscheiden des Arbeitnehmers aus dem Betrieb des Arbeitgebers vor Eintritt der Unverfallbarkeit seiner Versicherungsanwartschaft beziehungsweise auf Handlungen des Arbeitnehmers, die zum Entzug oder zur Minderung der Versicherungsansprüche berechtigten. Das Bundesarbeitsgericht erklärte nun, daß das eingeschränkt unwiderrufliche Bezugsrecht dem uneingeschränkt unwiderruflichen Bezugsrecht näherstehe als dem widerruflichen Bezugsrecht. Nur beim widerruflichen Bezugsrecht wäre die Versicherungsleistung in die Konkursmasse gefallen, in dem hier vorliegenden Fall, bei dem nach Eintritt der Unverfallbarkeit der Arbeitgeber über die Versicherungsleistung nicht mehr verfügen könne, stelle sich das aber anders dar.

Um es ganz deutlich zu machen, sei noch einmal festgestellt, daß bei einer Direktversicherung, um die es sich ja dabei handelt, der Arbeitgeber Versicherungsnehmer und nicht Versicherter ist. Es handelt sich hierbei um Versicherungsverträge, bei denen der Arbeitnehmer Versicherter ist und dieser auch die Leistung bekommen soll. Nur wenn diese Direktversicherungsverträge unwiderruflich geworden sind oder von Anfang an unwiderruflich vereinbart wurden, oder wenn es sich nur um ein eingeschränktes Widerrufsrecht handelt, sind Sie wirklich endgültig abgesichert. Wenn die Direktversicherungen jederzeit widerrufen werden können, ist auch der Konkursverwalter im Falle eines Konkurses berechtigt, das Bezugsrecht zu widerrufen und den Rückkaufswert zur Konkursmasse einzuziehen. Das wurde auch ausdrücklich so vom Oberlandesgericht Hamm 1990 (NJW 1991, 707) entschieden.

*Bei betrieblichen Altersversorgungen tritt eine Unverfallbarkeit dann ein, wenn der Arbeitnehmer mindestens das 35. Lebensjahr vollendet hat und die Versorgungszusage ebenfalls mindestens zehn Jahre bestanden hat. Unverfallbar wird eine Versorgungszusage auch dann, wenn Sie mindestens 12 Jahre dem Betrieb angehören, auch wenn die Versorgungszusage nur drei Jahre bestanden hat. Meist liegen diesen Zusagen Betriebsvereinbarungen zugrunde, die den Gleichbehandlungsgrundsatz wahren müssen.*

Hinzuweisen ist noch darauf, daß diese Rentenanwartschaften zumindest teilweise auch beim Versorgungsausgleich im Scheidungsfall Berücksichtigung finden.

### Ungleichbehandlung verschiedener Arbeitnehmergruppen

Zwei bedeutsame Entscheidungen hatte das Bundesarbeitsgericht 1995 zu Fragen der betrieblichen Altersversorgung zu treffen. In dem einen Fall ging es um die Ungleichbehandlung verschiedener Arbeitnehmergruppen bei der Zusage auf betriebliche Altersversorgung (DB 1995, 930, 931).

a) Im ersten zu entscheidenden Fall (DB 1995, 930) ging es darum, ob dem Kläger, der bei der beklagten Firma in einem Zweitarbeitsverhältnis beschäftigt war, die betriebliche Altersversorgung versagt werden könnte. Das Bundesarbeitsgericht stellte fest, daß es sachlich nicht zu rechtfertigen sei, das zusätzliche Arbeitsentgelt „Altersversorgung" allein davon abhängig zu machen, ob ein Arbeitnehmer seine

Arbeitsleistungen und seine Betriebstreue in einem Erstarbeitsverhältnis oder in einem zweiten Arbeitsverhältnis erbringe. Selbst wenn ein Zweitberuf nur um eines Zusatzverdienstes willen ausgeübt werde, werde hierdurch der Lebensstandard des Arbeitnehmers mit beeinflußt. Im Ruhestand entstehe dann auch ein entsprechend erhöhter Versorgungsbedarf. Eine Ungleichbehandlung der beiden Arbeitnehmergruppen könne deshalb nicht mit einem typischerweise unterschiedlichen Versorgungsbedarf gerechtfertigt werden.

b) In einem zweiten Fall (DB 1995, 931) ging es um die betriebliche Altersversorgung für befristet beschäftigte Arbeitskräfte. Für diesen Fall stellte das Bundesarbeitsgericht fest, daß Arbeitnehmer von Zusagen auf Leistung der betrieblichen Altersversorgung ausgenommen werden dürften. Die unterschiedliche Behandlung der befristet eingestellten Arbeitnehmer und der auf unbestimmte Zeit eingestellten Arbeitnehmer sei – gemessen am Zweck, den der Arbeitgeber mit der betrieblichen Altersversorgung verfolge – gerechtfertigt. Bei befristet eingestellten Arbeitnehmern sei der Arbeitgeber nicht in der gleichen Weise gebunden, wie bei der Begründung eines von vornherein auf unbestimmte Zeit abgeschlossenen Arbeitsverhältnisses. Es fehle bei befristet eingestellten Arbeitnehmern an der mit einer zusätzlichen Altersversorgung belohnten und geförderten Betriebstreue des Arbeitnehmers.

In einem weiteren Fall hatte das Bundesarbeitsgericht die Frage der wirtschaftlichen Lage eines Unternehmens und dessen Einfluß auf die Anpassung der betrieblichen Versorgungsleistungen zu prüfen (NZA 1995, 368). Das Bundesarbeitsgericht entschied, daß es für die Anpassung der betrieblichen Versorgungsleistung auf die wirtschaftliche Lage des Unternehmens ankomme, bei einem Konzernunternehmen jedoch ausnahmsweise zusätzlich auch auf die wirtschaftliche Lage des sogenannten herrschenden Unternehmens.

## Lohnpfändung

Nachdem wir vorstehend die Arbeitsvergütungen angesprochen haben, soll hier nicht vergessen werden, daß auch Zugriffsmöglichkeiten von Gläubigern auf diese Lohnansprüche möglich sein können. Das setzt zunächst einmal eine Schuld des Arbeitnehmers voraus, die dazu geführt hat, daß der Arbeitnehmer entweder einen Vollstreckungsbescheid oder das Urteil eines Gerichts erhalten hat, mit dem er zur Zahlung eines bestimmten Geldbetrags verurteilt wurde. Der Gläubiger kann es sich dann überlegen, ob er dem Schuldner einen Gerichtsvollzieher schickt oder ob er versucht, schneller über dessen Arbeitgeber zu seinem Geld zu kommen. Er muß dann beim zuständigen Vollstreckungsgericht einen sogenannten „Pfändungs- und Überweisungsbeschluß" beantragen und darin den Arbeitgeber genau bezeichnen. Das Gericht erläßt dann den entsprechenden Beschluß und stellt ihn dem Arbeitgeber zu. Dieser ist seinerseits verpflichtet festzustellen, welcher Betrag aus der Arbeitnehmervergütung unter Berücksichtigung der gesetzlichen Pfändungsfreigrenzen an den Gläubiger zu überweisen ist. Der Arbeitgeber, der dieser Verpflichtung nicht nachkommt, begibt sich in die Gefahr, selbst in Anspruch genommen zu werden. Es ist nämlich im Gesetz ausdrücklich eine Schadensersatzpflicht festgelegt, wenn er dem Gläubiger nicht vollständig, verspätet oder unrichtige Auskünfte erteilt.

Der Arbeitgeber kann sich mit irgendwelchen Einwendungen nicht gegen das Urteil wenden, aufgrund dessen er zur Abgabe seiner Erklärungen verpflichtet wurde. Das stellte das Bundesarbeitsgericht in einer Entscheidung aus dem Jahr 1988 (NJW 1989, 1053) ausdrücklich fest:

In diesem Fall hatte ein Bauhilfsarbeiter einen Kredit für eine Sitzgarnitur für seine Wohnung in Höhe von etwa 2000,– DM aufgenommen. Er hatte sich dabei auch zusätzlich verpflichtet, einen jährlichen Effektivzins von 26,42 % zu bezahlen. Nachdem er nur zwei Raten auf den Kreditvertrag bezahlt hatte, erwirkte die Bank gegen ihn schließlich einen Vollstreckungsbescheid. Mit diesem wandte sie sich an den Arbeitgeber des Bauhilfsarbeiters, der auch sofort die Zahlungen aufgrund dieses Bescheids mit einem Gesamtbetrag in Höhe von 2636,06 DM aufnahm. Als dieser Betrag bezahlt war, kam nun allerdings die Bank wieder auf den Arbeitgeber zu und verlangte weitere 2374,46 DM, bei denen es sich ausschließlich um eine Zinsforderung handelte. Diese Forderung hielt der Arbeitgeber wohl nicht ganz zu Unrecht für sittenwidrig und wucherisch. Gleichwohl mußte das Bundesarbeitsgericht feststellen, daß der Arbeitgeber kein Recht hatte, die Zahlung dieser möglicherweise sittenwidrigen Zinsforderung zu verweigern. Einwendungen gegen den Vollstreckungsbescheid der Bank gegen den Bauhilfsarbeiter stünden dem Arbeitgeber als Drittschuldner nicht zu. Insoweit fehle eine gesetzliche Grundlage. Unser Prozeßrecht räume nur dem Schuldner das Recht ein, gegen eine Forderung, die zu einem Vollstreckungsbescheid oder Urteil führen könne, Einwendungen zu erheben. Gegebenenfalls könnte auch noch gegen das Urteil selbst der Einwand der Arglist erhoben und auf Herausgabe des Urteils geklagt werden. Ein derartiges Recht steht aber dem Drittschuldner, hier also dem Arbeitgeber, nicht zu.

*Für den Arbeitnehmer ist noch einmal festzuhalten, daß er immer mit einer Lohnpfändung rechnen muß, wenn er in einem Prozeß zur Zahlung von Geldbeträgen rechtskräftig verurteilt wurde und trotzdem nicht bereit ist, diesen vom Gericht festgesetzten Betrag zu bezahlen.*

Das Arbeitseinkommen kann allerdings nicht bis zum letzten Pfennig gepfändet werden. Es gibt einen sogenannten Lohnpfändungsschutz. Die Lohnpfändung und der damit zusammenhängende Pfändungsschutz gelten im übrigen auch für Arbeitslosenhilfe und damit zusammenhängende weitere Leistungen. Für die Berechnung des pfändbaren Einkommens gibt es eine vom Gesetzgeber vorgelegte Tabelle, der auch die Pfändungsfreigrenzen zu entnehmen sind. Ist der Arbeitnehmer einem Ehegatten oder Kindern unterhaltspflichtig, erhöhen sich diese Freigrenzen entsprechend.

# Urlaub

7

## Urlaubsanspruch und Urlaubsgeld

Viele Menschen in Deutschland haben sich inzwischen daran gewöhnt, wenigstens einen, oftmals aber zwei und drei Urlaube im Jahr anzutreten. Wird der Urlaub geschickt mit Feiertagen verbunden, können mehr als die vielfach üblichen sechs Wochen Urlaub pro Jahr zusammenkommen. Der Urlaubsanspruch hat mit dem Erholungsbedürfnis ebensowenig zu tun wie mit der erbrachten Arbeitsleistung während der zurückliegenden Zeit. Der Arbeitnehmer wird für die Dauer des Urlaubs von seinen Arbeitspflichten befreit (BAG DB 1984, 1883).

Vielfach werden noch zusätzliche Beurlaubungen aus persönlichen Gründen, sei es zur Stellungssuche, bei Eheschließungen oder Beerdigungen oder auch zur Ausübung staatsbürgerlicher Rechte bewilligt. Diese Sonderbeurlaubungen dürfen auf den Erholungsurlaub nicht angerechnet werden.

Selbstverständlich ist, daß allen Arbeitnehmern ein Erholungsurlaub zusteht, das ist im Bundesurlaubsgesetz festgelegt. Strittig war noch bis zu einer Entscheidung des Bundesverwaltungsgerichts aus dem Jahre 1988 (NJW 1989, 1687), ob auch Hilfskräfte, die in Teilzeit beschäftigt sind, Urlaub bekommen könnten:

Bei dieser Entscheidung ging es darum, daß ein Jurist als wissenschaftliche Hilfskraft an einer Universität wöchentlich neuneinhalb Stunden tätig war. Mit Wirkung vom 1. 11. 1981 wurde er in das Beamtenverhältnis auf Widerruf in den juristischen Vorbereitungsdienst aufgenommen. Nun wollte er für das Jahr 1982 Urlaubsgeld erhalten, das wurde aber abgelehnt mit der Begründung, er habe nicht seit dem ersten allgemeinen Arbeitstag des Monats Juli des Vorjahres in einem Dienst- beziehungsweise Arbeitsverhältnis mit mindestens der Hälfte der regelmäßigen Arbeitszeit gestanden.

Alle drei Instanzen verurteilten den Arbeitgeber zur Zahlung des Urlaubsgelds:

Das Bundesverwaltungsgericht begründete seine Entscheidung damit, daß nach § 1 des Urlaubsgesetzes zum Kreis derjenigen, denen Urlaub zu gewähren ist, unter anderem Beamte der Länder gehören würden, und damit auch der Rechtsreferendar. Er habe auch am ersten allgemeinen Arbeitstag des Monats Juli 1982 in einem Arbeitsverhältnis gestanden. Was unter den Begriffen „Dienst- oder Arbeitsverhältnis" zu verstehen sei, richte sich mangels eigenständiger Regelung im Urlaubsgeldgesetz oder in sonstigen gesetzlichen Regelungen, die für die Gewährung von Urlaubsgeld einschlägig wären, nach den rechtlichen Inhalten dieser Begriffe im bürgerlichen Recht beziehungsweise im Arbeitsrecht. Danach liege ein Arbeitsverhältnis vor, wenn das Dienstverhältnis durch das Merkmal der persönlichen Abhängigkeit des Dienstleistenden, insbesondere seine Gebundenheit an Weisungen des Dienstherrn, geprägt sei. Merkmal eines Arbeitsverhältnisses sei es jedoch nicht, daß der Umfang, der dem Verpflichteten obliegenden Dienstleistung nicht geringer sei als die Hälfte der regelmäßigen Arbeitszeit. Die vertragliche oder tarifvertragliche Festlegung eines bestimmten zeitlichen Umfangs der Arbeitspflicht sei Element der konkreten Ausgestaltung des Arbeitsverhältnisses, nicht Voraussetzung seiner Existenz. Daher bewerte zum Beispiel auch das Bundesarbeitsgericht ein privatrechtliches Dienstverhältnis eines Lehrers von weniger als der Hälfte des vollen Stundendeputats als Arbeitsverhältnis. Dem Referendar war somit Urlaub und Urlaubsgeld zu gewähren.

Das Bundesarbeitsgericht ging in einer Entscheidung aus dem Jahr 1988 (BB 1989, 288) sogar so weit, daß es das Entstehen und Bestehen eines Urlaubsanspruchs auch dann nicht ausschloß, wenn ein Arbeitnehmer bei einem bestehenden Arbeitsverhältnis eine Erwerbsunfähigkeitsrente bezieht:

Die Klägerin hatte beim Arbeitgeber seit 1976 gearbeitet. Auf das Arbeitsverhältnis war der Manteltarifvertrag Metall anzuwenden. Vom 7. November 1981 bis zum 31. Juli 1984 war sie arbeitsunfähig krank. Vom 20. Januar 1983 bis zum 31. Juli 1984 erhielt sie eine Erwerbsunfähigkeitsrente. Am 21. Dezember 1983 hatte sie schriftlich von ihrer Firma die Gewährung von Urlaub aus dem Jahr 1983 verlangt. Für 1984 gewährte die Firma der Klägerin Urlaub. Nun verlangte im November 1984 die Arbeitnehmerin von ihrem Arbeitgeber erneut schriftlich die Gewährung von Urlaub mit dem Hinweis, daß es sich bei dem im August/September 1984 erhaltenen Urlaub um den aus dem Jahr 1983 gehandelt habe. Das verweigerte nun der Arbeitgeber, allerdings in allen Instanzen ohne Erfolg.

Das Bundesarbeitsgericht stellte ebenso wie die Vorgerichte fest, daß der Klägerin der begehrte Urlaubsanspruch von 30 Arbeitstagen zustehe. Nach der nunmehr geltenden Rechtsprechung kommt es für das Entstehen und Bestehen des Urlaubsanspruchs nicht auf die Erbringung von Arbeitsleistungen an. „Am Entstehen und Bestehen des Urlaubsanspruchs der Klägerin im Jahr 1983 ändert sich auch nichts dadurch, daß die Klägerin während des Jahres 1983 eine Erwerbsunfähigkeitsrente erhalten hat." Der Anspruch der Klägerin auf den Urlaubsanspruch für das Jahr 1983 sei durch die Arbeitsunfähigkeit im Entstehen und Bestand nicht ausgeschlossen. *„Weder Erwerbsunfähigkeit noch Arbeitsunfähigkeit eines Arbeitnehmers sind für das Entstehen und Bestehen urlaubsrechtlicher Ansprüche von Bedeutung. Fraglich kann nur sein, ob Urlaubsansprüche von Arbeitnehmern, die arbeitsunfähig krank oder erwerbsunfähig sind, erfüllt werden können. Dies ist für arbeitsunfähige Arbeitnehmer für die Dauer der Arbeitsunfähigkeit zu verneinen, weil während dieser Zeit keine Arbeitspflichten entstehen* *können, von denen ein Arbeitnehmer durch Urlaubsgewährung befreit werden könnte. Anders kann dies bei der Erwerbsunfähigkeit sein."* Die Erwerbsunfähigkeit setze nicht notwendig voraus, daß der Arbeitnehmer eine bisher fraglich geschuldete Tätigkeit nicht mehr ausüben könne. Ob dies zutreffe, hänge vom Inhalt des jeweiligen Arbeitsverhältnisses ab. Es sei somit nicht ausgeschlossen, daß ein Arbeitnehmer erwerbsunfähig, aber zugleich dennoch arbeitsfähig sei. Diese Entscheidung des Bundesarbeitsgerichts ist wieder einmal vom Bedürfnis des Gerichtes geprägt, einen Arbeitnehmer unter allen Umständen zu helfen, logisch nachvollziehbar ist sie nicht.

Das Bundesarbeitsgericht sieht eine Wartefrist von sechs Monaten für den erstmaligen Urlaubsantritt vor, diese Zeit kann allerdings durch Tarifvertrag oder Betriebsvereinbarungen oder häufiger durch einzelvertragliche Bestimmungen mit dem Arbeitgeber verkürzt werden.

Das Bundesurlaubsgesetz sieht nunmehr einheitlich in allen Bundesländern einen Mindesturlaub von 24 Werktagen vor.

Der volle Urlaubsanspruch entsteht nur dann, wenn das Arbeitsverhältnis auch das gesamte Kalenderjahr besteht. Ist das nicht der Fall, kann der Arbeitnehmer auch nur einen Teilurlaub erhalten, wobei das Bundesurlaubsgesetz ein sogenanntes Zwölftelungsprinzip vorschreibt, wobei Bruchteile, die mindestens einen halben Urlaubstag ergeben, auf ganze Tage aufzurunden sind.

Mit der Behandlung der Bruchteile von Urlaubstagen hatte sich 1989 das Bundesarbeitsgericht auseinanderzusetzen (BB 1990, 2188):

Ein Student war beim Arbeitgeber befristet von Montag, den 28. Juli 1986, bis einschließlich Freitag, den 26. September 1986, als gewerblicher Arbeitnehmer an jeweils fünf Arbeitstagen pro Woche beschäftigt. Im Verlauf des Arbeitsverhältnisses hatte er für einen Tag Urlaub erhalten.

Der Student vertrat nun die Auffassung, er habe insgesamt einen Anspruch von drei Urlaubstagen erworben, so daß nach Beendigung des Arbeitsverhältnisses ihm noch zwei Urlaubstage abzugelten seien. Das Bundesarbeitsgericht stellte fest, daß aufgrund des Bundesurlaubsgesetzes ein Arbeitnehmer Anspruch auf 1/12 des gesetzlichen Jahresurlaubs für jeden vollen Monat des Bestehens des Arbeitsverhältnisses habe, wenn er vor erfüllter Wartefrist aus dem Arbeitsverhältnis ausscheide. Das treffe auf den Kläger zu. Dessen Arbeitsverhältnis habe nur einen vollen Monat bestanden. Maßgeblich für den Urlaubsanspruch sei nicht der Kalendermonat, sondern der Beschäftigungsmonat, also der Zeitraum, in dem das Arbeitsverhältnis rechtlich bestehe. Da das beim Kläger nur für einen vollen Monat gelte, stehe ihm ein Zwölftel des gesetzlichen Urlaubsanspruchs zu, dieser umfaßt 18 Werktage. Da der Kläger an fünf Arbeitstagen in der Woche beschäftigt gewesen sei, errechneten sich für ihn insgesamt 15 Arbeitstage, davon habe er unstreitig während des Arbeitsverhältnisses einen Urlaubstag erhalten. Ihm sei damit wegen der Beendigung des Arbeitsverhältnisses ein dem Urlaubsentgelt für 0,25 Urlaubstage entsprechender Betrag als Abgeltung zu zahlen.

Das Gericht wies anschließend darauf hin, daß aufgrund des Bundesurlaubsgesetzes Bruchteile von Urlaubstagen, die mindestens einen halben Tag ergeben, auf volle Arbeitstage aufzurunden sind. Ein geringerer Bruchteilsurlaubsanspruch bleibe dem Arbeitnehmer im übrigen ebenso wie der Urlaubsanspruch erhalten, bis er erfüllt oder durch Zeitablauf erloschen sei. Diese Bruchteile von Urlaubstagen sind entsprechend ihrem Umfang dem Arbeitnehmer durch Befreiung von der Arbeitspflicht zu gewähren oder nach dem Ausscheiden aus dem Arbeitsverhältnis abzugelten.

Haben Sie zum Beispiel für die ersten sechs Monate des Jahres von dem damaligen Arbeitgeber schon den vollen anteiligen Urlaub erhalten, können Sie ihn selbstverständlich nicht noch einmal von dem neuen Arbeitgeber fordern, bei dem Sie das zweite Halbjahr beschäftigt sind. Damit keine Überschneidungen vorkommen können, ist der Arbeitgeber grundsätzlich verpflichtet, dem aus seinem Betrieb ausscheidenden Arbeitnehmer eine Bescheinigung über den gewährten oder abgegoltenen Urlaub zu übergeben. Damit soll sichergestellt sein, daß auch der neue Arbeitgeber beurteilen kann, in welchem Umfang schon Urlaubsansprüche erledigt und zu welchem Teil sie noch zu gewähren sind.

Die Tatsache, daß ein Arbeitnehmer während des Kalenderjahres lange krank ist, führt grundsätzlich nicht zum Erlöschen des Urlaubsanspruchs. Andererseits kann keine Anrechnung auf den Urlaubsanspruch erfolgen, wenn der Arbeitnehmer während des Urlaubs erkrankt. Das bedeutet, daß er für die Dauer der Erkrankung den dadurch nicht genommenen Urlaub nachholen kann.

Üblicherweise werden Arbeitnehmer und Arbeitgeber gemeinsam den Zeitpunkt für den Urlaubsantritt und die Urlaubsdauer festlegen. Vielfach gibt es Urlaubspläne oder auch Betriebsferien. Der Arbeitgeber muß grundsätzlich die Urlaubswünsche des Arbeitnehmers berücksichtigen und darf hiervon nur abweichen, wenn dringende betriebliche Belange oder berechtigte Urlaubswünsche anderer Arbeitnehmer vorgehen.

Auf keinen Fall dürfen Sie den Urlaub eigenmächtig antreten, wenn er vom Arbeitgeber nicht gewährt wurde. Es gibt eine ganze Reihe von Gerichtsentscheidungen bis zum Bundesarbeitsgericht hinauf, die festgestellt haben, daß ein eigenmächtiger Urlaubsantritt die fristlose Kündigung zur Folge haben kann.

## Erlöschen des Urlaubsanspruchs und Urlaubsabgeltung

Sollten Sie Ihrer Meinung nach zu Unrecht gekündigt worden sein und sollten Sie deshalb eine Kündigungsschutzklage erhoben haben, so müssen Sie gleichwohl Ihren Urlaubsanspruch für das laufende Urlaubsjahr ausdrücklich anmelden. Ansonsten würde mit Ablauf des Jahres oder eines eventuellen Übertragungszeitraums bis 31. März des darauffolgenden Jahres der Urlaubsanspruch erlöschen. Mit dieser Rechtsfrage hatte sich das Bundesarbeitsgericht 1986 zu befassen (NJW 1987, 798):

Eine Fremdsprachensachbearbeiterin hatte einen vertraglich vereinbarten Urlaubsanspruch von 25 Arbeitstagen. Am 5. 10. 1981 wurde sie arbeitsunfähig krank. Daraufhin kündigte der Arbeitgeber zum 31. 12. 1981, wogegen sie Kündigungsschutzklage erhob. Im Mai 1982 endete der Rechtsstreit schließlich durch einen gerichtlichen Vergleich, aufgrund dessen das Arbeitsverhältnis durch ordentliche betriebsbedingte Kündigung zum 31. 12. 1981 beendet wurde. Aufgrund des Arbeitsvertrages war festgelegt, daß die aus dem Arbeitsverhältnis erwachsenden Ansprüche zwei Monate nach Fälligkeit, spätestens jedoch zwei Monate nach Ausscheiden des Angestellten aus dem Betrieb, erlöschen, falls sie nicht vorher schriftlich geltend gemacht werden. Die Fremdsprachensachbearbeiterin verlangte nach Vergleichsabschluß noch die Abgeltung von 19 Urlaubstagen mit einem Betrag in Höhe von ca. 3000,– DM.

Das Bundesarbeitsgericht stellte fest, daß der Fremdsprachensachbearbeiterin der von ihr geltend gemachte Urlaubsabgeltungsanspruch insgesamt nicht zustehe. Zum Zeitpunkt der gerichtlichen Geltendmachung des Abgeltungsanspruchs sei der Urlaubsanspruch bereits erloschen gewesen. Es wies darauf hin, daß es für die Entscheidung über den Urlaubsabgeltungsanspruch der Klägerin auf die vertragliche Ausschlußfrist schon deshalb nicht ankommen könne, weil die Parteien zwar einen höheren Urlaubsanspruch vereinbart, im übrigen aber ausdrücklich im Arbeitsvertrag auf die Bestimmungen des Bundesurlaubsgesetzes hingewiesen hätten. Damit unterliege der Urlaubsanspruch insgesamt der Befristung nach dem Bundesurlaubsgesetz. Nach inzwischen ständiger Rechtsprechung des Bundesarbeitsgerichts erlösche der Urlaubsanspruch nach dem Bundesurlaubsgesetz mit dem Ende des Jahres, für das er entstanden sei beziehungsweise bei vereinbarter Übertragung mit dem 31. März des folgenden Jahres. Damit sei der anstelle des Urlaubsanspruchs getretene Urlaubsabgeltungsanspruch auf jeden Fall am 31. 3. 1982 erloschen. Das Bundesarbeitsgericht habe bereits in einer früheren Entscheidung dargelegt, daß die Auffassung, ein Arbeitnehmer brauche sich bis zum Abschluß des Kündigungsschutzverfahrens nicht darum zu bemühen, Urlaubsfreizeit zu erhalten, nicht zutreffend sei:

„Da der Anspruch eines Arbeitnehmers auf Urlaubserteilung nur im Urlaubsjahr und gegebenenfalls im Übertragungszeitraum besteht, einerlei ob es sich um ein ungekündigtes oder ein gekündigtes Arbeitsverhältnis handelt, bedarf es jedenfalls einer Handlung des Arbeitnehmers gegenüber dem Arbeitgeber, um das Erlöschen des Urlaubs am Ende des Urlaubszeitraums abzuwenden. Nur durch die Aufforderung des Arbeitnehmers an den Arbeitgeber, den Urlaub zu erteilen, kann dieser in Verzug gesetzt werden, so daß auch nach Ablauf des Urlaubsjahres beziehungsweise des Übertragungszeitraums, also dem Eintritt der Unmöglichkeit, den Urlaubsanspruch zu verwirklichen, dem Arbeitnehmer dieser Anspruch jedenfalls als Schadensersatzanspruch erhalten bleibt." An einer solchen Handlung der Klägerin fehle es. Sie könne auch nicht etwa in der Erhebung der Kündigungsschutzklage gesehen werden, weil Gegenstand dieser Klage allein die vom Arbeitgeber erklärte Kündigung sei, nicht jedoch Ansprüche aus dem mit der Kündigung zu beendenden Arbeitsverhältnis.

*Sie müssen also trotz einer Kündigungsschutzklage unbedingt darauf achten, daß Sie gegebenenfalls unabhängig davon Urlaubsansprüche geltend machen, wenn Ihnen solche zustehen, sonst müssen Sie damit rechnen, daß diese Urlaubsansprüche erlöschen, ebenso wie ein eventueller Abgeltungsanspruch.*

1995 hatte sich das Bundesarbeitsgericht erneut mit dem Verfall des Urlaubsabgeltungsanspruchs zu befassen (DB 1995, 1287). Das Gericht stellte zunächst fest, daß der gesetzliche Urlaubsabgeltungsanspruch als Ersatz für die wegen Beendigung des Arbeitsverhältnisses nicht mehr mögliche Befreiung von der Arbeitspflicht entsteht und nicht als Abfindungsanspruch, für den es als einfachen Geldanspruch auf die urlaubsrechtlichen Merkmale wie Bestand und Erfüllbarkeit des Urlaubsanspruchs nicht mehr ankäme. *Der Urlaubsabgeltungsanspruch sei deshalb an die gleichen Voraussetzungen gebunden wie der Urlaubsanspruch.* Er setze also voraus, daß der Urlaubsanspruch noch erfüllt werden könnte, wenn das Arbeitsverhältnis noch bestände. Da der Urlaubsanspruch auf das Kalenderjahr befristet sei, müsse auch der ihn ersetzende Abgeltungsanspruch bis zum Ende des Kalenderjahres verlangt und erfüllt werden. Andernfalls gehe er ebenso wie der Urlaubsanspruch ersatzlos unter. Nur soweit die Voraussetzungen für eine Übertragung entsprechend dem Bundesurlaubsgesetz vorlägen, würden die Urlaubs- und Urlaubsabgeltungsansprüche erst am 31. 03. des Folgejahres erlöschen. In dem zu entscheidenden Fall fehlten jegliche Anhaltspunkte für eine Übertragung des Urlaubs auf das nächste Kalenderjahr. Ausdrücklich stellte das Bundesarbeitsgericht auch fest, daß dem Kläger kein Anspruch auf Schadensersatz für den am Ende des Kalenderjahres untergegangenen, also nicht in Anspruch genommenen Urlaubs- bzw. Urlaubsabgeltungsanspruch zustehe. Noch einmal stellte das Bundesarbeitsgericht in dieser Entscheidung fest, daß die Erhebung einer Kündigungsschutzklage grundsätzlich nicht die Geltendmachung von Urlaubsansprüchen des Arbeitnehmers zum Inhalt habe. *Der Arbeitnehmer muß also unbedingt seine Urlaubsansprüche zusätzlich zur Kündigungsschutzklage und fristgerecht geltend machen, um den Arbeitgeber mit der Urlaubsgewährung in Verzug zu setzen und sich so Schadensersatzansprüche zu sichern.* Auch wenn der Fortbestand des Arbeitsverhältnisses ungewiß ist, obliegt es dem gekündigten Arbeitnehmer, für die Wahrung seiner vermeintlichen Urlaubsansprüche zu sorgen.

Diese *außerordentlich wichtige* und für den Arbeitnehmer und seine Urlaubsabgeltungs- und gegebenenfalls Schadensersatzansprüche wichtige Entscheidung müssen Sie unbedingt beachten.

*Solange ein Arbeitsverhältnis besteht, kann der Urlaubsanspruch nicht in Geld abgegolten werden.* Der Arbeitnehmer soll angehalten werden, auch wirklich Erholungsurlaub zu nehmen. Konnte der Arbeitnehmer wegen Krankheit während des ganzen Urlaubsjahres seinen Urlaub nicht nehmen, dann muß er ihn in den drei ersten Monaten des darauffolgenden Jahres antreten, wenn eine Übertragung erfolgt ist. In einem Urteil aus dem Jahr 1989 bestätigte das Bundesarbeitsgericht noch einmal ausdrücklich diese Rechtsprechung (BB 1989, 2334):

Eine schwerbehinderte Frau war bis zum 24. Juni 1986 bei einem Arbeitgeber als Programmsteuerin beschäftigt. Auf das Arbeitsverhältnis war unter anderem der Manteltarifvertrag für die Arbeitnehmer in der Metallindustrie anzuwenden. Dieser Manteltarifvertrag bestimmt, daß Arbeitnehmer, die während eines Urlaubsjahres wegen Erreichens der Altersgrenze oder Invalidität aus dem Erwerbsleben ausscheiden, den vollen Urlaub erhalten. Der Urlaub ist während der Kündigungsfrist zu gewähren und zu nehmen. Besteht die Möglichkeit hierzu nicht, so ist der Urlaub abzugelten. In anderen als den hier erwähnten Fällen ist die

Abgeltung des Urlaubs unzulässig. Die Klägerin war allerdings von Mitte Februar bis zu ihrem Ausscheiden aus dem Arbeitsverhältnis am 24. Juni 1986 arbeitsunfähig krank. Auf ihren Antrag hin wurde ihr am 13. Juni 1986 mit Wirkung vom 1. März 1986 eine Erwerbsunfähigkeitsrente bewilligt. Damit endete das Arbeitsverhältnis zwischen den Parteien. Seit November 1986 bezog die Klägerin vorgezogenes Altersruhegeld. Vor ihrem Ausscheiden hatte sie für das Jahr 1986 noch keinen Urlaub erhalten. Nun verlangte sie von dem früheren Arbeitgeber Urlaubsabgeltung für insgesamt 35 Urlaubstage. Das Bundesarbeitsgericht wies diesen Anspruch zurück. Es wies ausdrücklich darauf hin, daß es schon vielfach die Auffassung vertreten habe, daß der Urlaubsabgeltungsanspruch mit Beendigung des Arbeitsverhältnisses nicht als Abfindungsanspruch entstehe, für den es auf weitere Merkmale nicht ankomme, sondern daß der Ersatz für den wegen Beendigung des Arbeitsverhältnisses nicht mehr erfüllbaren Anspruch auf Befreiung von der Arbeitspflicht an die gleichen Voraussetzungen gebunden sei wie im übrigen vorher der Urlaubsanspruch.

„Daraus ergibt sich, daß der aufgrund des Abgeltungsanspruchs zu zahlende Geldbetrag einem Arbeitnehmer nur dann zusteht, wenn er bei Fortdauer des Arbeitsverhältnisses, jedenfalls für die Dauer seines Urlaubsanspruchs, seine vertraglich geschuldete Arbeitsleistung hätte erbringen können. Daran fehlt es, wenn der Arbeitnehmer arbeitsunfähig krank ist. Dann ist auch der Urlaubsabgeltungsanspruch ebenso wie der Urlaubsanspruch während des Arbeitsverhältnisses nicht erfüllbar. Auch der Urlaubsabgeltungsanspruch erlischt, wenn er nicht vorher erfüllt wird, spätestens mit Ablauf des Übertragungszeitraums. Der Abgeltungsanspruch nach dem Bundesurlaubsgesetz ist . . . ein Ersatzanspruch für den wegen der Beendigung des Arbeitsverhältnisses weggefallenen Urlaubsanspruch, er ist ein Surrogat des

Urlaubsanspruchs und daher an die gleichen Voraussetzungen gebunden wie im übrigen zuvor der Urlaubsanspruch."

*Es ist noch einmal deutlich zu machen, daß eine Urlaubsabgeltung grundsätzlich verboten ist, und daß sie als Ausnahme nur dann gewährt werden kann, wenn der Urlaub wegen Beendigung des Arbeitsverhältnisses nicht mehr genommen werden kann.* Das gilt auch, wenn es sich um Mutterschaftsurlaub handelt.

Das Bundesarbeitsgericht entschied 1986 (NJW 1987, 2399), daß dann, wenn eine Arbeitnehmerin Mutterschaftsurlaub nimmt, dies auf das Erlöschen des Urlaubsanspruchs nach dem Bundesurlaubsgesetz keinen Einfluß hat:

In diesem Fall war die Klägerin als Versicherungsangestellte tätig. Vom 5. 7. 1982 bis zum Beginn der Mutterschaftsfrist vom 10. 9. 1982 war sie arbeitsunfähig erkrankt. Am 22. 10. 1982 wurde sie von Zwillingen entbunden. Die Schutzfrist endete mit dem 14. 1. 1983. Danach nahm die Klägerin Mutterschaftsurlaub bis zur von ihr gewünschten Beendigung des Arbeitsverhältnisses am 21. 4. 1983. Am 6. 2. 1983 verlangte die Versicherungsangestellte die Abgeltung ihres Resturlaubs von 22 Arbeitstagen aus dem Jahr 1982, das lehnte allerdings die Versicherungsgesellschaft ab.

Während Arbeitsgericht und Landesarbeitsgericht der Meinung waren, hier sei eine Abweichung von der üblichen Rechtsprechung des Bundesarbeitsgerichts gegeben, rückte dieses die Rechtsprechung wieder zurecht. Es stellte fest, daß das Landesarbeitsgericht zu Unrecht angenommen habe, daß der Urlaubsanspruch der Versicherungsangestellten abzugelten sei. Dieser Auffassung könne schon deshalb nicht gefolgt werden, weil bei Beendigung des Arbeitsverhältnisses der Klägerin am 21. 4. 1983 der Urlaubsanspruch aus dem Jahr 1982 bereits erloschen gewesen sei. Der Urlaubsanspruch der Klägerin aus dem Jahr 1982 sei zwar auf das nachfolgende Kalenderjahr übergegangen, soweit er bis dahin noch nicht verwirklicht gewesen sei, weil die Arbeitsunfähigkeit und die mutterschutzrechtlichen Beschäftigungsverbote als in der Person der Klägerin liegende Gründe dies rechtfertigen. Ein solcher übertragener Urlaub müsse aber in den ersten drei Monaten des folgenden Kalenderjahres genommen werden, ohne daß es auf weitere Hindernisse in der Person des Berechtigten ankomme. *Damit ist unerheblich, ob die Klägerin während dieser Zeit wegen ihres Mutterschaftsurlaubs gehindert war, den Erholungsurlaub zu nehmen. Unterbleibt die Urlaubsgewährung während des Übertragungszeitraums, erlischt der Anspruch mit Ablauf dieses Zeitabschnitts. Ein weiterer Übergang des Urlaubs auf einen späteren Zeitraum ist vom Gesetz nicht vorgesehen.*

## Widerruf des Urlaubs

Wenn Sie einmal Ihren Urlaub angetreten haben, dann sollten Sie ihn auch genießen können. Nur in wirklichen Notfällen kann der Arbeitgeber von Ihnen verlangen, daß Sie Ihren Urlaub abbrechen und an Ihren Arbeitsplatz zurückkehren. Daß Notfälle auch für Richter gelten können, wurde vom Bundesgerichtshof 1987 einem Berichterstatter einer Strafkammer bestätigt (NJW 1988, 1094):
Dieser befand sich in Urlaub; der Vorsitzende der Strafkammer befürchtete, daß ein Urteil nicht mehr vollständig abgefaßt werden könnte und wandte sich deshalb an den Vizepräsidenten des Landgerichts als Vertreter des Präsidenten, dem er die Situation schilderte. Dieser widerrief daraufhin teilweise den bewilligten Urlaub des Richters. Dieser kam zwar rechtzeitig aus dem Urlaub zurück, widersprach aber dem teilweisen Widerruf und beantragte festzustellen, daß die Verfügung des Präsidenten des Landgerichts rechtswidrig gewesen sei. Dem konnte und wollte allerdings der Bundesgerichtshof nicht folgen. Insbesondere schloß er sich der Meinung nicht an, daß durch den Widerruf des bereits

bewilligten Erholungsurlaubs die richterliche Unabhängigkeit des Antragstellers berührt sei. Nicht jede Maßnahme der Dienstaufsicht stelle einen Eingriff in die richterliche Unabhängigkeit dar. Der Dienstaufsicht entzogen sei allein die eigentliche Rechtsfindung. Es sei im übrigen unbedingt notwendig gewesen, die Urteilsgründe rechtzeitig fertigzustellen, weil damit auch Ausschlußfristen verbunden gewesen seien.

Nun ist das sicherlich nicht der übliche Fall des Widerrufs eines einmal erteilten Urlaubs. Es können aber auch in zahlreichen Firmen immer wieder Engpässe auftreten, die einen Widerruf des erteilten Urlaubs erzwingen. Allerdings ist in diesen Fällen der Arbeitgeber auch verpflichtet, etwaige entstehende Kosten des Widerrufs zu tragen.

Grundsätzlich muß der Urlaub im laufenden Urlaubsjahr genommen werden. Dringende betriebliche Gründe oder auch solche, die in der Person des Arbeitnehmers liegen, können eine Übertragung auf die ersten drei Monate des nächsten Kalenderjahres rechtfertigen. Eine weitergehende Übertragung ist nur bei Teilurlaub möglich.

*Für die Dauer des Erholungsurlaubs ist grundsätzlich der vollständige Lohn beziehungsweise das Gehalt weiterzubezahlen.* Viele Firmen gewähren über dieses Urlaubsentgelt hinaus noch ein weiteres Urlaubsgeld, sei es in Form eines weiteren Monatsgehalts oder eines Festbetrags.

## Zuviel erhaltener Urlaub

Interessant im Rahmen der Behandlung des Urlaubs ist zumindest für Arbeitnehmer zu wissen, daß zuviel erhaltener Urlaub nicht zurückgewährt werden kann und braucht. Es gibt auch keinen Rückzahlungsanspruch des Arbeitgebers. Ein solcher entsteht allenfalls dann, wenn das Urlaubsentgelt zu hoch berechnet wurde. Das hat jedoch bekanntlich mit bereits gewährtem Urlaub nichts zu tun.

## Zusatz-, Erziehungs- und Bildungsurlaub

Im Rahmen des Urlaubs gibt es besondere Ansprüche für Jugendliche, Schwerbehinderte und Seeleute. Darüber hinaus gibt es in vielen Bundesländern einen bezahlten Bildungsurlaub.

Der Urlaubsanspruch für Jugendliche ist im Jugendarbeitsschutzgesetz geregelt, er beträgt mindestens 30 Werktage, wenn der Jugendliche zu Beginn des Kalenderjahres noch nicht 16 Jahre alt ist. Mindestens 27 Werktage sind es bei noch nicht 17jährigen und immerhin noch mindestens 25 Werktage bei noch nicht 18jährigen. Schwerbehinderte erhalten Zusatzurlaub (hierauf wird in Kapitel 13 näher eingegangen).

Eine Besonderheit im Rahmen der Urlaubsgewährung ist der Erziehungsurlaub. Zweck dieses Urlaubs ist es, den Arbeitnehmer wegen der Geburt eines Kindes im Anschluß an die Mutterschutzfrist freizustellen, damit gerade in den ersten Lebensmonaten die Betreuung und Erziehung des Kindes besonders gefördert werden kann. Der Erziehungsurlaub ist im Bundeserziehungsgeldgesetz festgelegt. Da nur wenige Eltern zu Hause bleiben würden, um dem Ziel dieses Gesetzes zu folgen, ohne hierfür bezahlt zu werden, wurde der Erziehungsurlaub mit einem Erziehungsgeld verbunden. Mutter oder Vater können sich aussuchen, wer Anspruch auf das Erziehungsgeld geltend machen will und sich besonders um die Förderung des gemeinsamen Kindes oder auch des Kindes einer alleinerziehenden Mutter kümmern soll. Nur muß derjenige, der das Erziehungsgeld beanspruchen will, das Kind auch selbst betreuen, er darf keine oder zumindest keine volle Erwerbstätigkeit ausüben, es muß ihm das Personensorgerecht zustehen und selbstverständlich muß er auch seinen gewöhnlichen Aufenthalt in der Bundesrepublik Deutschland haben.

Wenn Sie Erziehungsurlaub nehmen wollen, so müssen Sie sich spätestens vier Wochen vor dem Zeitpunkt, von dem ab er beginnen soll, an den Arbeitgeber wenden und ihm mitteilen, daß Sie Erziehungsurlaub nehmen wollen und wie lange. Grundsätzlich muß sich allerdings der Erziehungsurlaub unmittelbar an die Schutzfrist des Mutterschutzgesetzes anschließen – allerdings gibt es hiervon Ausnahmen. Das ist zum Beispiel dann der Fall, wenn die Mutterschutzfrist durch eine Arbeitsunfähigkeit abgelöst wird, so daß der Erziehungsurlaub nicht unmittelbar danach angetreten werden kann.

Einen solchen Fall hatte das Bundesarbeitsgericht 1990 zu entscheiden (BB 1991, 414):

Die Klägerin war Ärztin in einem Krankenhaus. Am 26. September 1988 wurde sie von ihrem Kind entbunden. Die Schutzfrist des Mutterschutzgesetzes endete am 21. November 1988. Noch während der Dauer dieser Schutzfrist erkrankte die Ärztin arbeitsunfähig bis 20. Dezember 1988. Mit einem Schreiben vom 24. Oktober 1988 teilte die Ärztin dem Krankenhaus mit, daß sie ihren Erziehungsurlaub bis 25. September 1989 in Anspruch nehme. In dem Schreiben heißt es weiter, der Beginn des Erziehungsurlaubs hänge davon ab, wann ihr Arzt sie für gesund halte. Im übrigen vertrat sie die Meinung, im Hinblick auf die in ihrem Schreiben vom 24. Oktober 1988 abgegebene Erklärung habe der Erziehungsurlaub erst im Anschluß an ihre Arbeitsunfähigkeit begonnen.

Die Beklagte verweigerte die Gehaltsfortzahlung, da sie der Ansicht war, daß sich der Erziehungsurlaub unmittelbar an die Schutzfrist des Mutterschutzgesetzes anschließen müsse.

Das Bundesarbeitsgericht stellte nunmehr fest, daß die Meinung der Beklagten falsch war. „Das Arbeitsverhältnis der Klägerin wurde im Anschluß an die Schutzfrist des Mutterschutzgesetzes, die am 21. November 1988 endete, nicht dadurch berührt, daß wegen eines bestehenden Erziehungsurlaubs die beiderseitigen Hauptpflichten ruhten. Das Verlangen der Klägerin, Erziehungsurlaub nicht im unmittelbaren Anschluß an das Ende der Mutterschutzfrist anzutreten, war rechtlich zulässig. Das Bundeserziehungsgeldgesetz enthält keine einschränkende Regelung für die Frage, ab wann der Arbeitnehmer Erziehungsurlaub antreten kann." Das Verlangen der Klägerin auf Erziehungsurlaub in ihrem Schreiben vom 24. Oktober 1988 werde den Anforderungen des Gesetzes allerdings nicht in bezug auf die fristgerechte Abgabe der Erklärung gerecht. Der Arbeitnehmer habe den Erziehungsurlaub spätestens vier Wochen vor dem gewollten Beginn zu verlangen.

Die Klägerin wollte den Erziehungsurlaub antreten, wenn sie von ihrem behandelnden Arzt wieder dienstfähig geschrieben war. Bei ihrem Schreiben vom 24. Oktober 1988 stand dieser Zeitpunkt nicht fest. „Es kann dahingestellt bleiben, ob der Beklagten vier Wochen vor dem gewollten Beginn des Erziehungsurlaubs, das heißt, vier Wochen vor dem 21. Dezember 1988, bekannt wurde, daß ab diesem Tag der Erziehungsurlaub nach der Gesundschreibung beginnen sollte. Der Mangel in der Erklärung der Klägerin im Schreiben vom 24. Oktober 1988 liegt darin, daß mit ihm die Erklärungsfrist von vier Wochen nicht eingehalten wurde. Das führt jedoch nicht dazu, daß entgegen dem Willen der Klägerin der Erziehungsurlaub sich an die Mutterschutzfrist anschloß. Die Frist des Gesetzes ist dazu bestimmt, dem Arbeitgeber zu ermöglichen, sich auf den Ausfall der Arbeitskraft entsprechend einzurichten und gegebenenfalls eine Ersatzkraft für die Dauer des Erziehungsurlaubs einzustellen. Wenn aufgrund des Schreibens der Klägerin vom 24. Oktober 1988 ungewiß blieb, ab wann sie wieder arbeitsfähig war und den Erziehungsurlaub beginnen wollte, so bewirkte dies nur, daß der Erziehungsurlaub rechtswirksam erst vier Wochen nach dem Zeitpunkt beginnen konnte, zu dem die Beklagte von dem maßgebenden Zeitpunkt erfuhr."

1994 hatte sich das Bundesarbeitsgericht (DB 1995, 682) mit folgendem Fall zu befassen:

Die Parteien schlossen Ende März 1992 einen Arbeitsvertrag mit der Bestimmung ab, daß die Klägerin ab 1. 4. 1992 als Angestellte zur Aushilfe für die Dauer der Mutterschutzfrist der Frau B und des sich eventuell anschließenden Erziehungsurlaubs, längstens jedoch bis zum 31. 5. 1995, eingestellt wird. Zum Zeitpunkt des Vertragsschlusses hatte Frau B noch keinen Antrag auf Erziehungsurlaub gestellt. Die Klägerin war nun der Meinung, die Befristung sei unwirksam, eine Meinung, die auch von allen Instanzen bis hinauf zum Bundesarbeitsgericht bestätigt wurde. Das Bundesarbeitsgericht stellte ausdrücklich fest, daß Wortlaut und Entstehungsgeschichte der Bestimmungen des Bundeserziehungsgeldgesetzes nur die Auslegung zulassen, daß die Zweckbefristung eines zur Vertretung während der Dauer der Beschäftigungsverbote nach dem Mutterschutzgesetz und/oder für die Dauer eines Erziehungsurlaubs abgeschlossenen Arbeitsvertrags unzulässig sei. Die Dauer eines solchen Arbeitsvertrags muß kalendermäßig bestimmbar sein. Bei Abschluß eines solchen befristeten Arbeitsvertrags muß sich der Zeitpunkt der Beendigung des Arbeitsverhältnisses allein nach dem Kalender errechnen lassen.

Das Bundesarbeitsgericht hatte mit dieser Entscheidung seine frühere Rechtsprechung, die auch auf der bis 31. 12. 1991 anders gefaßten Vorschrift des Bundeserziehungsgeldgesetzes beruhte, aufgegeben.

Während des Erziehungsurlaubs fallen auch tarifliche Sonderzahlungen an. Das bestätigte das Bundesarbeitsgericht mit Urteil von 1989 (BB 1989, 2479). Es stellte fest, daß dann, wenn eine Arbeitnehmerin oder ein Arbeitnehmer uneingeschränkt Erziehungsurlaub beanspruchen, das

Arbeitsverhältnis der Parteien während dieser Zeit ruht. Das Arbeitsverhältnis der Parteien ruhe während des Erziehungsurlaubs allerdings nicht kraft Gesetzes oder Vereinbarung im Sinne eines Manteltarifvertrags. Die Arbeitnehmerin oder der Arbeitnehmer hätten deshalb Anspruch auf die volle tarifliche Jahressonderzahlung. Im entsprechenden Tarifvertrag sei festgehalten, daß anspruchsberechtigte Arbeitnehmer, deren Arbeitsverhältnis im Kalenderjahr kraft Gesetzes oder Vereinbarung ruhe, keine Leistungen erhalten würden. Es liege aber kein Ruhen kraft Gesetzes oder aufgrund einer Vereinbarung vor, so daß hier die tarifliche Sonderzahlung erbracht werden müsse.

Bis zur Vollendung des dritten Lebensjahres eines Kindes kann Erziehungsurlaub gewährt werden, es ist allerdings Sache des Arbeitnehmers, den Bezugszeitraum voll oder nur zum Teil auszuschöpfen. Hat sich der Arbeitnehmer aber für einen bestimmten Zeitraum entschieden, so muß er auch den beantragten Erziehungsurlaub antreten. Nur mit Zustimmung des Arbeitgebers ist eine vorzeitige Beendigung möglich.

*Für die Dauer des Erziehungsurlaubs gilt ein Sonderkündigungsschutz, das bedeutet, daß eine Kündigung nicht möglich ist.* Dem Arbeitnehmer solle ja gerade der Arbeitsplatz erhalten bleiben. Der Arbeitnehmer selbst kann allerdings unter Einhaltung einer Kündigungsfrist von drei Monaten zum Ende des Erziehungsurlaubs kündigen. Er ist also insoweit nicht beschränkt.

## Bildungsurlaub

Im Betriebsverfassungsgesetz ist festgelegt, daß ausschließlich Betriebsratsmitglieder sowie Jugend- und Auszubildendenvertreter Anspruch auf Bildungsurlaub für insgesamt 3 Wochen zur Teilnahme an Schulungs- und Bildungsveranstaltungen haben. Gehörte das Betriebsratsmitglied nicht schon zuvor der Jugend- und Auszubildendenvertretung an

– wurde es also unmittelbar in den Betriebsrat hineingewählt – so erhöht sich die Dauer des Bildungsurlaubs sogar auf 4 Wochen. Mit dem Bildungsurlaub sollen Kenntnisse erworben werden, die einen betriebsverfassungsrechtlichen Bezug haben und der Betriebsratsarbeit dienlich und förderlich sind.

1995 hatte sich das Bundesarbeitsgericht mit zwei Fällen zu befassen, bei denen Arbeitnehmer bzw. Arbeitgeber unterschiedlicher Meinung dahingehend waren, inwieweit es sich hier tatsächlich um Veranstaltungen handelte, welche die Betriebsratstätigkeit fördern sollten (DB 1995, 2221, 2222).

a) Im ersten Fall ging es darum, daß ein in einem Brauereiunternehmen beschäftigter kaufmännischer Angestellter im Dezember 1992 an einer einwöchigen Studientagung mit dem Thema „Architektur, Städtebau und aktuelle Situation in den neuen Bundesländern" teilnahm. In diesem Fall war das Bundesarbeitsgericht der Meinung, er müsse die von ihm aufgewendeten Kosten selbst bezahlen und erhalte auch für diese Woche kein Gehalt. Die Veranstaltung dient nicht der politischen Weiterbildung. Gegenstand der weitgehend durch Rundfahrten, Rundgänge sowie Kirchen- und Museumsbesuche gekennzeichneten Veranstaltungen sei nicht die Vermittlung von Kenntnissen, die das Verständnis der Arbeitnehmer für gesellschaftliche, soziale und politische Zusammenhänge verbessern können. Vielmehr würden Kenntnisse auf städtebaulichem und kulturellem Gebiet vermittelt, für deren Erwerb kein Anspruch auf bezahlte Freistellung nach dem Arbeitnehmerweiterbildungsgesetz bestehe. Daran ändere auch der abschließende Besuch des Konzentrationslagers Buchenwald nichts.

b) Ein anderer, in einem städtischen Rechtsamt beschäftigter Angestellter fuhr an die Costa Brava zu einer vom Landessportbund durchgeführten Veranstaltung mit dem Thema „Das Meer – Ressource und Abfalleimer?" Für diesen Urlaub wollte er ebenfalls Gehaltsfortzahlung, weil er die

Veranstaltung ebenfalls unter „Bildungsurlaub" einreihen wollte. Auch hier schob das Bundesarbeitsgericht einen Riegel vor.

Anders entschied das Bundesarbeitsgericht bei einer Freistellung für „Antistreßtraining für den Beruf" – hier allerdings nur deshalb, weil der Anwalt, der den Arbeitgeber vertrat, möglicherweise nicht in der Lage war, eine ordnungsgemäße Revisionsrüge vorzubringen. Das Bundesarbeitsgericht erklärte nämlich ausdrücklich, ohne solche Revisionsrügen könne nicht ausgeschlossen werden, daß durch die vermittelten Kenntnisse über Streßfaktoren und die erlernten Methoden zur Streßbewältigung tatsächlich die berufliche Belastbarkeit des Klägers erhöht worden sei.

Diesen Entscheidungen des Bundesarbeitsgerichts ist deutlich zu entnehmen, daß es zwar vieles unter „Bildungsurlaub" durchgehen läßt, nicht jedoch *jede* Freizeitveranstaltung.

# Arbeitsunfall

8

## Versicherte Tätigkeit

Schon unter den Pflichten von Arbeitgeber und Arbeitnehmer sind wir teilweise auf den Arbeitsunfall eingegangen. Was unter Unfall zu verstehen ist, hat das Bundessozialgericht in einer Entscheidung aus dem Jahr 1978 ausdrücklich festgelegt (NJW 1978, 2357). In dieser Entscheidung stellte es allerdings fest, daß eine Gesundheitsstörung durch das Mißlingen eines ärztlichen Eingriffs kein entschädigungspflichtiger Arbeitsunfall sei und definierte diesen wie folgt:

„Unfall ist ein körperlich schädigendes, zeitlich begrenztes Ereignis."

Es bedarf hier keiner Entscheidung, ob ein operativer Eingriff die Merkmale eines Unfalles erfüllen kann, sobald dabei weitere Gesundheitsstörungen auftreten, die durch den Eingriff nicht gewollt waren. Wenn die unmittelbare Behandlung eines Unfalls zu weiteren Gesundheitsstörungen führt, so ist darin kein neuer Unfall zu sehen. Versicherungsrechtlich handelt es sich nach der in der gesetzlichen Unfallversicherung geltenden Kausalitätslehre vielmehr um mittelbare Folgen des Unfalls, dessentwegen die Behandlung erforderlich wurde. *Für mittelbare Unfallfolgen besteht jedoch eine Entschädigungspflicht des Unfallversicherungsträgers nur, wenn der Unfall selbst ein entschädigungspflichtiger Arbeitsunfall ist.*

Der Unfall muß sich bei einer versicherten Tätigkeit ereignet haben, also in erster Linie bei Ausführung der arbeitsvertraglich festgelegten Tätigkeit oder in Zusammenhang damit, wie zum Beispiel bei Dienstreisen, Bewerbungen oder sogar – wie vom Bundesarbeitsgericht 1990 (NZA 91, 733) entschieden –, bei einer Vorsorgeuntersuchung.

Im Jahr 1989 entschied das Bundessozialgericht, daß Wege zur Nahrungsaufnahme innerhalb der Betriebsstätte ebenso in den Unfallversicherungsschutz begründenden Zusammenhang mit der betrieblichen Beschäftigung stehen wie derartige Wege, die über das Betriebsgelände hinausgehen (BSG NJW 1990, 1064):

In diesem Fall war der Kläger bei einem Bauunternehmen als Schlosser beschäftigt. Er geriet innerhalb des Betriebsgeländes, auf dem Weg zur Einnahme einer Mittagsmahlzeit, aus dem Gleichgewicht, stürzte und schlug mit dem linken Knie auf eine Kante der Treppe, die zum betrieblichen Vesperraum im ersten Stockwerk führte. Dabei zog er sich einen Bruch der linken Kniescheibe mit sekundärer Nervenstörung zu, der operative Versorgung und wiederholte stationäre Heilbehandlung erforderte. Die beklagte Berufsgenossenschaft meinte, es handele sich dabei nicht um einen Arbeitsunfall. Das Bundessozialgericht stellte fest, daß der Kläger einen Arbeitsunfall erlitten habe. Das setze voraus, daß sich der Unfall bei der versicherten Tätigkeit ereignet habe. Dazu sei in der Regel erforderlich, daß das Verhalten, bei dem sich der Unfall ereigne, einerseits zur versicherten Tätigkeit zu rechnen sei und daß diese Tätigkeit andererseits den Unfall herbeigeführt habe. Zunächst müsse also eine sachliche Verbindung mit der im Gesetz genannten versicherten Tätigkeit, hier der Betriebstätigkeit und dem Beschäftigungsverhältnis, bestehen, der sogenannte innere Zusammenhang, der es rechtfertige, das betreffende Verhalten der versicherten Tätigkeit zuzurechnen. Diese Voraussetzung sei erfüllt. Der Weg, auf dem der Kläger verunglückte, habe rechtlich wesentlich im inneren Zusammenhang mit seiner Betriebstätigkeit gestanden.

„Die hier zu beurteilende unfallbringende Handlung des Klägers ist sachlich durch zwei voneinander zu unterscheidende Beziehungen mit seiner Betriebstätigkeit und seinem Beschäftigungsverhältnis verknüpft. Der Kläger legte einen Weg zurück, der durch die Notwendigkeit geprägt war, persönlich auf dem Betriebsgelände anwesend zu sein und dort seine betrieblichen Tätigkeiten zu verrichten. Indessen würde diese eine Beziehung allein nicht ausreichen, um rechtlich wesentlich den inneren Zusammenhang zwischen dem Weg und der Betriebstätigkeit zu begründen. Der Weg sollte zu einer eigenwirtschaftlichen und deshalb regelmäßig unversicherten Tätigkeit führen. Die Nahrungsaufnahme und der Aufenthalt am Ort der Nahrungsaufnahme ist in der Regel eine dem persönlichen und daher dem unversicherten Bereich zuzurechnende Betätigung. Dasselbe gilt auch für das Verrichten der Notdurft, deren versicherungsrechtliche Problematik das Sozialgericht zu Recht vergleichsweise herangezogen hat. Auch diese Tätigkeit gehört zu den zahlreichen anderen Verrichtungen, ohne die eine ordnungsgemäße Arbeitstätigkeit nicht möglich ist, die aber trotzdem grundsätzlich dem unversicherten persönlichen Lebensbereich zuzurechnen sind. *Aber Essen, Trinken und das Verrichten der Notdurft während der Arbeitszeit sind im Gegensatz zu bloßen Vorbereitungshandlungen vor der Arbeit dadurch gekennzeichnet, daß sie regelmäßig unaufschiebbare, notwendige Handlungen sind, um die Arbeitskraft des Versicherten zu erhalten und es ihm damit mittelbar zu ermöglichen, die jeweils aktuelle betriebliche Tätigkeit fortzusetzen.* Wege, die zu diesen Zwecken zurückgelegt werden, sind von dem mittelbar betriebsbezogenen Handlungsziel geprägt. Das Zusammentreffen beider betriebsbezogener Merkmale, das letztgenannte notwendige Handlungsziel und die Betriebsbedingtheit des Weges zur Nahrungsaufnahme bewirkt nach ständiger Rechtsprechung des Bundessozialgerichts den wesentlichen inneren Zusammenhang zwischen dem Betrieb und einem nach oder von der Nahrungsaufnahme außerhalb des Betriebes unternommenen Weg."

*Das Bundessozialgericht stellte deshalb ausdrücklich noch einmal fest, daß auch Wege auf dem Betriebsgelände oder innerhalb der Betriebsstätte* Arbeitsunfälle *sind und unter den* Unfallversicherungsschutz *fallen.*

Anders entschied das Bundessozialgericht 1989 (NJW 1990, 1064) bei einem Arbeitsunfall auf dem Weg zum Arbeitsgericht, den ein Arbeitnehmer nach Teilnahme an einer durch seine Kündigungsschutzklage veranlaßten Güteverhandlung angetreten hatte. Dieser Weg steht nach Meinung des Bundessozialgerichts nicht unter dem Schutz der gesetzlichen Unfallversicherung.

Für die Frage, ob es sich um einen versicherten Arbeitsunfall handelt, muß also immer der innere Zusammenhang zwischen der ausgeübten Verrichtung und der ordnungsgemäßen Arbeitstätigkeit überprüft werden. *Wird die Arbeitstätigkeit durch eine private Verrichtung unterbrochen, so gibt es für die Dauer der Unterbrechung keinen Versicherungsschutz.* Geringfügige Unterbrechungen von wenigen Minuten sollen allerdings dann doch wieder nicht vom Versicherungsschutz ausgenommen sein, wie zum Beispiel der Zeitungskauf an einem Kiosk oder wenige Minuten eines Privatgesprächs auf einem Dienstweg.

Das Bundessozialgericht ging sogar soweit festzustellen, daß ein Arbeitsunfall durch eine herabfallende Zigarette in einem Pkw noch vom Versicherungsschutz umfaßt sei (BSG NJW 1988, 2638):
Der Arbeitgeber in diesem Fall veranstaltete für seine Arbeitnehmerin eine Gebietstagung in Kassel. Diese fuhr in einem Pkw von ihrer Wohnung über die Autobahn in Richtung Kassel, um an dieser Tagung teilzunehmen. Während der Fahrt fiel ihr eine brennende Zigarette auf den Wagenboden. Sofort versuchte sie, die Zigarette wieder aufzuheben, ohne dabei die Fahrt zu unterbrechen. Daraufhin geriet der Pkw ins Schleudern, kam von der Fahrbahn ab und prallte auf einen Betonsockel. Hierdurch erlitt die Klägerin mehrere Verletzungen.

Diesen Unfall wollte die beklagte Versicherung nicht als Arbeitsunfall anerkennen. Das Bundessozialgericht stellte sich aber auf den Standpunkt, daß es sich doch um einen Arbeitsunfall handle. Auf ihrer Geschäftsreise nach Kassel als dem auswärtigen Ort einer betrieblichen Tagung habe die Klägerin unter Versicherungsschutz gestanden. „Danach waren während der Fahrt im Pkw auf der Autobahn alle Tätigkeiten versichert, die dem Zweck dieser Reise dienten, vor allem das Führen des Kraftfahrzeugs in Richtung Kassel. Alle dabei auftretenden Gefahren wurden vom Versicherungsschutz erfaßt." Die versicherte Tätigkeit sei von der Klägerin bis zum Eintritt des Unfalls nicht unterbrochen worden. Ihr gesamtes Verhalten sei während der andauernden Fahrt dem betrieblichen Zweck, nach Kassel zu gelangen, untergeordnet gewesen.

*„Wer auf einer Geschäftsreise ununterbrochen einen betrieblichen Zweck verfolgt, verliert weder durch verbotswidriges Handeln noch durch schuldhaftes Verursachen eines Arbeitsunfalls – ausgenommen den hier nicht festgestellten Fall der Absicht – den Schutz der gesetzlichen Unfallversicherung.* Unter dieser Voraussetzung geht der Versicherungsschutz auch nicht wegen einer sogenannten selbst geschaffenen Gefahr verloren. Nur wer aus selbständigen, betriebsfremden Motiven unabhängig von dem Betriebszweck eine selbst geschaffene erhöhte Gefahr herbeigeführt hat, kann keine Entschädigung aus der gesetzlichen Unfallversicherung verlangen, wenn die selbst geschaffene Gefahr die zunächst noch vorhandenen, betriebsbedingten Umstände soweit zurückgedrängt hat, daß sie keine wesentlichen Bedingungen mehr für den Unfall gebildet haben. Im vorliegenden Fall wird das umstrittene Bücken und Suchen nach der heruntergefallenen Zigarette noch von einem derart selbständigen, betriebsfremden Zweck getragen."

## Trunkenheitsbedingte Unfälle

Verständlich sind allerdings die Entscheidungen des Bundessozialgerichts zu trunkenheitsbedingten Unfällen. Da in der Regel davon auszugehen ist, daß die Trunkenheit wesentliche Ursache für trunkenheitsbedingte Unfälle ist, weil der Versicherte im normalen Zustand den Unfall vermieden hätte, ist hier Versicherungsschutz nicht gegeben. Das stellte auch das Bundesverwaltungsgericht 1989 (NJW 1989, 2005) für das Dienstunfallrecht fest:

In diesem Fall handelte es sich um eine genehmigte Weihnachtsfeier in den Kantinenräumen des Dienstgebäudes des Fernmeldeamtes. Zwischen 1.30 Uhr und 2.00 Uhr morgens verließ ein Postbeamter zusammen mit einem Kollegen die Feier, um den Heimweg zu seiner Wohnung anzutreten. Er hoffte, ein Taxi anhalten zu können. Es war kalt; Fahrbahn und Gehweg der Straße waren vereist und mit Schnee bedeckt. Hinter einer Unterführung kam dem Beamten ein Taxi entgegen. Weil er das Fahrzeug anhalten wollte, trat der Kläger auf die Fahrbahn. Dabei kollidierte er mit dem Taxi und kam zu Fall, wobei er mit dem Kopf auf die vereiste Fahrbahn aufschlug. Der Postbeamte erlitt schwere Verletzungen. Eine Blutprobe ergab für die Unfallzeit eine Alkoholkonzentration von 2,9 Promille. Die Beklagte lehnte die Anerkennung des Unfalls als Dienstunfall ab, weil der übermäßige Alkoholgenuß des Postbeamten, der dazu geführt habe, daß er sich nicht mehr sicher im Straßenverkehr habe bewegen können, die rechtlich allein wesentliche Ursache für den Unfall gewesen sei.

Das Bundesverwaltungsgericht bejahte zunächst den Heimweg von dieser Feier als Weg von der Dienststelle im Sinne des Beamtenversorgungsgesetzes. Andererseits zähle die Verursachung eines Unfalls durch alkoholbedingte Verkehrsuntüchtigkeit nicht zu den Gefahren, die mit dem Dienst zusammenhängen und für die daher der Dienstherr eines Beamten durch den Dienstunfallschutz aufzukommen habe. Daß ein zur Verkehrsunfähigkeit führender Alkoholgenuß dienstlich bedingt sei, sei im allgemeinen kaum denkbar. Jedenfalls ergebe sich derartiges nicht aus der Teilnahme an einer dienstlichen Gemeinschaftsveranstaltung, auch wenn dabei der Genuß von Alkohol üblich sein möge.

Die Teilnehmer seien nicht dienstlich verpflichtet, überhaupt Alkohol zu trinken und das Trinken in solcher Menge, daß die Verkehrstüchtigkeit für den Heimweg beeinträchtigt werde, entspreche nicht dienstlichen Interessen, sondern laufe ihnen eindeutig zuwider.

*Betriebliche Freizeitveranstaltungen sollen nach Meinung des Bundessozialgerichts nicht unter Versicherungsschutz stehen,* auch wenn sie während der Geschäftsreisen für einen begrenzten Teilnehmerkreis durchgeführt werden. *Auch beim Betriebssport soll im allgemeinen kein Versicherungsschutz bestehen.* Wird der Sport zur Durchführung von Kuren in betriebseigenen Kurheimen durchgeführt, wird diese Regelung allerdings wieder durchbrochen.

## Wegeunfälle

Zahlreiche Entscheidungen gibt es zu den sogenannten Wegeunfällen, Unfälle, die also auf dem Weg zwischen der Wohnung und der Arbeitsstätte eintreten. Dabei können auch Umwege mitversichert sein, wenn sie einen notwendigen Arbeitsbezug haben. *Grundsätzlich ist festzuhalten, daß Wegeunfälle vom Versicherungsschutz für Arbeitsunfälle umfaßt sind.* Der Unfallversicherungsschutz auf dem Weg beginnt mit dem Verlassen des vom Versicherten bewohnten Gebäudes – also nicht schon auf dem Weg von der Wohnungstür zur Haustür. Ganz konsequent scheint allerdings diese Rechtsprechung auch nicht zu sein. Begibt sich der Versicherungsnehmer in seine Garage, um mit dem Auto zur Arbeitsstelle zu fahren, so soll der Versicherungsschutz erst ab Verlassen der Garage beginnen, wenn diese sich innerhalb des Hauses befindet. Liegt sie jedoch außerhalb des Hauses, soll der Versicherungsschutz wieder ab Verlassen des Gebäudes beginnen.

Für den Weg zur Arbeitsstelle oder von dieser zurück soll Versicherungsschutz nur vorliegen, wenn er mit der Tätigkeit im Unternehmen zusammenhängt und nicht der privaten Sphäre des Arbeitnehmers entstammt. Auch hier gibt es wieder zahlreiche Einzelfälle, die vom Bundessozialgericht nicht immer logisch nachvollziehbar entschieden wurden. Beim Abheben eines Geldbetrags bei einem Geldinstitut soll der Unfallversicherungsschutz zum Beispiel dann gegeben sein, wenn der Versicherte das Geldinstitut persönlich aufsucht. Voraussetzung ist aber nicht, zumindest seit der Entscheidung des Bundessozialgerichts aus dem Jahr 1990 (NJW 1991, 590), daß der Arbeitnehmer auch noch persönlichen Kontakt im Geldinstitut aufnimmt:

In diesem Fall war ein Finanzprokurist nach Arbeitsschluß auf dem Heimweg in seine Sparkasse gegangen, um aus seinem Bankschließfach bei der kontoführenden Filiale die Kontoauszüge zu holen. Als der Kläger seinen Pkw auf dem gegenüberliegenden Parkstreifen abgestellt hatte und zur Sparkassenfiliale gehen wollte, wurde er auf der Fahrbahn von einem Pkw angefahren und verletzt. Er mußte wegen der Unfallfolgen stationär behandelt werden.

Das Bundessozialgericht stellte fest, daß als versicherte Tätigkeit auch das Abheben eines Geldbetrags bei einem Geldinstitut zu rechnen sei, an das der Arbeitgeber den Lohn oder das Gehalt des Versicherten zu dessen Gunsten überweise oder zahle, wenn der Versicherte erstmalig nach Ablauf eines Lohn- oder Gehaltszahlungszeitraums das Geldinstitut persönlich aufsuche. Das Bundessozialgericht änderte dabei die eigenen früheren Entscheidungen, in denen es einen persönlichen Kontakt mit dem Geldinstitut verlangt hatte. Es verwies darauf, daß die persönliche Kundenbetreuung im Bankgewerbe jedenfalls dort unbedeutend und damit für den Versicherungsschutz rechtsunerheblich geworden sei, wo es sich um einfache banktechnische Vorgänge handele. Sie würden durch das gesetzliche Tatbestandsmerkmal „Abheben eines Geldbetrags bei einem Geldinstitut" beispielhaft gekennzeichnet. Solche einfachen banktechnischen Vorgänge hätten es zugelassen, daß die Geldinstitute Formulare, spezielle Scheckkarten und Automaten eingeführt hätten, mit denen die Kunden ohne Hilfe des Institutspersonals zum Beispiel Geld abheben oder Überweisungsaufträge erteilen könnten. Dementsprechend beschäftigten die Geldinstitute weniger Personal, verkürzten ihre Öffnungszeiten für den Kundenverkehr und vermehrten statt dessen örtlich und zeitlich die Möglichkeiten, banktechnische Vorgänge in oder an ihren Gewerberäumen ohne persönlichen Kontakt einzuleiten oder zu bewerkstelligen. Unter diesen Gesichtspunkten gab das Bundessozialgericht die Rechtsprechung auf, daß der Versicherte beim Abheben in einem Geldinstitut einen persönlichen Kontakt zu seinem Geldinstitut aufnehmen müsse und unter Versicherungsschutz nur diejenigen Handlungen stehen sollten, bei denen der Lohn- oder Gehaltsempfänger seinem kontoführenden Geldinstitut gegenüber als Inhaber des Lohn- oder Gehaltskontos persönlich in Erscheinung trete. Nunmehr sei Voraussetzung, daß der Versicherte sich persönlich in oder an das Gebäude seines Geldinstituts begebe, um einen dem „Geldabheben" entsprechenden banktechnischen Vorgang einzuleiten oder zu bewerkstelligen.

*Für die Anerkennung von Arbeitsunfällen auf dem Weg zwischen Wohnung und Arbeitsstätte spielt es keine Rolle, auf welche Ursachen der Arbeitsunfall zurückzuführen ist.* 1988 stellte das Bundesverwaltungsgericht (NJW 1989, 184) fest, daß ein Verkehrsunfall auf dem Weg zum Dienst auch dann ein Dienstunfall ist, wenn er durch eine Bewußtseinsstörung oder Ohnmacht des Beamten herbeigeführt wurde:

Die Witwe und die Kinder eines tödlich verunglückten Hochschullehrers hatten auf Anerkennung eines Dienstunfalles geklagt. Der Professor war mit seinem Pkw von seiner Wohnung zu seiner Dienststelle gefahren. In einem Waldstück geriet das Fahrzeug auf die linke Fahrbahnseite und stieß dort frontal mit einem Lkw zusammen. Der Beamte verstarb noch am Unfallort. Der Unfall geschah auf übersichtlicher, gerader Strecke. Die Fahrbahnoberfläche, aus Schwarzdecke, war trocken und wies keine Beschädigungen auf. Der Professor unternahm vor der Kollision mit dem entgegenkommenden Lkw offenbar keinen Bremsversuch. An seinem Fahrzeug konnten keine Mängel festgestellt werden, die Blutuntersuchung des Verstorbenen ergab keine alkoholische Beeinflussung, ebensowenig wurden Arzneistoffe, andere Drogen oder Gifte festgestellt. Die Beklagte meinte, eine äußere Einwirkung als Ursache des Unfallgeschehens habe nicht festgestellt werden können. Dieser Meinung war auch das Verwaltungsgericht. Das Oberverwaltungsgericht sah bereits den Unfall als Dienstunfall an, das Bundesverwaltungsgericht bestätigte diese Meinung.

Es wiederholte zunächst die Begriffsbestimmung für den Dienstunfall, der als ein auf äußerer Einwirkung beruhendes, plötzliches, örtlich und zeitlich bestimmbares, einen Körperschaden verursachendes Ereignis, das in Ausübung oder infolge des Dienstes eingetreten ist, angesehen wird. Als Dienst gilt auch das Zurücklegen des mit dem Dienst zusammenhängenden Weges nach und von der Dienststelle. Diese Voraussetzungen seien hier erfüllt. Die Absicht der Selbsttötung konnte ausgeschlossen werden. Die nähere Ursache des Verkehrsunfalls sei jedoch nicht festgestellt. Es seien aber die Voraussetzungen eines Dienstunfalles auch in dem Fall einer Ohnmacht oder Bewußtseinsstörung des verstorbenen Beamten erfüllt. Entgegen der Meinung des Verwaltungsgerichts und der beklagten Behörde, stellte das Bundesverwaltungsgericht fest, daß es hier nicht an einer äußeren Einwirkung auf den verstorbenen Beamten fehle. „Vielmehr brachte der Zusammenprall des von ihm gesteuerten Fahrzeugs mit dem entgegenkommenden Lastkraftwagen eine sehr heftige, nach dem festgestellten Sachverhalt unmittelbar zum Tode führende äußere Einwirkung mit sich. Daß diese ihrerseits auf weiteren äußeren Einwirkungen beruhte, ist entgegen der Ansicht des Verwaltungsgerichts und der Revision nicht erforderlich. Darüber hinaus können sogar bei einem Vorgang innerhalb des menschlichen Körpers – etwa einem Herzinfarkt –, äußere Vorgänge, die diesen nur mittelbar verursacht haben, als äußere Einwirkungen im Sinne des Dienstunfallbegriffs in Betracht kommen. Ist aber schon die unmittelbare Schadensursache eine äußere Einwirkung, so ist damit dieses Merkmal erfüllt, ohne daß es insoweit noch eines Rückgriffs auf mittelbare Ursachen bedarf."

Das Bundessozialgericht hatte 1988 (NJW 1990, 269) einen Fall zu entscheiden, bei dem sich die Parteien darüber stritten, ob eine Hinterbliebenenrente bezahlt werden sollte:

Der Ehemann war auf dem Weg von der Arbeit nach Hause mit seinem Wagen von der Straße abgekommen und gegen einen Baum geprallt. Es wurde bei ihm eine Blutalkoholkonzentration von 1,74 Promille festgestellt. Die gesetzliche Unfallversicherung lehnte die Witwenrente ab, weil kein Arbeitsunfall vorgelegen habe. Der Versicherte habe dreieinhalb Stunden lang vor dem Heimweg keine Arbeitstätigkeit ausgeübt und sich dadurch vom Betrieb gelöst. Er hatte sich nach dem Ende der Mittagspause zwar in den Betrieb zurückbegeben, seinen Arbeitsplatz jedoch nicht wieder eingenommen, sondern sich in anderen Räumen aufgehalten. Um 14.30 Uhr hatte er mit seinem ebenfalls bei der Firma beschäftigten Sohn und zwei weiteren Arbeitskollegen den Betrieb verlassen und für mindestens eine halbe Stunde eine nahegelegene Gaststätte aufgesucht. Als er zwischen 15.00 Uhr und 15.30 Uhr wieder in den Betrieb zurückkehrte, nahm er seinen Arbeitsplatz nicht wieder ein. Das Fahrzeug, mit dem er verunglückte, wurde im übrigen nicht von ihm, sondern von seinem Sohn gesteuert, so daß die Alkoholkonzentration keinen Einfluß auf die Frage nach dem Arbeitsunfall hatte. Es ging ausschließlich um die

Frage, ob sich der tödlich Verunglückte dadurch vom Betrieb gelöst habe, daß er keine Arbeitstätigkeit ausübte.

Das Bundessozialgericht stellte fest, daß der Verunglückte bis Schichtende für Arbeiten zur Verfügung stand. Eine Aufforderung etwa seitens seines Vorgesetzten, den Arbeitsplatz wieder einzunehmen und seine Tätigkeit zu verrichten, sei nicht ergangen. Unter diesen Umständen sei eine den inneren Zusammenhang mit der versicherten Tätigkeit beendende, sogenannte Lösung vom Betrieb selbst für den Fall zu verneinen gewesen, daß der Versicherte nach der Mittagspause seinen arbeitsvertraglichen Verpflichtungen nicht oder nicht voll nachgekommen sei. Ebenso wie bei der versicherten Tätigkeit selbst werde der Versicherungsschutz in der Regel dann angenommen, wenn der Versicherte den Dienst nicht unerlaubt vorzeitig beende. Kein Unfallversicherungsschutz bestehe hingegen in den Fällen, in denen der Versicherte sich zwar zum Betrieb begebe, aber von Anfang an die Absicht habe, keine dem Betrieb förderlichen Arbeiten zu verrichten. Es komme für die Frage des rechtlichen Zusammenhangs nicht auf das Vorhandensein eines inneren Willens des Versicherten an, überhaupt noch Arbeiten leisten zu wollen. „Maßgebend ist vielmehr, daß der Versicherte während der Arbeitszeit im Betrieb für vertragsgemäße Arbeiten zur Verfügung steht; dabei ist es unfallversicherungsrechtlich unerheblich, ob er seine Verpflichtungen aus dem Arbeitsvertrag schlecht erfüllt, zum Beispiel unsorgfältig oder zu langsam oder zeitweilig überhaupt nicht arbeitet. Diesem vorübergehenden Untätigsein während der Arbeitszeit wird versicherungsrechtlich in ausreichendem Maße dadurch Rechnung getragen, daß während dieser Zeit bei privaten Zwecken dienenden Verrichtungen kein Versicherungsschutz besteht. Die Verletzung arbeitsvertraglicher Pflichten durch Bummelei am Arbeitsplatz betrifft ... in erster Linie die Beziehungen des versicherten Arbeitnehmers zu seinem Arbeitgeber, dem es im Rahmen des

Arbeitsverhältnisses aufgrund des Direktionsrechts zusteht, den Arbeitnehmer zur Arbeit anzuhalten und gegebenenfalls weitere arbeitsrechtliche Konsequenzen zu ziehen."

Der Versicherungsschutz könne insbesondere auf dem sonst auch üblichen Heimweg von der Betriebsstätte nicht von der korrekten Erbringung der Arbeitsleistung abhängig gemacht werden.

## Arbeitsunfall

Besonders bedeutsam sind hier Entscheidungen des Bundessozialgerichts aus dem Jahre 1994 bzw. 1995.

In einer Entscheidung aus dem Jahr 1995 (NJW 1995, 2942) ging es darum, daß eine kaufmännische Angestellte in ihrer Mittagspause Lebensmittel einkaufte. Von dem Geschäft ging sie in Richtung ihres Beschäftigungsbetriebs, stolperte über einen Pflasterstein und stürzte auf ihr rechtes Knie. Es mußte eine Heilbehandlung eingeleitet werden. Das Bundessozialgericht stellte fest, der Unfall sei ein Arbeitsunfall gewesen, für dessen Entschädigung die Berufsgenossenschaft einzutreten hatte. Dazu sei erforderlich, daß das Verhalten, bei dem sich der Unfall ereignet, einerseits zur versicherten Tätigkeit zu rechnen ist und daß diese Tätigkeit andererseits den Unfall herbeigeführt hat. Der Weg, auf dem die kaufmännische Angestellte verunglückte, habe rechtlich wesentlich im inneren Zusammenhang mit ihrer Betriebstätigkeit gestanden. Maßgebend sei dabei die Handlungstendenz mit der der Versicherte diese Wege zurücklege und zwar so, wie sie durch die objektiven Umstände des Einzelfalls ihre Bestätigung findet:

Zwar sei der Einkauf von Lebensmitteln ein eigenwirtschaftliches Ziel, auf Wegen zu und von solchen Zielen bestehe aber kein gesetzlicher Unfallversicherungsschutz. Etwas anderes gelte allerdings dann, wenn solche Wege zum Ort einer Nahrungsaufnahme oder zum Einkauf von

Lebensmitteln zum alsbaldigen Verzehr und zurück zum Ort der Tätigkeit führten. Nach ständiger Rechtsprechung sei Essen ebenso wie Trinken während der Arbeitszeit im Gegensatz zu bloßen Vorbereitungshandlungen vor der Arbeit dadurch gekennzeichnet, daß beides regelmäßig unaufschiebbare, notwendige Handlungen seien, um die Arbeitskraft des Versicherten zu erhalten und es ihm damit mittelbar zu ermöglichen, die betriebliche Tätigkeit fortzusetzen. Wege, die vom Beschäftigungsbetrieb aus zum Zwecke der Nahrungsaufnahme, z. B. in einer Gaststätte oder zum Einkauf von Lebensmitteln zum alsbaldigen Verzehr und zurück zum Ort der Tätigkeit unternommen würden, seien zusätzlich wesentlich von diesem mittelbar betriebsbezogenen Handlungsziel bestimmt. Der Fußmarsch von zweimal etwa 10 Minuten Dauer sei subjektiv und objektiv geeignet gewesen, der Erhaltung der Arbeitskraft der Versicherten zu dienen.

Noch 1994 entschied das Bundessozialgericht (NJW 1995, 2943), daß der Arbeitslose, der Leistungen beim Arbeitsamt beantragt und von diesem aufgefordert wird, einen Vordruck abzugeben, ebenfalls Unfallversicherungsschutz habe.

## Schadensersatz bei Arbeitsunfällen

Unabhängig vom möglichen Eintritt der gesetzlichen Unfallversicherung können auch Schadensersatzansprüche gegeben sein, wenn der Arbeitgeber oder ein Arbeitskollege für den Arbeitsunfall verantwortlich sind. Bei Personenschäden besteht für den Arbeitgeber eine Haftung allerdings nur dann, wenn er den Arbeitnehmer vorsätzlich schädigt, ansonsten ist er wegen des Eintritts der Unfallversicherung von der Haftung befreit. Bei Sachschäden gilt das nicht. Soweit also die gesetzliche Unfallversicherung nicht eintrittspflichtig ist, kann es eine Haftung des Arbeitgebers oder auch des Arbeitskollegen geben. Eine Ausnahme vom Haftungsausschluß wird insbesondere dann angenommen, wenn sich der Arbeitsunfall bei einer Teilnahme „am allgemeinen Verkehr" ereignet hat, also auf allgemein zugänglichen Straßen und Plätzen. Seit einer Entscheidung des Bundesgerichtshofs aus dem Jahr 1973 (NJW 1973, 1326) hat sich diese Rechtsprechung nicht geändert:

In diesem Fall hatte sich ein Arbeitnehmer im betriebseigenen Pkw auf der Fahrt zur Arbeitsstätte verletzt, als das von seinem Arbeitskollegen gesteuerte Fahrzeug auf verschneiter Straße in einer Linkskurve ins Schleudern geraten und auf der linken Fahrbahnseite frontal mit einem entgegenkommenden Lkw zusammengestoßen war. Der Arbeitnehmer nahm die Haftpflichtversicherung seines Arbeitskollegen wegen des Unfallschadens in Anspruch, soweit dieser ihm nicht von dem Träger der gesetzlichen Unfallversicherung ersetzt worden war. Der Arbeitnehmer hatte geltend gemacht, der Unfall, den der Arbeitskollege fahrlässig verursacht habe, habe sich bei der Teilnahme am allgemeinen Verkehr ereignet, deshalb greife auch der sonst gültige Ausschluß der Haftung nicht ein, weil für den Schaden ein Haftpflichtversicherer einzutreten habe.

Der Bundesgerichtshof stellte fest, daß der Unfall, bei dem der Kläger verletzt worden ist, ein Arbeitsunfall war und daß eine derartige Werkfahrt im firmeneigenen Kfz eine innerbetriebliche Angelegenheit darstellte. Der Haftpflichtversicherer des Unfall-Pkw haftet für den Personenschaden des Klägers nur, wenn der Arbeitsunfall „bei der Teilnahme am allgemeinen Verkehr" eingetreten ist.

„Bei der Beurteilung, ob ein Arbeitsunfall bei der Teilnahme am allgemeinen Verkehr eingetreten ist, hebt die Rechtsprechung des Bundesgerichtshofs, wie auch das Berufungsgericht nicht verkannt hat, vornehmlich darauf ab, ob der betroffene Arbeitnehmer den Unfall als normaler Verkehrsteilnehmer oder als Betriebsangehöriger erlitten hat. Maßgebend ist danach, ob sich der Unfall für den Betroffenen in einem Bereich ereignet hat, der sich in dem Verhältnis zum Schädiger als ein innerbetrieblicher Vorgang darstellt oder ob insoweit zum Betrieb kein oder nur ein loser Zusammenhang bestanden hat." In aller Regel bedeutet die Beförderung des Arbeitnehmers im firmeneigenen Kfz zur Arbeitsstelle im Verhältnis zu seinem Arbeitgeber und dem mit der Durchführung des Werkverkehrs betrauten Arbeitskollegen wegen des engen betrieblichen Zusammenhangs keine „Teilnahme am allgemeinen Verkehr".

Diese auch weiter bestehende Rechtsprechung des Bundesgerichtshofs besagt, daß eine Teilnahme am allgemeinen Verkehr selbst dann nicht vorliegt, wenn sich der Unfall auf allgemein zugänglichen Straßen und Plätzen ereignet hat und gleichzeitig eine Fahrt zwischen Wohnung und Arbeitsstätte stattfand. Im Rechtssinne nehmen Sie dann nicht am allgemeinen Verkehr teil und können vor allem gegen den Arbeitskollegen beziehungsweise dessen Haftpflichtversicherung keine Schmerzensgeldansprüche oder über die Leistungen der gesetzlichen Unfallversicherung hinausgehende Schadensbeträge geltend machen. Für den Arbeitgeber und die Arbeitskollegen gilt also weitgehend ein Haftungsausschluß für Arbeitsunfälle. Dieser Ausschluß ist gesetzlich vorgeschrieben.

Etwas ungerecht erscheint es jedoch, daß ein Haftungsausschluß dann nicht gegeben ist, wenn der Arbeitnehmer seinen Unternehmer verletzt. Das stellte der Bundesgerichtshof 1980 (NJW 1981, 53) ausdrücklich fest:

„Durch die Vorschrift über den Haftungsausschluß soll die Haftpflicht des Unternehmers gegenüber seinen Arbeitnehmern für die Folgen eines von ihm zu vertretenden Arbeitsunfalls durch ein öffentlich-rechtliches System umfassender Unfallversicherung abgelöst werden. Der Arbeitsunfall begründet als öffentlich-rechtlicher Tatbestand die Leistungspflicht der Berufsgenossenschaft als der Trägerin der gesetzlichen Unfallversicherung, ohne daß es auf eine Prüfung der Frage nach der Verantwortlichkeit für das Unfallgeschehen ankommt. Die Gesamtheit der Unternehmer, die durch ihre im Wege der Umlage geleisteten Beiträge die Mittel zur Entschädigung der Opfer von Arbeitsunfällen und deren Hinterbliebenen bereitstellen, sollen nach dem Willen des Gesetzgebers von ihrer Haftung gegenüber ihren Betriebsangehörigen freigestellt werden. Die damit verbundene Beschneidung von Ansprüchen, die nach dem allgemeinen Haftungsrecht zustehen, insbesondere auch des Anspruchs auf Schmerzensgeld, ist verfassungsrechtlich nicht zu beanstanden, wird sie doch weitgehend ausgeglichen durch die Gewährung von Leistungen, die weder abhängig sind vom Nachweis schuldhaften Verhaltens des Schädigers noch von einem Mitverschulden des Geschädigten beeinträchtigt werden."

Der Unternehmer zahle allein solche Beiträge zur gesetzlichen Unfallversicherung und habe damit anteilig neben der Gesamtheit der seiner Berufsgenossenschaft angehörenden weiteren Unternehmer den Vorteil, von seiner Haftung freigestellt zu sein. In diesem Sinne habe die vom Unternehmer zugunsten seiner Betriebsangehörigen finanzierte Unfallversicherung die gleiche Wirkung, als hätte er sich – und auch seine Betriebsangehörigen im Verhältnis zueinander – gegen Haftpflicht versichert, sie habe aber nicht auch noch zur Folge, ihm zustehende Ersatzansprüche zu nehmen und ihn auf Ansprüche wegen des in diesem Fall vorliegenden freiwilligen Beitritts zur Berufsgenossenschaft zu beschränken.

Verletzt also ein Arbeitnehmer den Arbeitgeber, so ist er grundsätzlich in vollem Umfang selbst zum Schadensersatz verpflichtet und kann sich nicht auf eine mögliche Unfallversicherung des Unternehmers berufen.

# Kündigung

9

## Abmahnung

Nur in Ausnahmefällen kann der Arbeitgeber dem Arbeitnehmer wegen Schlechtleistungen oder sonstigen Pflichtverletzungen kündigen, wenn er ihm nicht vorher durch eine Abmahnung die Möglichkeit gegeben hat, sein bisheriges Verhalten zu ändern und sich zu bessern. Der Arbeitgeber muß den Arbeitnehmer ausdrücklich und nachweisbar auffordern, ein genau bezeichnetes, vertragswidriges Verhalten abzustellen, und er muß in dieser Aufforderung auch deutlich machen, daß, wenn sich nichts ändert, zukünftig mit Rechtsfolgen, wie zum Beispiel einer Kündigung, gerechnet werden muß.

Die Abmahnung hat „Warnfunktion", sie kann mit dem Hinweis auf die Gefährdung von Inhalt oder Bestand des Arbeitsverhältnisses bei künftigen gleichartigen Vertragsverletzungen der Vorbereitung einer Kündigung dienen. Hierauf wies das Bundesarbeitsgericht in einer Entscheidung aus dem Jahr 1988 (NJW 1989, 2493) ausdrücklich hin:

In diesem Rechtsstreit ging es um die Frage der Wirksamkeit einer ordentlichen Kündigung. Beklagt war ein Luftfahrtunternehmen auf dem Flughafen Köln/Bonn. Dieses hatte eine Genehmigung zur gewerbsmäßigen Beförderung von Personen und Sachen im nicht planmäßigen Luftverkehr und setzte zum damaligen Zeitpunkt acht kleine Flugzeuge ein. Kläger in diesem Fall war der Ausbildungsleiter, der gleichzeitig Flugbetriebsleiter und Pilot war. Da dieser unerlaubt Passagiere auf Frachtflügen mitgenommen hatte und diese auch noch an den Paß- und Zollkontrollen vorbeischleuste, wurde er von dem Luftfahrtunternehmen ausdrücklich mit folgendem Schreiben abgemahnt:

„Hiermit untersage ich Ihnen letztmalig, für alle Flüge, die Sie als Kapitän selbst durchführen oder die Sie als Flugbetriebsleiter im Rahmen des Flugbetriebs zu verantworten haben, die Mitnahme irgendwelcher Passagiere und Mitarbeiter, wenn Ihnen hierfür nicht die Genehmigung der Geschäftsleitung vorliegt."

Mit dieser Abmahnung hatten sich das Arbeitsgericht, das Landesarbeitsgericht und das Bundesarbeitsgericht auseinanderzusetzen. Letzteres stellte fest, daß im individualrechtlichen Bereich der Arbeitgeber mit der Abmahnung die Voraussetzung für eine eventuelle spätere Kündigung schaffen wolle, indem er für die Zukunft vertragsgerechtes Verhalten fordert und für den Fall weiterer Vertragsverletzungen individualrechtliche Konsequenzen in Aussicht stellt. Durch das Erfordernis einer vergeblich gebliebenen Abmahnung vor Ausspruch einer verhaltensbedingten Kündigung, insbesondere bei Störungen im Leistungsbereich, soll der mögliche Einwand des Arbeitnehmers ausgeräumt werden, er habe die Pflichtwidrigkeit seines Verhaltens nicht gekannt oder jedenfalls nicht damit rechnen müssen, der Arbeitgeber sehe dieses Verhalten als so schwerwiegend an, daß er zu kündigungsrechtlichen Konsequenzen greifen werde.

Das Bundesarbeitsgericht unterscheidet von der Abmahnung ausdrücklich die Wahrnehmung des dem Arbeitgeber zustehenden vertraglichen Rügerechts, mit dem ausdrücklich nur eine Gläubigerfunktion geltend gemacht werden soll. Insoweit, als Vertragsrüge, dient die Abmahnung – auch ohne Androhung möglicher Konsequenzen – nicht vornehmlich der Vorbereitung einer Kündigung, sondern sie ist eine Sanktion auf ein vertragswidriges Verhalten.

*Die Kündigung sei die stärkste individualrechtliche Maßnahme, die Abmahnung demgegenüber das mildere Mittel.* Insofern geht die Abmahnung nach dem Grundsatz der Verhältnismäßigkeit der Kündigung vor, da die Kündigung nur erforderlich ist, wenn andere Mittel nicht mehr ausreichen.

„Nach ständiger Rechtsprechung des Bundesarbeitsgerichts ist bei Störungen im Leistungsbereich regelmäßig vor Ausspruch einer Kündigung eine vergebliche Abmahnung mit ausreichender Warnfunktion erforderlich, was insbesondere für verhaltensbedingte Gründe mit Auswirkungen im Leistungsbereich gilt. Auch bei einem Fehlverhalten im Vertrauensbereich bedarf es dann einer vorherigen erfolglosen Abmahnung, wenn der Arbeitnehmer mit vertretbaren Gründen annehmen konnte, sein Verhalten sei nicht vertragswidrig oder werde vom Arbeitgeber zumindest nicht als ein erhebliches, den Bestand des Arbeitsverhältnisses gefährdendes Fehlverhalten angesehen."

Der Arbeitnehmer gebe durch eine Abmahnung außerdem kund, er sehe das Arbeitsverhältnis noch nicht als so gestört an, daß ihm eine weitere Zusammenarbeit mit dem Arbeitnehmer nicht mehr möglich sei. Damit sei die negative Prognose Voraussetzung für die einseitige Auflösung des Arbeitsverhältnisses durch eine Kündigung. Die negative Prognose könne der Arbeitgeber nur mit dem Vortrag begründen, in Zukunft sei mit weiteren Störungen zu rechnen. In der Regel lägen diese Voraussetzungen nur dann vor, wenn der Arbeitnehmer nach einer vorangegangenen Abmahnung sein beanstandetes Verhalten weiter fortsetzt. Andererseits zeigt ein Arbeitgeber, der abmahnt, daß ihm eine abschließende negative Prognose noch nicht möglich ist. Habe er das selbst durch eine Abmahnung zu erkennen gegeben, dann könne er eine spätere negative Prognose nur durch neue Tatsachen belegen und zwar auch durch solche, die bei der Abmahnung zwar schon vorlagen, ihm aber noch nicht bekannt waren.

In dem zu entscheidenden Fall meinte das Bundesarbeitsgericht, daß es bei Anwendung dieser Grundsätze einer weiteren Aufklärung bedürfe, ob und inwieweit der Sachverhalt, der die Beklagten zur Kündigung veranlaßt habe, über die Gründe hinausgehe, die Gegenstand der Abmahnung gewesen waren.

Eine Abmahnung kann selbstverständlich nur dann wirksam sein, wenn der Abgemahnte sie auch tatsächlich erhalten hat.

## Entfernung von Abmahnungen

Da Abmahnungen nicht immer gerechtfertigt sein müssen – der Abmahnende kann auch falsch über den tatsächlichen Sachverhalt informiert sein –, kann es Abmahnungen geben, die zum Teil berechtigt und zum Teil unberechtigt sind. Fehlerhafte Abmahnungen müssen grundsätzlich aus der Akte des Arbeitnehmers entfernt werden. Hierauf besteht ein Rechtsanspruch, den der Arbeitnehmer auch gerichtlich durchsetzen kann. Auch wenn Sie sich längere Zeit so verhalten haben, daß davon auszugehen ist, daß Sie sich die Abmahnung zu Herzen genommen haben, können Sie vom Arbeitgeber die Entfernung der Abmahnung aus Ihren Akten verlangen. Etwas anderes gilt – zumindest nach Meinung des Arbeitsgerichts Wetzlar (BB 89, 1979) – dann, wenn das Arbeitsverhältnis bereits beendet ist. Der Arbeitnehmer könne dann vom Arbeitgeber nicht mehr die Entfernung einer Abmahnung aus der Personalakte verlangen. Dies gelte für privatrechtliche und öffentlich-rechtliche Arbeitgeber gleichermaßen. Der aus dem Arbeitsverhältnis ausgeschiedene Arbeitnehmer sei dadurch allerdings nicht rechtlos; ihm bleibe die Möglichkeit, sich gegen benachteiligende Angaben in einem Zeugnis zu wenden.

Das Bundesarbeitsgericht hatte sich 1994 ebenfalls mit der Entfernung einer Abmahnung aus den Personalakten nach Beendigung des Arbeitsverhältnisses zu befassen (NJW 1995, 1236). Der Kläger, Arzt für Frauenheilkunde und Geburtshilfe, war als Assistenzarzt in einer Frauenklinik tätig. Ihm wurden zwei Abmahnungen erteilt, wobei ihm in der ersten vorgeworfen wurde, er habe es entgegen ausdrücklicher Anweisung bewußt unterlassen, dem behandelnden Frauenarzt einer Patientin einen gravierenden Befund mitzuteilen; in der zweiten wurde ihm angelastet, er habe sich eigenmächtig einen freien Nachmittag genommen. Der Arzt hielt beide Abmahnungen für sachlich unberechtigt und meinte, nachdem er zwischenzeitlich aus dem Arbeitsverhältnis ausgeschieden war, er könne auch jetzt noch einen Anspruch auf Entfernung der Abmahnungen aus der Personalakte verlangen, denn diese würden ihn auch weiterhin belasten.

Das Bundesarbeitsgericht stellte zunächst ausdrücklich fest, daß der Arbeitnehmer regelmäßig nach Beendigung des Arbeitsverhältnisses keinen Anspruch auf Entfernung einer zu unrecht erteilten Abmahnung aus der Personalakte habe. „Ein solcher Anspruch kann aber dann gegeben sein, wenn objektive Anhaltspunkte dafür bestehen, daß die Abmahnung dem Arbeitnehmer auch noch nach Beendigung des Arbeitsverhältnisses schaden kann." Dafür ist der Arbeitnehmer darlegungs- und beweispflichtig. Immerhin könne der Arbeitgeber Dritten Auskünfte erteilen, auch über Abmahnungen. *Er dürfe auch gegen den Willen des Arbeitnehmers Auskünfte geben, wenn ein berechtigtes Interesse vorliege. Diese Auskünfte müßten jedoch wie Zeugnisse wahrheitsgemäß und wohlwollend sein.* Ferner bestünde die Möglichkeit, daß der alte Arbeitgeber die Personalakte und damit auch die in ihr enthaltenen Abmahnungen Dritten zugänglich mache. Dazu sei er allerdings ohne Zustimmung des Arbeitnehmers nicht berechtigt.

Zu Entfernungen von Abmahnungen aus der Personalakte gilt somit nach wie vor der Grundsatz, daß dem Arbeitnehmer die Möglichkeit bleibt, sich gegen benachteiligende Angaben in einem Zeugnis zu wenden – es ist jedoch durch das Bundesarbeitsgericht noch einmal deutlich gemacht worden, daß es Sonderfälle geben kann, die das Recht begründen können, das Entfernen von Abmahnungen aus den Personalakten zu verlangen und das auch noch nach Beendigung des Arbeitsverhältnisses.

### Verzicht auf eine Abmahnung

In Ausnahmefällen kann auf die Abmahnung verzichtet werden, wenn das Verhalten des Arbeitnehmers derartig schwerwiegend ist, daß eine Weiterbeschäftigung dem Arbeitgeber nicht zumutbar ist. Das gilt selbstverständlich bei strafrechtlichen Delikten wie Diebstahl, Unterschlagung oder Betrug. Auch Tätlichkeiten oder grobe Beleidigungen fallen hierunter.

## Gründe für eine ordentliche fristgemäße Kündigung

Der Arbeitnehmer kann im Rahmen der vereinbarten Kündigungsfrist seinerseits das Arbeitsverhältnis jederzeit kündigen. Die meisten Arbeitgeber werden das ohne weiteres verkraften.

Trotz der zusätzlichen Absicherungen, die für Arbeitnehmer heute mit Arbeitslosengeld und Arbeitslosenhilfe eingebaut sind, bedarf es des Schutzes der Arbeitnehmer bei Kündigungsfällen. Es sei allerdings dahingestellt, ob diese gesetzlichen Schutzvorschriften sich nicht vielfach auch zum Nachteil der Arbeitnehmer auswirken. Die strengen Kündigungsschutzvorschriften in Deutschland führen zusammen mit den hohen Lohnkosten auch dazu, daß es sich ein Arbeitgeber oft mehrfach überlegt, ob er wirklich jemanden für eine bestimmte Tätigkeit braucht. Andererseits sind die Schutzvorschriften nicht so streng, daß es ein Arbeitgeber nicht immer wieder fertiggebracht hätte, sich von einem Arbeitnehmer zu trennen, den er unbedingt los sein wollte. Wenn der Arbeitgeber bereit ist, manchmal nicht geringe Abfindungsbeträge zu bezahlen, nützt dem Arbeitnehmer auch das beste Kündigungsschutzrecht wenig.

Die Rechtsprechung unterscheidet im Rahmen der ordentlichen Kündigung personenbedingte, verhaltensbedingte und betriebsbedingte Gründe.

## Betriebsbedingte Gründe

Dringende betriebliche Bedürfnisse können zu einer berechtigten Kündigung des Arbeitsverhältnisses durch den Arbeitgeber führen. Die Gründe für diese Kündigung dürfen also nicht in der Person des Arbeitnehmers liegen, sie müssen ausschließlich auf erforderliche Veränderungen im Betriebsablauf, in der Organisation des Betriebes oder auch auf die wirtschaftliche Lage des Unternehmens zurückzuführen sein. Die eventuell eingeschalteten Arbeitsgerichte müssen prüfen, ob die Kündigung „billigenswert und angemessen" ist. Je nach Einstellung des Richters zu einem Arbeitgeber können dabei auch sehr unterschiedliche Wertungen herauskommen. Der Arbeitsrichter, der – überspitzt ausgedrückt – das Heil der Menschen darin sieht, daß der Kapitalismus und damit der freie Unternehmer abgeschafft werden müssen und der meint, der Arbeitnehmer sei grundsätzlich das ausgebeutete unterdrückte Wesen, wird selten betriebsbedingte Erfordernisse anerkennen können. Der Arbeitsrichter jedoch, der bereit ist, marktwirtschaftliche Prinzipien in sein Denken einströmen zu lassen, wird mehr einer objektiveren und gegebenenfalls auch betriebsfreundlicheren Entscheidung zuneigen. Grundsätzlich können aber Arbeitgeber davon ausgehen, daß betriebsbedingte Kündigungsgründe außerordentlich genau überprüft werden, daß der Sachvortrag für das Arbeitsgericht absolut in die Einzelheiten gehen muß und daß er es sehr schwer haben wird, letztendlich mit seinen betriebsbedingten Erfordernissen durchzukommen.

Zwar meinte das Bundesarbeitsgericht, „die Kündigungsgründe müssen so gewichtig sein, daß sie einen ruhig und verständig urteilenden Arbeitgeber zur Kündigung veranlassen würden," nur beurteilt den ruhig und verständig urteilenden Arbeitgeber nicht ein anderer ebenso ruhiger und verständig urteilender Arbeitgeber, sondern ein Arbeitsrichter, der möglicherweise außer seiner beamtenähnlichen

Tätigkeit noch nie die Arbeit in der Privatwirtschaft kennengelernt hat. Das Argument, das sich Richter dabei häufig zu eigen machen: Man müsse nicht Mörder sein, um als Richter einen Mordfall beurteilen zu können, geht hier an der Sache vorbei. Man muß sich in betriebliche Erfordernisse praktisch hineindenken können, wenn man wirklich zu einem objektiven Maßstab in der Abwägung der beiderseitigen Interessen kommen will und das setzt die Fähigkeit voraus, derartige betriebliche Strukturen zu erkennen. Nun werden Arbeitsrichter einwenden, daß sie ja auch schon in der „untersten Stufe", nämlich bei den Arbeitsgerichten, nicht allein entscheiden, sondern von zwei ehrenamtlichen Richtern – einem Arbeitgeber- und einem Arbeitnehmervertreter, die meist aus Firmen kommen und betriebliche Strukturen kennen – unterstützt würden. Auch dieses Argument kann nur begrenzt herangezogen werden. Die Arbeitnehmerseite wird bei den ehrenamtlichen Richtern vielfach von Gewerkschaftsfunktionären vertreten. Diese stellen häufig die vermeintlichen Interessen des Arbeitnehmers über diejenigen des Unternehmens, so daß wir auch hier wieder ein überzogenes Schutzbedürfnis für den Arbeitnehmer sehen können. Auch diese Arbeitnehmervertreter in den Kammern bzw. Senaten der Arbeitsgerichte lassen häufig den „ruhig und verständig urteilenden Arbeitgeber" bei ihrer eigenen Beurteilung vermissen.

Es gibt zahlreiche Gerichtsentscheidungen zur Problematik der betriebsbedingten Kündigung. Das Bundesarbeitsgericht hat unter anderem in einer Entscheidung aus dem Jahr 1987 (NZA 1987, 776) wiederholt:

„Organisatorische, technische und wirtschaftliche Unternehmerentscheidungen, die sich konkret nachteilig auf die Einsatzmöglichkeit des gekündigten Arbeitnehmers auswirken, unterliegen nur einer gerichtlichen Mißbrauchskontrolle dahin, ob sie offensichtlich unsachlich oder willkürlich sind. Ist eine ordentliche Kündigung „an sich" betriebsbedingt, dann kann sich die Interessenabwägung nur in seltenen Ausnahmefällen zugunsten des Arbeitnehmers auswirken. Aus der beschränkten Kontrolle der Unternehmerentscheidung folgt insbesondere auch, daß nicht zu prüfen ist, ob die vom Arbeitgeber aufgrund seiner Unternehmerentscheidung erwarteten Vorteile in einem ‚vernünftigen Verhältnis' zu den Nachteilen stehen, die der Arbeitnehmer durch die Kündigung erleidet."

Diese Grundsätze des Bundesarbeitsgerichts zur betriebsbedingten Kündigung lesen sich theoretisch ziemlich einfach, in der Praxis gibt es dazu allerdings ganz erhebliche Probleme. Deshalb mußte das Bundesarbeitsgericht 1978 zum Beispiel die „Darlegungslast des Arbeitgebers bei Kündigung wegen Umsatzrückgangs" besonders erläutern (NJW 1979, 1902):

Ein Maschinenbauingenieur war von einer Firma als Konstrukteur eingestellt worden und im Konstruktionsbüro der Firma tätig. Die Firma entwickelte und fertigte automatische Maschinen zur Glasbearbeitung. Einige Jahre danach ging der Umsatz der Firma gegenüber dem Vorjahr dramatisch um 16 Prozent zurück. Daraufhin kündigte sie dem Maschinenbauingenieur ordentlich und mit den vertraglichen Fristen. Dieser war in den letzten Monaten vor seiner Entlassung mit der Entwicklung einer Meß-, Sortier- und Packeinrichtung für Penicillinflaschen beschäftigt. Er erhob nun Feststellungsklage, daß das Arbeitsverhältnis durch die Kündigung nicht aufgelöst worden sei.

Die Firma ihrerseits berief sich auf den starken Umsatzrückgang und erklärte, sie habe bereits mehrere Kündigungen aussprechen müssen. Davor habe auch das Konstruktionsbüro nicht verschont bleiben können. Das Projekt, an dem der Kläger hauptsächlich gearbeitet habe, sei eingestellt worden. Es sei nicht möglich gewesen, den Kläger anderweitig einzusetzen. Ein Betrieb von der Größe dieser Firma könne nur dadurch den entsprechenden Gewinnverlust auffangen, daß einschneidende Rationalisierungsmaßnahmen vorgenommen würden. Deswegen habe sie unternehmerische Entscheidungen getroffen, die unbedingt erforderlich gewesen seien, um Bestand und Konkurrenzfähigkeit des Betriebes zu erhalten.

Das Landesarbeitsgericht hatte festgestellt, die Kündigung sei sozialwidrig. Dieser Meinung schloß sich auch das Bundesarbeitsgericht an, indem es feststellte, daß der Arbeitgeber ein dringendes betriebliches Erfordernis zur Kündigung nicht allein damit begründen könne, daß er vortrage, wegen eines Umsatzrückganges in bestimmter Höhe sei als „einschneidende Rationalisierungsmaßnahme" eine Verringerung des Personalbestands erforderlich. Er müsse vielmehr im einzelnen darlegen, ob sich unmittelbar durch den Umsatzrückgang oder durch eine Rationalisierungsmaßnahme der Arbeitsanfall und der Bedarf an Arbeitskräften verringert habe und wie sich die betriebliche Veränderung auf den Arbeitsplatz des gekündigten Arbeitnehmers auswirke.

Liest man den vom Bundesarbeitsgericht geschilderten Sachverhalt, der zum Kündigungsprozeß geführt hat, mehrmals durch, so kann man zumindest als Außenstehender nicht erkennen, was dieser Arbeitgeber in diesem speziellen Fall eigentlich sonst noch hätte vortragen sollen.

Das Bundesarbeitsgericht führt in der Entscheidung weiter aus, daß im Kündigungsschutzprozeß den Arbeitgeber in vollem Umfang die Darlegungs- und Beweislast dafür treffe, daß die Kündigung durch dringende betriebliche Erfordernisse bedingt sei, ohne daß eine andere Beschäftigung möglich oder zumutbar sei. „Wenn sich der Arbeitgeber auf ‚Umsatzrückgang', ‚Gewinnverlust' oder ‚einschneidende Rationalisierungsmaßnahmen' beruft, darf er sich nicht auf schlagwortartige Umschreibungen beschränken. Er muß seine tatsächlichen Angaben vielmehr so im einzelnen darlegen, daß sie vom Arbeitnehmer mit Gegentatsachen bestritten und vom Gericht überprüft werden können. Vom Arbeitgeber ist darüber hinaus insbesondere darzulegen, wie sich die von ihm behaupteten Umstände unmittelbar oder mittelbar auf den Arbeitsplatz des gekündigten Arbeitnehmers auswirken. Der Vortrag des Arbeitgebers muß erkennen lassen, ob durch eine innerbetriebliche Maßnahme oder einen außerbetrieblichen Anlaß der Arbeitsplatz des gekündigten Arbeitnehmers wegfällt oder ob hierdurch unmittelbar zwar ein anderer Arbeitnehmer betroffen wird, dieser aber aus betrieblichen oder persönlichen Gründen auf den Arbeitsplatz oder in die Abteilung des gekündigten Arbeitnehmers versetzt werden soll."

Ein Umsatzrückgang könne dann eine betriebsbedingte Kündigung rechtfertigen, wenn dadurch der Arbeitsanfall so zurückgehe, daß für einen oder mehrere Arbeitnehmer das Bedürfnis zur Weiterbeschäftigung entfalle. Gewinnverfall oder Unrentabilität des Betriebes führten nicht ohne weiteres zu dringenden betrieblichen Erfordernissen, weil sie auf den verschiedensten Gründen beruhen können und sich nicht unmittelbar auf die Arbeitsplätze auswirkten. Diese außerbetrieblichen Umstände könnten aber eine betriebsbedingte Kündigung dann rechtfertigen, wenn sie der Arbeitgeber zum Anlaß nimmt, zum Zwecke der Kostenersparnis durch Rationalisierungsmaßnahmen innerbetriebliche Veränderungen durchzuführen, durch die die Zahl der Arbeitsplätze verringert wird, oder wenn für den Arbeitgeber keine Möglichkeit bestehe, durch andere Maßnahmen als durch eine Änderung der Vertragsbedingungen des Arbeitnehmers die Kosten zu senken.

Bereits in einer Entscheidung aus dem Jahr 1977 (NJW 1981, 301) vollzog das Bundesarbeitsgericht wieder einen Schwenk zugunsten der Arbeitgeber. Es stellte fest, daß Unternehmerentscheidungen auch ihren Sinn haben können, so daß diese nur ausnahmsweise gerichtlicher Kontrolle unterliegen sollen und auch nur dann kontrollierbar seien, wenn sie offensichtlich unsachlich, unvernünftig oder willkürlich sind.

In diesem Fall hatte ein bei einer Tochtergesellschaft eines ausländischen Unternehmens beschäftigter Betriebswirt die Stelle eines Verkaufsleiters im Innendienst erhalten. Bei einem Umsatz von 21,4 Mio. DM erlitt die Firma einen Verlust von 2,1 Mio. DM. Das Jahr darauf verringerte sich zwar der Verlust auf 1,2 Mio. DM. Wegen der zwar verringerten, aber noch anhaltenden Verluste entschloß sich die Gesellschaft zu einer Umorganisation des Produktions- und des Vertriebsbereiches. Unter anderem wurde im Geschäftsbereich Vertrieb der von diesem Betriebswirt geleitete Arbeitsbereich Auftragsabwicklung Inland wieder mit dem von einem anderen Angestellten geleiteten Arbeitsbereich Auftragsabwicklung/Export zusammengelegt und deshalb das Arbeitsverhältnis des Betriebswirts gekündigt.

In diesem Falle waren sich alle arbeitsgerichtlichen Instanzen einig. Sie gestanden dem Verkaufsleiter keinen Kündigungsschutz zu. Die Firma hatte ihre dringenden betrieblichen Erfordernisse für die Kündigung hinreichend dargelegt. Das Bundesarbeitsgericht stellte fest, daß außerbetriebliche Gründe, wie zum Beispiel Auftragsmangel oder Umsatzrückgang dann eine betriebsbedingte Kündigung rechtfertigen könnten, wenn der Arbeitsanfall so zurückgehe, daß das Bedürfnis zur Weiterbeschäftigung für einen oder mehrere Arbeitnehmer entfalle. Bei einem so begründeten dringenden betrieblichen Erfordernis müsse der Arbeitgeber sowohl die Entwicklung der Umsatzzahlen oder der Auftragsbestände als auch deren unmittelbare Auswirkung auf den Arbeitsplatz im einzelnen darlegen. Von diesen außerbetrieblichen Kündigungsgründen seien andere betriebliche Umstände, wie zum Beispiel Gewinnverfall oder Unrentabilität des Betriebes zu unterscheiden, die nicht ohne weiteres dringende betriebliche Erfordernisse begründeten, weil sie sich nicht unmittelbar durch eine Verringerung der anfallenden Aufgaben auf die einzelnen Arbeitsplätze auswirkten. Sie könnten vielmehr nur dann, dann aber aus innerbetrieblichen Gründen, eine oder mehrere Kündigungen rechtfertigen, wenn der Arbeitgeber die Ertragslage zum Anlaß nähme, die Zahl der Arbeitsplätze zu verringern, um durch technische oder organisatorische innerbetriebliche Maßnahmen Kosten zu sparen oder das Betriebsergebnis zu verbessern. Für die Kündigung des Klägers sei nicht der anhaltende Betriebsverlust maßgeblich gewesen, sondern die durchgeführte Umorganisation im Bereich der vorübergehend getrennten und dann wieder unter einer einheitlichen Leitung zusammengefaßten Auftragsabwicklung Inland und Ausland. Da nur zu prüfen sei, ob die unternehmerische Entscheidung offenbar unsachlich, unvernünftig oder willkürlich sei und da der Arbeitnehmer darzulegen und zu beweisen habe, daß ein Rechtsmißbrauch vorliege, sei hier der Kündigung stattzugeben gewesen. Für ein rechtsmißbräuchliches Verhalten habe der Arbeitnehmer nichts vorgetragen.

„Ist die Kündigung wegen einer bindenden Unternehmerentscheidung ‚an sich' betriebsbedingt, so wird eine – zumeist nur vorübergehende – Weiterbeschäftigung dem Arbeitgeber überdies nur in einem seltenen Ausnahmefall, etwa dann zuzumuten sein, wenn der Arbeitnehmer aufgrund schwerwiegender persönlicher Umstände besonders schutzbedürftig ist." Auf einen solchen Härtefall könne sich der Kläger schon mit Rücksicht auf seine verhältnismäßig kurze Betriebszugehörigkeit und sein Lebensalter nicht berufen.

Auch in einer Entscheidung aus dem Jahr 1990 ging es beim Bundesarbeitsgericht (NJW 1991, 587) um den Wegfall des bisherigen Arbeitsgebietes eines Arbeitnehmers:

Dieser war Sachbearbeiter für Steuerfragen bei der beklagten Firma. Er hatte ein betriebswirtschaftliches Studium abgeschlossen mit den Schwerpunkten betriebswirtschaftliche Steuerlehre und internationales Steuerrecht. Seine Diplomprüfung hatte er mit der Note „gut" bestanden. In der beklagten Firma war er in der Steuerabteilung tätig, die als Hauptabteilung organisiert war. Sie war untergliedert in zwei Abteilungen, eine Abteilung Bilanzsteuerrecht und Ertragsteuer sowie eine weitere andere Abteilung „KSV". In der Abteilung Bilanzsteuerrecht und Ertragsteuer bearbeitete der Diplom-Kaufmann den Bereich des Auslandsteuerrechts. In der gleichen Abteilung arbeitete ein in der Finanzverwaltung ausgebildeter Diplom-Finanzwirt. Unmittelbarer Vorgesetzter der beiden Sachbearbeiter war der Direktor, der nun in den Vorruhestand trat. Daraufhin wurde der Diplom-Finanzwirt neuer Leiter der Abteilung Bilanzsteuerrecht und Ertragsteuern. Nachdem nun der Aufsichtsrat der Firma einen Plan beschlossen hatte, der eine Personalreduzierung um etwa 28 Prozent vorsah, schloß die Firma mit dem Gesamtbetriebsrat eine als Beschäftigungsplan/Interessenausgleich/Sozialplan bezeichnete Vereinbarung, in der unter anderem „als letztes Mittel" betriebsbedingte Kündigungen mit Abfindungszahlungen vorgesehen waren. In diesem Zusammenhang kündigte die Firma das Arbeitsverhältnis des Diplom-Kaufmanns unter Berufung auf dringende betriebliche Erfordernisse. Der Betriebsrat stimmte der Kündigung zu: Der Diplom-Kaufmann erhob Kündigungsschutzklage, allerdings letztendlich ohne Erfolg. Das Bundesarbeitsgericht stellte wiederum fest, daß eine Kündigung aus innerbetrieblichen Gründen gerechtfertigt sei, wenn sich der Arbeitgeber im Unternehmensbereich zu einer organisatorischen Maßnahme entschließe, bei deren innerbetrieblicher Umsetzung das Bedürfnis für die Weiterbeschäftigung eines oder mehrerer Arbeitnehmer entfalle. *Vom Gericht voll nachzuprüfen sei, ob eine solche unternehmerische Entscheidung tatsächlich vorliege und durch ihre Umsetzung das Beschäftigungsbedürfnis für einzelne Arbeitnehmer entfallen sei.* Dagegen sei die Unternehmerentscheidung selbst nicht auf ihre sachliche Rechtfertigung oder ihre Zweckmäßigkeit zu überprüfen, sondern nur darauf, ob sie offenbar unvernünftig oder willkürlich sei.

Die Übertragung der bei der Beklagten noch anfallenden Arbeiten aus dem früheren Aufgabenbereich des Klägers auf ausländische Rechtsanwälte und Steuerberater stelle den Vollzug einer unternehmerischen Entscheidung dar, deren Zweckmäßigkeit gerichtlich nicht nachzuprüfen sei. Anhaltspunkte dafür, daß diese Maßnahme offenbar unsachlich, unvernünftig oder willkürlich sei, seien nicht ersichtlich.

Nach Meinung des Bundesarbeitsgerichts muß der Arbeitnehmer nicht nur erklären, daß eine andere Beschäftigung möglich oder zumutbar wäre, wenn er sich darauf beruft, wie er sich eine anderweitige Beschäftigung vorstellt. Der Arbeitgeber sei dann seinerseits gehalten, eingehend zu erläutern, aus welchen Gründen eine Umsetzung nicht möglich gewesen wäre. Die Möglichkeit einer anderweitigen Beschäftigung in demselben Betrieb setzt zunächst das Vorhandensein eines „freien" Arbeitsplatzes voraus. Als frei seien solche Arbeitsplätze anzusehen, die zum Zeitpunkt des Zugangs der Kündigung unbesetzt seien. Der Arbeitgeber sei ferner zu einer Weiterbeschäftigung des Arbeitnehmers auf einem anderen freien vergleichbaren (gleichwertigen) Arbeitsplatz oder auf einem freien Arbeitsplatz zu geänderten (schlechteren) Arbeitsbedingungen verpflichtet. Eine Verpflichtung des Arbeitgebers dagegen, dem Arbeitnehmer einen freien Arbeitsplatz zu besseren Bedingungen als bisher anzubieten, gebe es nicht.

Bereits in einer Entscheidung aus dem Jahr 1977 machte das Bundesarbeitsgericht deutlich, daß der Arbeitgeber in der

Regel nicht verpflichtet ist, nur für den Zweck einer anderweitigen Weiterbeschäftigung eines Arbeitnehmers einen neuen Arbeitsplatz zu schaffen (NJW 1977, 1846):

In diesem Fall hatte die Firma dem Arbeitnehmer wegen Schwierigkeiten in der Zusammenarbeit gekündigt, weil sein Arbeitsplatz als Exportleiter weggefallen sei. Der Arbeitnehmer hatte in seiner Kündigungsschutzklage mehrere Arbeitsgebiete aufgezeigt, für die er nach seiner Auffassung geeignet war. Die kündigende Firma hatte hierzu im einzelnen Stellung genommen und vorgetragen, die vom Kläger angesprochenen Stellen bestünden entweder nicht oder sollten auch nicht geschaffen werden oder seien durch andere Arbeitnehmer besetzt gewesen. Beide Vorinstanzen waren offensichtlich der Meinung, der klagende Arbeitnehmer könne auf einen erst zu schaffenden neuen Arbeitsplatz versetzt werden und insoweit gäbe es auch eine Verpflichtung des Arbeitgebers, diese künftigen Arbeitsplätze einzurichten. Das Bundesarbeitsgericht teilte diese Meinung jedoch nicht.

**Umgestaltung des Arbeitsablaufs des Arbeitgebers/ Verlagerung auf andere Abteilungen**

Auch 1995 mußte sich das Bundesarbeitsgericht wieder mit einigen Fällen der betriebsbedingten Kündigung befassen. Es stellte fest, daß die Umgestaltung des Arbeitsablaufs des Arbeitgebers und die Verlagerung bestimmter Arbeiten in eine andere Betriebsabteilung nicht zur betriebsbedingten Kündigung führen kann, wenn die bisherigen Arbeitsplatzinhaber zur Erledigung dieser Arbeiten persönlich und fachlich geeignet sind (DB 1995, 1285).

In einem anderen Fall bestätigte das Bundesarbeitsgericht, daß es eine betriebsbedingte Kündigung nicht als gerechtfertigt ansieht, wenn der Arbeitnehmer beim Auslaufen der Kündigungsfrist in demselben Betrieb auf einem anderen freien Arbeitsplatz weiterbeschäftigt werden kann. Das gleiche gelte auch, wenn in absehbarer Zeit nach Ablauf der Kündigungsfrist ein Arbeitsplatz frei werde, sofern die Überbrückung dieses Zeitraums dem Arbeitgeber zumutbar sei (NJW 1995, 1982).

Eine Sozialauswahl ist betriebsbezogen und nicht nur etwa abteilungsbezogen vorzunehmen. Das Bundesarbeitsgericht stellte deshalb schon 1994 fest, daß dann, wenn mehrere Unternehmen einen Gemeinschaftsbetrieb betreiben, die soziale Auswahl im gesamten Betrieb und insoweit unternehmensübergreifend zu erfolgen hat (NJW 1994, 3371).

Auf jeden Fall ist festzuhalten, daß bei einer betriebsbedingten Kündigung den Arbeitgeber eine umfassende Prüfungs- und Darlegungspflicht trifft, insbesondere auch hinsichtlich der Frage, ob der Arbeitnehmer auf einen anderen Platz hätte versetzt werden können. Allerdings muß im Kündigungsschutzprozeß der Arbeitnehmer auch im einzelnen aufzeigen, welche Versetzungsmöglichkeiten seiner Meinung nach gegeben gewesen wären, inwieweit er für den jeweiligen angegebenen Posten geeignet gewesen wäre und warum es sich dabei um eine freie oder frei werdende Stelle handle. Nur dann ist auch der Arbeitgeber verpflichtet, sich insoweit auf eine Diskussion vor dem Arbeitsgericht einzulassen. Trägt der Arbeitnehmer vor, er habe zwar nicht die Kenntnisse für einen bestimmten Posten, könne sie sich aber im Rahmen von Umschulungsmaßnahmen und einer entsprechenden Einarbeitungszeit aneignen, so kann der Arbeitgeber auch verpflichtet sein, die Kosten hierfür zu übernehmen.

Bei großen Firmen und internationalen Konzernen wird die Prüfung, ob dem Arbeitnehmer ein anderer Arbeitsplatz angeboten werden kann, ob er also versetzt werden müßte, bevor man ihm betriebsbedingt kündigt, ein weitaus größeres Problem darstellen als in kleinen und mittleren Firmen.

In diesen sind Versetzungsmöglichkeiten in andere Betriebsbereiche nicht oder nur selten gegeben.

## Soziale Auswahl

Bei der betriebsbedingten Kündigung ist im übrigen die soziale Auswahl für die rechtfertigenden Umstände der Kündigung erheblich umfassender. Sobald feststeht, daß wirkliche dringende betriebliche Erfordernisse für die Kündigung überhaupt vorhanden sind, ist gründlich abzuwägen, welcher Arbeitnehmer tatsächlich gekündigt werden soll. Es muß für die Kündigung der Arbeitnehmer gesucht werden, der nach seinen Sozialdaten am wenigsten schutzwürdig ist.

Wie hat nun diese soziale Auswahl zu erfolgen? Das Kündigungsschutzgesetz stellt bereits einige Kriterien auf, zum Beispiel Dauer der Betriebszugehörigkeit, Lebensalter, bestehende Unterhaltsverpflichtungen, Einkünfte anderer Familienangehöriger, Vorhandensein von Vermögen oder von Schulden, aber auch der Gesundheitszustand des Arbeitnehmers und andere arbeitsmarktpolitische Erwägungen sind zu berücksichtigen. Grundsätzlich ist jedoch eine umfassende Interessenabwägung für den jeweiligen Einzelfall durchzuführen.

Immer wieder wurden sogenannte Punktesysteme für die soziale Auswahl erarbeitet und den Arbeitgebern vorgelegt, damit diese die Möglichkeit haben sollten, bei einer Kündigung einigermaßen sicherzugehen, daß diese nicht wegen Sozialwidrigkeit wieder aufgehoben würde.

Das Bundesarbeitsgericht lehnte jedoch diese Punktesysteme ab, weil sie der Würdigung des jeweiligen Einzelfalls entgegenstünden (NJW 1984, 78). In der hier zitierten Entscheidung war der Streitpunkt die soziale Rechtfertigung einer ordentlichen Kündigung:

Die Klägerin arbeitete bei der Beklagten als Ringspinnerin damals zu einem Brutto-Stundenlohn von zuletzt 12,25 DM.

Sie war verheiratet und zum Zeitpunkt der Kündigung einem 14 und einem 17 Jahre alten Kind unterhaltspflichtig. Der Ehemann erzielte als Arbeiter ein monatliches Nettoeinkommen von ca. 1350,– DM. Im Haushalt der Klägerin lebte außerdem noch deren aus Altersgründen nicht mehr erwerbstätige Mutter. Die Beklagte beschäftigte insgesamt 32 Ringspinnerinnen beziehungsweise Ringspinner. Infolge sinkender Nachfrage reduzierte sie ihre Produktion um ca. 13,5 Prozent, indem sie die Laufgeschwindigkeit der Spinnmaschinen drosselte. Nach Zustimmung des Betriebsrats sprach sie gegenüber der Klägerin und zwei weiteren Arbeitnehmern die ordentliche Kündigung aus; ein Arbeitnehmer wurde in die sogenannte Personalreserve übernommen. Die Beklagte verwies in ihrem Kündigungsschreiben auf betriebsbedingte Gründe, aber auch auf hohe Fehlzeiten. Diese seien allerdings nicht Gegenstand der betriebsbedingten Kündigung gewesen, sondern nur im Rahmen der sozialen Auswahl berücksichtigt worden. Die Hauptfehlzeit war allerdings auf eine Harnblasenoperation der Klägerin zurückzuführen. Das Versorgungsamt stellte im übrigen bei der Klägerin rückwirkend die Schwerbehinderteneigenschaft mit einer Minderung der Erwerbsfähigkeit von 50 Prozent fest. Die Klägerin beanstandete nun die soziale Auswahl der Beklagten. Sie meinte, eine um vier Jahre jüngere Mitarbeiterin sei sozial weniger schutzwürdig als sie. Das Landesarbeitsgericht hielt aufgrund eines Punktesystems wiederum einen ganz anderen Arbeitnehmer für weniger schutzwürdig als die Klägerin.

Die Problematik der Schwerbehinderteneigenschaft soll hier außer acht gelassen werden. Es geht hier ausschließlich um die Frage der Sozialwidrigkeit der Kündigung. Die betrieblichen Erfordernisse für eine Kündigung wurden von den Gerichten bejaht. Das Bundesarbeitsgericht wies aber darauf hin, daß das Gericht nicht einfach von sich aus einen anderen Arbeitnehmer bei der Frage der Sozialwidrigkeit in seine Überlegungen einbeziehen könne, wenn nicht einmal die Klägerin sich darauf berufen habe. Die darlegungspflichtige Partei entscheide allein darüber, welchen Tatsachenstoff sie dem Gericht unterbreiten wolle, was sie nicht vorgebracht habe, dürfe das Gericht grundsätzlich nicht berücksichtigen.

Der Arbeitgeber muß dem Arbeitnehmer auf Verlangen die Gründe angeben, die zu der getroffenen sozialen Auswahl geführt haben. Diese Auskunftserteilung hat den Zweck, es dem Arbeitnehmer zu ermöglichen, die Erfolgsaussichten seines Kündigungsschutzprozesses abzuschätzen. Es kann vom Arbeitgeber aber nicht verlangt werden, daß er eine vollständige Auflistung der Sozialdaten aller objektiv vergleichbaren Arbeitnehmer seines Betriebes vorlegt. Der Arbeitgeber hat deshalb nur Angaben darüber zu machen, welche Arbeitnehmer seiner Meinung nach zum auswahlrelevanten Personenkreis gehören und zwar unter Angabe der Auswahlkriterien, zu denen in erster Linie Lebensalter, Dauer der Betriebszugehörigkeit und Unterhaltsverpflichtungen zählen. *Er muß außerdem angeben, nach welchen Bewertungsmaßstäben er die soziale Auswahl vorgenommen hat.*

Das Bundesarbeitsgericht stellte fest, daß das Urteil des Landesarbeitsgerichts auf einer Verletzung des Kündigungsschutzgesetzes beruhe, weil es die soziale Auswahl mit Hilfe eines Punkteschemas überprüft habe und aus diesem Grunde die erforderliche Feststellung und Abwägung der konkreten Schutzbedürftigkeit der Klägerin und der an sich vergleichbaren Arbeiterin U. unterblieben sei. Das Kündigungsschutzgesetz enthalte keinen Katalog für die bei einer betriebsbedingten Kündigung erheblichen Sozialdaten. Daher seien alle sozial beachtenswerten Umstände in die soziale Auswahl und entsprechend auch bei deren Überprüfung einzubeziehen. Dazu gehörten beispielsweise das Lebensalter, die Dauer der Betriebszugehörigkeit und die

Unterhaltsverpflichtungen. Hinzutreten könnten beispielsweise der Gesundheitszustand des Arbeitnehmers oder eines Familienangehörigen, die Vermittelbarkeit auf dem Arbeitsmarkt, besondere Schutzrechte, die sich aus einer Schwerbehinderung oder Schwangerschaft ergäben, auch die Einkünfte anderer Familienangehöriger. Gerichtliche Punkteschemata seien deshalb zur Überprüfung der sozialen Auswahl ungeeignet, weil sie das Gewicht der Auswahlkriterien festschrieben, wo nicht einmal unter den Richtern der Arbeitsgerichtsbarkeit eines Bundeslandes über deren Gewichtung Einigkeit bestehe. Noch entscheidender sei aber, daß das Gewicht der verschiedenen Sozialdaten nicht unveränderlich feststehe, sondern unter anderem von der industriellen, arbeitsmarktpolitischen, wirtschaftlichen und sozialpolitischen Entwicklung abhänge. Darauf habe die Rechtsprechung Rücksicht zu nehmen. Wenn das Bundesarbeitsgericht in früheren Urteilen das Lebensalter für die soziale Schutzbedürftigkeit für entscheidend hielt, so könnten diese Entscheidungen nur vor dem Hintergrund der damals bestehenden Hochkonjunktur verstanden werden, in der es regelmäßig nur die alten, im Arbeitsprozeß verbrauchten Arbeitnehmer schwer hatten, einen neuen Arbeitsplatz zu finden. Von der heutigen Massenarbeitslosigkeit seien dagegen auch sehr viele jüngere Arbeitnehmer betroffen. Daher habe das Auswahlkriterium des Lebensalters an Bedeutung verloren.

Das Bundesarbeitsgericht verwies den Rechtsstreit an das Landesarbeitsgericht zurück, damit dort die angegebenen Sozialdaten noch einmal überprüft werden könnten. Es stellte aber schon fest, daß bezüglich der Klägerin und der von ihr benannten Kollegin beim Lebensalter und der Betriebszugehörigkeit keine wesentlichen Unterschiede bestünden. Ob sich aus den Unterhaltsverpflichtungen eine unterschiedliche soziale Schutzbedürftigkeit ergebe, sei aufgrund der konkreten Umstände zu prüfen. Die Kollegin U.

habe zwar ein Kind mehr zu versorgen, andererseits besuchten aber die beiden Kinder der Klägerin eine weiterführende Schule, woraus sich größere und längerfristige Belastungen ergeben könnten. Die Schwerbehinderung der Klägerin gebe nicht automatisch den Ausschlag zu ihren Gunsten. Es müsse vielmehr festgestellt werden, welche konkreten Auswirkungen die Behinderung habe, etwa wie sie sich auf die Vermittelbarkeit der Klägerin auf dem Arbeitsmarkt auswirke.

Wenn Sie alle diese Einzelzeiten lesen, werden Sie feststellen, daß die Frage der sozialen Auswahl oft nicht leicht zu treffen sein wird. Vielfach wird der Arbeitgeber die soziale Situation seiner Arbeitnehmer so genau gar nicht kennen, wie sie von ihm vorgetragen werden muß. Um wirklich eine genaue soziale Auswahl für die Kündigung treffen zu können, müßte er sich somit alle scheinbaren oder auch tatsächlich vergleichbaren Arbeitnehmer in das Personalbüro holen und nach vielen Einzelheiten befragen; Einzelheiten, zu deren Auskunftserteilung nicht alle Arbeitnehmer bereit sein werden. Die soziale Auswahl gehört damit zum Schwierigsten, dem sich Arbeitgeber unterziehen müssen.

In einer Entscheidung aus dem Jahr 1990 zeigte sich das Bundesarbeitsgericht allerdings nicht mehr so negativ zu einem Punkteschema eingestellt (BB 1990, 1274):

In diesem Fall hatte die beklagte Firma eine generelle Personalreduzierung vorgenommen und hierüber mit dem Gesamtbetriebsrat einen Interessenausgleich/Sozialplan abgeschlossen, der unter anderem die Möglichkeit betriebsbedingter Kündigungen nach einem Punkteschema vorsah, das Alter, Betriebszugehörigkeit und Unterhaltsverpflichtungen berücksichtigte. Außerdem war vorgesehen, daß die für eine Kündigung vorgesehenen Arbeitnehmer noch einer abschließenden Einzelfallbetrachtung unterzogen werden sollten, wobei geprüft werden sollte, ob im Einzelfall besondere soziale Härten vorliegen. Der dann letztendlich gekündigte Arbeitnehmer sah die dabei getroffene Sozialauswahl als fehlerhaft an, eine Meinung, die die Richter am Arbeitsgericht nicht teilten, während die Richter am Landesarbeitsgericht dem gekündigten Arbeitnehmer Recht gaben. Das Bundesarbeitsgericht hob diese Entscheidung wieder auf und verwies den Rechtsstreit zur weiteren Aufklärung an das Landesarbeitsgericht zurück. Es stellte fest, daß die Betriebspartner in einem Interessenausgleich/Sozialplan die sozialen Gesichtspunkte bei der Vorauswahl von Arbeitnehmern im Falle betriebsbedingter Kündigungen auch mit Hilfe eines Punkteschemas bewerten könnten. Bei der Festlegung der Punktewerte der Auswahlkriterien (Alter, Betriebszugehörigkeit, Unterhaltsverpflichtungen) stehe den Betriebspartnern zur Ausfüllung des Begriffs „ausreichende soziale Gesichtspunkte", ein Beurteilungsspielraum zu. Dieser ist noch gewahrt, wenn Alter und Betriebszugehörigkeit im wesentlichen gleich bewertet werden. Zur Vermeidung von unbilligen Härten, die die Anwendung jeden Schemas mit sich bringen kann, muß im Anschluß an die Vorauswahl aufgrund der Punktetabelle eine individuelle Abschlußprüfung der Auswahl stattfinden.

Die von den Betriebspartnern im Sozialplan aufgestellten Auswahlkriterien beziehungsweise das Punktesystem sahen wie folgt aus:

| | |
|---|---|
| *1. Betriebszugehörigkeit* | |
| bis 10 Dienstjahre je Dienstjahr | 1 Punkte |
| ab dem 11. Dienstjahr je Dienstjahr | 2 Punkte |
| es werden nur Zeiten der Betriebszugehörigkeit bis zum vollendeten 55. Lebensjahr berücksichtigt, das heißt, es sind maximal möglich | 70 Punkte |
| *2. Lebensalter* | |
| für jedes vollendete Lebensjahr | 1 Punkte |
| möglich maximal | 55 Punkte |

3. *Unterhaltspflichten*

| | |
|---|---|
| verheiratete Arbeitnehmer | 8 Punkte |
| und jedes Kind | 4 Punkte |

Das Bundesarbeitsgericht stellte fest, daß gegen die Bewertung im vorliegenden Interessenausgleich/Sozialplan keine grundsätzlichen Bedenken bestünden. Die aufgrund der Beschäftigungsdauer erzielbare Punktezahl könne durch ein hohes Lebensalter durchaus wieder ausgewogen werden; eine etwas stärkere Gewichtung der Beschäftigungsdauer trete bei vergleichbaren Arbeitnehmern nur dann ein, wenn diese auf der Grundlage ihrer übrigen Sozialdaten gleich schutzwürdig seien. Eine Verletzung des den Betriebspartnern zustehenden Bewertungsspielraums liege insoweit insbesondere deswegen nicht vor, weil sie nicht nur eine formalisierte Vorauswahl, sondern zur Vermeidung von Härtefällen eine „endgültige Auswahl" vorgesehen hätten, bei der weitere individuelle Umstände der zu vergleichenden Arbeitnehmer zu berücksichtigen seien.

Besonders hervorzuheben ist, daß betriebliche Belange im Rahmen der sozialen Auswahl nicht geprüft werden dürfen. Wenn zum Beispiel wie in dem vorher geschilderten Fall eine Arbeitnehmerin lange Fehlzeiten aufzuweisen hat, so ist diese Tatsache bei der sozialen Auswahl überhaupt nicht zu berücksichtigen.

## Personenbedingte Gründe

Neben dem wichtigen Kriterium der betriebsbedingten Kündigung können Kündigungsgründe auch ausschließlich in der Person des zu kündigenden Arbeitnehmers liegen. Personenbedingt sind Gründe, die ausschließlich in der Persönlichkeit des Arbeitnehmers selbst, in seinen Eigenschaften und Fähigkeiten zu finden sind, wobei zum wichtigsten Kriterium der personenbedingten Kündigung Erkrankungen des Arbeitnehmers gehören, die seine Verwendbarkeit erheblich einschränken.

Die soziale Auswahl kann natürlich bei der personenbedingten Kündigung nur eine völlig untergeordnete Rolle spielen. Sie ist dann gerechtfertigt, wenn die personenbedingten Gründe auch wirklich die Kündigung rechtfertigen. Dabei sind die Interessen des Arbeitnehmers und des Betriebes sorgfältig miteinander abzuwägen.

Soweit die personenbedingten Gründe sich auf die Eigenschaften beziehungsweise Fähigkeiten des Arbeitnehmers beziehen, ist vor einer Kündigung immer gründlich zu prüfen, ob der Arbeitnehmer nicht auf einen anderen, seinen Fähigkeiten besser entsprechenden Arbeitsplatz versetzt werden kann.

Vielfach werden die personen- und verhaltensbedingten Kündigungsgründe, die nachfolgend erörtert werden sollen, nicht scharf zu trennen sein. Wenn auch die Rechtsprechung versucht hat, hier genauere Abgrenzungen zu verdeutlichen, dürften gleichwohl die Kündigungsgründe oft auf sogenannte Mischtatbestände zurückzuführen sein.

Nach einer Entscheidung des Bundesarbeitsgerichts aus dem Jahr 1985 (NZA 1986, 713) richtet sich der Prüfungsmaßstab bei einer Kündigung wegen eines Mischtatbestandes in erster Linie danach, aus welchem der im Gesetz genannten Bereiche die Störung kommt, die sich auf das Arbeitsverhältnis nachteilig auswirkt.

Eindeutig personenbedingt ist die Frage, ob der Arbeitnehmer für die Ausübung seiner Tätigkeit bestimmte Berufskenntnisse, Zulassungserfordernisse oder auch eine Arbeitserlaubnis benötigt. Fehlen derartige persönlich bedingte Voraussetzungen oder fallen sie nachträglich weg, so kann das berechtigt zu einer personenbedingten Kündigung führen.

## Krankheitsfall

Der wichtigste personenbedingte Kündigungsgrund – sofern er tatsächlich als solcher anzusehen ist – ist die Kündigung im Krankheitsfall. Arbeitnehmer vertreten häufig die fehlerhafte Meinung, sie könnten während einer Erkrankung nicht gekündigt werden. Das Kündigungsrecht des Arbeitgebers hat jedoch mit dem Zeitpunkt der Erkrankung nichts zu tun. Eine Krankheit als solche kann grundsätzlich nicht zu einer Kündigung führen. Auch häufige Krankheitszeiten haben damit nichts zu tun. Der Arbeitgeber ist aufgefordert, solche Krankheitszeiten durch Überstunden anderer Arbeitnehmer oder durch Einstellung von Ersatzkräften zu überbrücken. Nur wenn durch die Krankheit auch betriebliche Interessen unzumutbar beeinträchtigt sind, kann darin ein personenbedingter Kündigungsgrund gesehen werden. Dabei muß unterschieden werden, ob es sich um eine lang anhaltende Krankheit oder häufige Kurzerkrankungen handelt, oder ob erhebliche Leistungsminderungen krankheitsbedingt sind.

1980 hatte sich das Bundesarbeitsgericht mit einer Kündigung wegen langanhaltender Krankheit zu befassen (NJW 1981, 298):

In diesem Fall war der Arbeitnehmer und Kläger seit 1968 bei der Beklagten als Straßenbauhilfsarbeiter tätig. 1976 erlitt er in seinem landwirtschaftlichen Nebenerwerbsbetrieb einen Unfall. Er war deswegen bis 1978 arbeitsunfähig erkrankt. Im April 1977 kündigte die Beklagte das Arbeitsverhältnis nach Anhörung des Betriebsrats unter Einhaltung der tariflichen Kündigungsfrist ordentlich zum 31. 5. 1977. Die Beklagte hielt die Kündigungsschutzklage sowohl aus betriebsbedingten als auch aus personenbedingten Gründen für sozial gerechtfertigt. Das Bundesarbeitsgericht verweist in einer Entscheidung zunächst auf die früher schon aufgestellten wesentlichen Grundsätze:

„Der Arbeitgeber ist aufgrund seiner Fürsorgepflicht gehalten, sich genaue Unterlagen über den voraussichtlichen Verlauf einer Krankheit des Arbeitnehmers und über ihre Einwirkung auf den Betrieb zu verschaffen, bevor er aus Anlaß der Krankheit das Arbeitsverhältnis kündigt. Für die soziale Rechtfertigung einer derartigen Kündigung kommt es auf die Verhältnisse im Zeitpunkt der Kündigung an. Ist zu diesem Zeitpunkt die Wiederherstellung des Arbeitnehmers nicht abzusehen und wird aus betrieblichen Gründen eine Wiederbesetzung des Arbeitsplatzes notwendig, so kann eine ordentliche Kündigung in Betracht kommen. Im Bereich der Interessenabwägung sind dabei strenge Anforderungen an die soziale Rechtfertigung der Kündigung zu stellen. Bei der Prüfung der sozialen Rechtfertigung einer aus Anlaß einer Dauererkrankung ausgesprochenen ordentlichen Kündigung ist der allgemein im Kündigungsschutzrecht geltende Grundsatz der Verhältnismäßigkeit zu beachten. Dieser besagt, daß eine Beendigungskündigung, gleichgültig ob sie auf betriebs-, personen- oder verhaltensbedingte Gründe gestützt ist, und gleichgültig ob sie als ordentliche oder außerordentliche Kündigung ausgesprochen wird, als äußerstes Mittel erst in Betracht kommt, wenn keine Möglichkeit zu einer anderweitigen Beschäftigung, unter Umständen auch mit schlechteren Arbeitsbedingungen, besteht. Im Fall einer langanhaltenden Erkrankung eines Arbeitnehmers folgt aus dem Grundsatz der Verhältnismäßigkeit, daß der Arbeitgeber zunächst durch zumutbare anderweitige Maßnahmen (zum Beispiel Einstellung einer Aushilfskraft, vorübergehende Umorganisation, zeitweilige Organisationsänderungen im Arbeitsablauf, vorübergehende Einführung von Über- oder Mehrarbeit) die Zeit eines krankheitsbedingten Arbeitsausfalles zu überbrücken hat. Weder das Vorliegen einer langanhaltenden krankheitsbedingten Arbeitsunfähigkeit noch der Umstand, daß vom Arbeitgeber die voraussichtliche Dauer der Arbeitsunfähigkeit nicht voraussehbar sei, seien für sich allein geeignet, eine krankheitsbedingte Kündigung sozial zu rechtfertigen. Nur wenn die zeitliche Ungewißheit der Wiederherstellung des Arbeitnehmers unzumutbare betriebliche Auswirkungen zur Folge habe, könne eine ordentliche Kündigung in Betracht kommen. Die vom Arbeitgeber nach objektiven Kriterien vorzunehmende Zukunftsprognose sei dabei stets unter dem Gesichtspunkt der Auswirkungen auf den Betrieb vorzunehmen. Ergebe die Zukunftsprognose, daß die Gesundheit des Arbeitnehmers beispielsweise erst nach Durchführung einer zeitlich absehbaren Langzeittherapie wiederhergestellt sein würde, so könne eine ordentliche Kündigung sozial ungerechtfertigt sein, wenn dem Arbeitgeber die Durchführung von Überbrückungsmaßnahmen möglich oder zumutbar sei."

Zu den regelmäßig im Rahmen einer Interessenabwägung zu berücksichtigenden Umständen gehörten insbesondere die folgenden Gesichtspunkte: Lebensalter, Dauer der Betriebszugehörigkeit, Unterhaltspflichten, Ursache der Erkrankung (zum Beispiel Betriebsunfall, Wegeunfall, Berufskrankheit, Unfall im privaten Bereich), Stellung im Betrieb, Situation auf dem Arbeitsmarkt, Auswirkungen des krankheitsbedingten Arbeitsausfalls auf den Betrieb (zum Beispiel Störungen des Produktionsablaufes, Nichtvorhandensein von Aushilfskräften), wirtschaftliche Lage des Unternehmens.

Sie sehen auch hier, daß eine Kündigung im Krankheitsfall für den Arbeitgeber außerordentlich problematisch und arbeitsaufwendig sein kann. Selbst mit anwaltlicher Hilfe wird es oft nicht möglich sein, all die Kriterien, die das Bundesarbeitsgericht zum Beurteilungsmaßstab machen will, so umfassend darzulegen, daß auch Arbeitsrichter die Berechtigung einer krankheitsbedingten Kündigung einsehen.

1983 befaßte sich das Bundesarbeitsgericht mit der Problematik einer Kündigung wegen häufiger Kurzerkrankungen (NJW 1984, 1836):
In diesem Fall arbeitete der Arbeitnehmer in einem Betrieb der lederverarbeitenden Industrie mit ca. 400 Arbeitnehmern. Er war im Schichtbetrieb als Maschinenbediener eingesetzt. 1979 und 1980 war er jeweils dreimal wegen Erkrankungen arbeitsunfähig. Er fehlte 1979 an 69 (30,8 Prozent) und 1980 an 71 Arbeitstagen (32 Prozent). Im Jahr 1979 zahlte die beklagte Firma an den Maschinenbediener ca. 8700,– DM, im Jahr 1980 ca. 8600,– DM als Lohnfortzahlung in Krankheitsfällen. Unter Hinweis auf die zahlreichen Fehlzeiten sprach die beklagte Firma Ende Oktober 1980 die Kündigung aus. Der Kläger hielt die Kündigung für sozial ungerechtfertigt. Das Arbeitsgericht gab der Kündigungsschutzklage statt, das Landesarbeitsgericht war gegenteiliger Meinung, das Bundesarbeitsgericht hob diese Entscheidung wieder auf und wies das Verfahren zur weiteren Überprüfung an das Landesarbeitsgericht zurück.

Das Bundesarbeitsgericht stellte fest, daß die für die Kündigung bei langanhaltender Krankheit aufgestellten Rechtsgrundsätze entsprechend auch für Kündigungen bei häufigen Kurzerkrankungen gelten würden. Danach müssen zum Zeitpunkt der Kündigung objektive Tatsachen vorliegen, die die ernste Besorgnis weiterer Erkrankungen rechtfertigen. Die prognostizierten Kurzerkrankungen müssen zu einer unzumutbaren Beeinträchtigung der betrieblichen Interessen führen. Die außergewöhnlich hohe Belastung durch Lohnfortzahlungskosten kann im Ausnahmefall zu einer unzumutbaren Beeinträchtigung betrieblicher Interessen werden. Die Möglichkeit der Einstellung von Aushilfskräften ist bei Kurzerkrankungen gegenüber langanhaltenden Arbeitsunfähigkeitszeiten eingeschränkt.

Häufige Kurzerkrankungen in der Vergangenheit können zunächst für einen entsprechenden Krankheitsverlauf in der

Zukunft sprechen. Den Arbeitnehmer trifft eine prozessuale Mitwirkungspflicht, näher darzulegen, weshalb die Besorgnis weiterer Kurzerkrankungen unberechtigt sein soll. Sind ihm Krankheitsbefund und vermutliche Entwicklung selbst nicht hinreichend bekannt, dann genügt der Arbeitnehmer seiner Mitwirkungspflicht schon dann, wenn er die Behauptung des Arbeitgebers bestreitet und die Ärzte von der Schweigepflicht entbindet, die ihn behandelt haben.

Der Arbeitgeber muß also zunächst genau zusammenstellen, wie oft und wie lange der Arbeitnehmer krank war, es muß sich aus diesen Erkrankungen und eventuell den vom Arbeitnehmer hierfür erklärten Gründen eine Krankheitsprognose für die Zukunft ergeben können, die der Arbeitgeber aufzeigen muß.

Schon mehrfach hat das Bundesarbeitsgericht ausdrücklich festgestellt, daß häufige Kurzerkrankungen in der Vergangenheit für ein entsprechendes Erscheinungsbild in der Zukunft sprechen können.

Nun muß sich der Arbeitnehmer mit diesen Behauptungen auseinandersetzen und deutlich machen, weshalb mit seiner baldigen Genesung zu rechnen sei. Um diese Prognose für die Zukunft untermauern zu können, muß er die Ärzte, bei denen er in Behandlung war, von ihrer Schweigepflicht entbinden, damit diese in Gutachten oder auch gegebenenfalls in der persönlichen Befragung vor Gericht darstellen können, weshalb die bisherigen zahlreichen Kurzerkrankungen in der Vergangenheit in Zukunft nicht mehr auftreten würden.

Darüber hinaus muß der Arbeitgeber auch im einzelnen genauestens aufzeigen, weshalb diese kurzen Erkrankungen betriebliche Interessen beeinträchtigt haben. Er kann nicht einfach davon ausgehen, daß es dem Arbeitsrichter sowieso verständlich wäre, daß entweder die Kollegen die Arbeit des Erkrankten immer wieder mit übernehmen müßten, daß diese dann Überstunden ableisten müßten, ohne hierzu große Lust zu haben, oder daß es nicht in den Möglichkeiten des Betriebes liege, entsprechend viel Personal einzustellen, damit im Krankheitsfalle immer sofort jemand zur Verfügung stünde, der die Arbeiten des ausgefallenen Arbeitnehmers übernehmen könnte. Diese wirtschaftlichen Gesichtspunkte werden nach wie vor weitgehend zu Lasten des Arbeitgebers von den Arbeitsgerichten nicht zur Kenntnis genommen.

Wie schwer es ist, einem immer wieder wegen Krankheit ausfallenden Arbeitnehmer zu kündigen, mußte auch ein großer deutscher Automobilkonzern aufgrund eines Urteils des Landesarbeitsgerichts Stuttgart aus dem Jahre 1983 (NJW 1984, 1838) feststellen:

In diesem Fall hatte der Kläger bei diesem Automobilwerk als Hilfsarbeiter gearbeitet. Seit seiner Einstellung hatte er krankheitsbedingte Fehlzeiten aufzuweisen, so allein in den Jahren 1979 an 51 Arbeitstagen, 1980 an 96 Arbeitstagen, 1981 an 114 Arbeitstagen und bis 19. März 1982 – er war zum 31. März 1982 gekündigt worden – wieder 14 Arbeitstage. Das Landesarbeitsgericht Stuttgart wies die Kündigung trotzdem zurück und übertrug dem Arbeitgeber die Beweislast dafür, daß aufgrund objektiver Tatsachen mit wiederholten Krankheiten des Arbeitnehmers zu rechnen sei.

Mit einer Entscheidung aus dem Jahr 1989 setzte das Bundesarbeitsgericht die Anforderung an eine Kündigung im Krankheitsfall wieder etwas niedriger (NJW 1989, 3299):

In diesem Fall war ein Deckenmacher in einem Großunternehmen der Reifenindustrie in der Abteilung „KKP 1" mit etwa 120 Kollegen beschäftigt. Der durchschnittliche Krankenstand im Jahr 1986 in dieser Arbeitsgruppe betrug 8,8 %, in den ersten Monaten des Jahres 1987 7,7 %. Ab 1983 hatte der klagende Deckenmacher folgende krankheitsbedingte Fehlzeiten: In 1983 24 %, in 1984 29,6 %, in 1985 21,3 %, in 1986 42,6 %, in 1987 41,8 %. Das Großunternehmen der

Reifenindustrie hatte in dieser Zeit an den Kläger insgesamt ca. 33 500,– DM Lohnfortzahlung bezahlt. Hinzu kamen weitere ca. 6000,– DM an Arbeitgeberbeiträgen zur Sozialversicherung. Nun wandte sich die Firma an ihren Mitarbeiter und erklärte ihm, sie müsse sich aufgrund seiner häufigen Erkrankungen ein Bild von seinem Gesundheitszustand und seinen weiteren Einsatzmöglichkeiten machen und forderte ihn auf, seinen behandelnden Arzt und seine zuständige Krankenkasse von der Schweigepflicht zu entbinden. Als keine Antwort kam, erhielt der Mitarbeiter ein weiteres Schreiben unter Fristsetzung, wobei die Firma darauf hinwies, sie werde anderenfalls ihre Entscheidung treffen, ohne eventuell für ihn sprechende Fakten berücksichtigen zu können. Als auch hierauf keine Antwort kam, erfolgte die ordentliche Kündigung nach Anhörung des Betriebsrats. Nun wachte auch der Deckenmacher auf und erhob Kündigungsschutzklage. Vor dem Arbeitsgericht hatte er zunächst keinen Erfolg; erstaunlich ist jedoch, daß trotz dieses Sachverhalts das Landesarbeitsgericht immer noch meinte, einen unbedingt schützenswerten Arbeitnehmer vor sich zu haben. Diese Meinung teilte nun das Bundesarbeitsgericht nicht.

Es wiederholte zunächst in der Entscheidung die drei Stufen, die bei der Sozialwidrigkeit einer wegen Krankheit ausgesprochenen ordentlichen Kündigung durch den Arbeitgeber zu prüfen seien. Die erste Stufe war wiederum die negative Gesundheitsprognose mit der Feststellung, daß häufige Kurzerkrankungen in der Vergangenheit auch für ein entsprechendes Erscheinungsbild in der Zukunft sprechen könnten. In der zweiten Stufe muß festgestellt werden, ob die prognostizierten Fehlzeiten zu einer erheblichen Beeinträchtigung der betrieblichen Interessen führen. Das bedeutet, daß letztendlich die erheblichen Beeinträchtigungen keines besonderen Nachweises bedürften – wenn nicht das Bundesarbeitsgericht deren unbedingten Nachweis voraussetzen würde. Darüber hinaus muß festgestellt werden, daß die Belastung für den Betrieb unzumutbar sei. Anschließend muß in einer dritten Stufe noch geprüft werden, ob es dem Arbeitgeber zumutbar ist, die erheblichen betrieblichen Beeinträchtigungen durch an sich mögliche weitere Überbrückungsmaßnahmen zu verhindern.

In der hier zitierten Entscheidung stellte das Bundesarbeitsgericht fest, daß ausnahmsweise auch allein die Lohnfortzahlungskosten zu einer unzumutbaren wirtschaftlichen Belastung führen könnten.

## Verhaltensbedingte Gründe

In diesem Bereich sind meist die einfachsten Kündigungsmöglichkeiten zu sehen. Hier werden aber auch die meisten Fehler auf seiten der Arbeitgeber gemacht, auch wenn sich inzwischen herumgesprochen haben dürfte, daß eine verhaltensbedingte Kündigung – von besonders schwerwiegenden Fällen abgesehen – ohne eine Abmahnung nicht möglich ist.

Es gibt zahlreiche Einzelfälle, die insoweit von den Gerichten entschieden wurden. Da es unmöglich ist, alle diese Einzelfälle hier aufzuzählen und insbesondere mit Gerichtsentscheidungen zu verdeutlichen, kann nur eine klarstellende Auswahl erfolgen.

## Krankmeldung

Vorsichtig muß der Arbeitnehmer sein, wenn er sich mehrfach verspätet erst krank meldet. Nur der Vollständigkeit halber sei darauf hingewiesen, daß er auch hier vor einer Kündigung erst abgemahnt werden muß.

Das Bundesarbeitsgericht bestätigte in einer Entscheidung aus dem Jahr 1989 (BB 1990, 559), daß ein Arbeitnehmer dem Arbeitgeber seine Arbeitsunfähigkeit unverzüglich, das heißt, ohne schuldhaftes Zögern, anzuzeigen hat. Im Rahmen dieser Nachweispflicht hat der Arbeitnehmer die voraussichtliche Dauer der Arbeitsunfähigkeit nach seinem subjektiven Kenntnisstand zu schätzen und mitzuteilen. Er darf nicht mit der Anzeige warten, bis eine ärztliche Diagnose vorliegt. Auch die Verletzung dieser Anzeigepflicht kann ein Grund für die soziale Rechtfertigung einer ordentlichen Kündigung sein.

In dem zu entscheidenden Fall hatte eine Firma das Arbeitsverhältnis mit ihrem Arbeitnehmer am 15. Oktober 1987 zum 31. Januar 1988 mit der Begründung gekündigt, der Kläger habe am 8. Oktober 1987 unentschuldigt gefehlt und erst am 9. Oktober 1987 eine Arbeitsunfähigkeitsbescheinigung nachgereicht. Ein Attest ging unstreitig erst am 9. Oktober bei der Beklagten ein. Eine bereits zuvor am 2. Oktober 1987 ausgesprochene Kündigung, ebenfalls wegen unentschuldigen Fehlens, war vom Arbeitsgericht rechtskräftig wegen fehlender Abmahnung für unwirksam erklärt worden. Das Bundesarbeitsgericht betonte, daß die unverzügliche Anzeige der Arbeitsunfähigkeit und deren voraussichtliche Dauer durch den Arbeitnehmer eine arbeitsvertragliche Nebenpflicht darstelle. Ein Verstoß gegen diese Pflicht sei jedenfalls nach vorheriger Abmahnung geeignet, eine ordentliche Kündigung sozial zu rechtfertigen. Die unverzügliche Anzeige solle es dem Arbeitgeber ermöglichen, sich auf das Fehlen des Arbeitnehmers einstellen zu können. Die spätere Nachweispflicht stehe daher hinter der Anzeigepflicht zurück. Wegen der Auswirkungen auf den Betriebsablauf habe der Arbeitgeber in aller Regel ein größeres Interesse an einer Schnellunterrichtung über die Arbeitsunfähigkeit als an einem ärztlichen Nachweis darüber, ob die Behauptungen seines Arbeitnehmers zutreffen. Es werde daher zu Recht verlangt, es müsse sichergestellt sein, daß der Arbeitgeber auf jeden Fall am ersten Tag unterrichtet werde, und zwar durch Zugang der Anzeige, so daß das bloße Absenden einer Erklärung nicht genüge.

Unter Berücksichtigung dieser Entscheidung kann es Ihnen als Arbeitnehmer nur dringend angeraten werden, Ihrem Arbeitgeber raschestmöglich von einer Erkrankung Mitteilung zu machen.

Sie sollten sich auch hüten, solange Sie krankgeschrieben sind, irgendwelche Nebenbeschäftigungen auszuüben. Bereits 1979 stellte das Bundesarbeitsgericht fest, daß Nebenbeschäftigungen während der Arbeitsunfähigkeit eine Kündigung rechtfertigen können, wenn sie aus Gründen des Wettbewerbs den Interessen des Arbeitgebers zuwiderlaufen oder – was sicherlich öfter vorkommen wird – durch sie der Heilungsprozeß verzögert wird (NJW 1980, 1917):

In dem zu entscheidenden Fall war der Kläger wegen einer Gelbsucht arbeitsunfähig krankgeschrieben, er übte jedoch gleichwohl ungenehmigte Nebentätigkeiten wie Vertrieb von Wein, Vermittlung von Lebensversicherungen und Abschluß von Bausparverträgen aus. Als die Beklagte von seinen Aktivitäten erfuhr, mahnte sie ihn ab. Der Kläger sagte zwar zunächst zu, diese Nebenbeschäftigungen einzuschränken, er hielt sich dann aber nicht an seine Zusage. Daraufhin wurde er gekündigt.

Das Bundesarbeitsgericht stellte zunächst fest, daß die Kündigung nicht auf die Nebenbeschäftigungen als solche gestützt werden konnte. Solche seien grundsätzlich hinzunehmen, soweit sie weder aus wettbewerblichen Gründen den Interessen des Arbeitgebers zuwiderlaufen, noch durch übermäßige Beanspruchung des Arbeitnehmers die vertraglich geschuldete Arbeitsleistung beeinträchtigen. *Nur ein Verhalten, durch das der Heilungsprozeß während einer Behandlung verzögert würde, könnte eine Kündigung rechtfertigen.* Ein krankgeschriebener Arbeitnehmer sei nur verpflichtet, sich so zu verhalten, daß er möglichst bald wieder gesund werde, und er habe alles zu unterlassen, was seine Genesung verzögern könne.

## Außerdienstliches Verhalten

Das außerdienstliche Verhalten eines Arbeitnehmers gibt nur in ganz wenigen Fällen ein Kündigungsrecht für eine ordentliche Kündigung. Das machte auch das Landesarbeitsgericht Hamm in einer Entscheidung aus dem Jahr 1990 (LAG E § 1 KSchG, verhaltensbedingte Kündigung Nr. 28) deutlich:

Ein von seiner Ehefrau zunächst getrennt lebender und später geschiedener Bankangestellter hatte Beziehungen zu jungen Frauen und schließlich zur Frau eines Kunden aufgenommen. Der Kunde drohte daraufhin mit der Kündigung der geschäftlichen Beziehungen zur Bank. Daraufhin meinte diese, das angeführte außerdienstliche Verhalten des Klägers könne sie dazu berechtigen, den Mitarbeiter zu kündigen. Diese Meinung vertrat das Landesarbeitsgericht keineswegs. Es stellte vielmehr fest, daß das außerdienstliche Verhalten des Klägers keinen wichtigen Grund, in diesem Fall sogar für die fristlose außerordentliche Kündigung geben könne.

Besondere Bestimmungen gelten für die Tätigkeit in den Kirchen und ihr angehörenden karitativen und erzieherischen Einrichtungen. Den Kirchen wird insoweit zugestanden, daß sie die gebotenen Loyalitätspflichten aufgrund ihres Selbstbestimmungsrechts auch selbst festlegen können. Grundlage hierfür war eine Entscheidung des Bundesverfassungsgerichts aus dem Jahre 1985 (NJW 1986, 367).

Auch 1990 hatte sich das Bundesverfassungsgericht erneut mit der Frage der Auflösung eines Arbeitsverhältnisses mit einer Kirchengemeinde zu befassen (NJW 1990, 2053):

Der Kläger im Arbeitsgerichtsprozeß war als Organist und Kantor bei einer evangelisch-lutherischen Kirchengemeinde beschäftigt. Aufgrund verschiedener Auseinandersetzungen kündigte die Kirchengemeinde das Arbeitsverhältnis. Sowohl die Arbeitsgerichte wie auch das Bundesverfassungsgericht bestätigten, daß der Organist und Kantor nicht in seinem Grundrecht auf Gleichbehandlung verletzt sei. Es sei nicht zu beanstanden, daß das Landesarbeitsgericht der Glaubwürdigkeit einer Kirchengemeinde in der Öffentlichkeit besonderes Gewicht beigemessen und daraus, im Vergleich zu Betrieben der gewerblichen Wirtschaft, erhöhte Anforderungen an eine harmonische Zusammenarbeit unter den Mitarbeitern abgeleitet habe.

„Eine Kirchengemeinde ist von ihrer Zielsetzung – ihrem ‚Betriebszweck' – her auf Glaubwürdigkeit in spezifischer Weise angewiesen. Sie kann sie einbüßen, wenn ihr äußeres Erscheinungsbild sich allzu deutlich von der von ihr verkündeten Lehre abhebt. Der Eindruck heilloser Zerstrittenheit des Gemeindepersonals, dem hier durch die Vertragsauflösung entgegengewirkt werden soll, ist dem Erscheinungsbild einer christlichen Kirchengemeinde in hohem Maße abträglich. Insofern liegt eine Besonderheit im Vergleich zu weltlichen Arbeitgebern vor, die von ihrer Art und ihrem Gewicht her so bedeutsam ist, daß die darauf gestützte Differenzierung als sachgerecht und willkürfrei erscheint."

1989 hatte sich das Landesarbeitsgericht Niedersachsen (NJW 1990, 534) mit der Frage zu befassen, ob die Kündigung einer Angestellten einer katholischen Kirchengemeinde sozial gerechtfertigt sei, nachdem diese zum Zeitpunkt der Einstellung in erster Ehe mit einem evangelischen Ehegatten in kirchlich getrauter Ehe verheiratet war, diese Ehe jedoch 1985 geschieden wurde. Seit 1984 lebte die Mitarbeiterin der katholischen Kirchengemeinde mit einem anderen Mann zusammen, von dem sie schließlich 1986 auch ein Kind bekam. Der Pfarrer, der auch ihr Dienstvorgesetzter war, sprach die Klägerin wiederholt darauf an, ob sie und ihr derzeitiger Lebenspartner nicht heiraten wollten. 1988 heirateten die Klägerin und der Vater ihres Kindes schließlich standesamtlich. Daraufhin kündigte jedoch die Beklagte das Arbeitsverhältnis.

Das Landesarbeitsgericht Niedersachsen meinte nun, in diesem speziellen Fall sei die ausgesprochene Kündigung sozial nicht gerechtfertigt. Das Interesse der Beklagten an der Beendigung des Arbeitsverhältnisses sei nicht zu verkennen. Es ergebe sich aus dem Widerspruch zwischen den insoweit eindeutigen kirchlichen Rechtsvorschriften und einer weiteren Beschäftigung der Klägerin. Diese müsse als Duldung der aus kirchlicher Sicht rechtswidrigen persönlichen Lebenssituation angesehen werden und könne damit die Glaubwürdigkeit der Kirche beeinträchtigen. Zum erheblichen Interesse der Klägerin an der Aufrechterhaltung des mehrjährigen Arbeitsverhältnisses komme hier jedoch entscheidend hinzu, daß die Beklagte durch ihren Pfarrer die Klägerin wiederholt aufforderte, wieder zu heiraten, womit das Entstehen des Kündigungsgrundes selbst wesentlich mitveranlaßt worden sei. Der besonderen Bedeutung dieses Gesichtspunktes könne auch nicht entgegengehalten werden, daß ohne die neue Eheschließung in der dann fortbestehenden nichtehelichen Lebensgemeinschaft ebenfalls ein Grund für eine Kündigung des Arbeitsverhältnisses vorgelegen hätte. Einer solchen Bewertung würde entgegenstehen, daß die Beklagte diesen Sachverhalt vier Jahre lang gekannt und dagegen bisher nicht einmal Bedenken erhoben habe.

Die Kirchengemeinde hatte jedoch zusätzlich einen Auflösungsantrag gegen Zahlung einer Abfindung gestellt. Diesen Auflösungsantrag sah das Landesarbeitsgericht Niedersachsen für begründet an.

Liegen die Besonderheiten dieses Falles nicht vor, ist grundsätzlich davon auszugehen, daß eine katholische Mitarbeiterin einer Kirchengemeinde dann gekündigt werden kann, wenn sie einen geschiedenen Mann heiratet und natürlich auch umgekehrt.

## Schlechtleistungen, Schmiergeld, Lohnpfändungen

Schlechtleistungen können die ordentliche Kündigung rechtfertigen, allerdings auch hier nur nach vorheriger Abmahnung.

Daß Schmiergelder nicht angenommen werden dürfen, haben wir früher schon verdeutlicht. Die Entgegennahme dürfte häufig zu fristlosen Kündigungen führen.

Auch zahlreiche Lohnpfändungen können gelegentlich zu einer berechtigten Kündigung führen. Das gilt nach Meinung des Bundesarbeitsgerichts aber nur dann, wenn im Einzelfall zahlreiche Lohnpfändungen oder -abtretungen einen derartigen Arbeitsaufwand des Arbeitgebers verursachen, daß dies nach objektiver Beurteilung zu wesentlichen Störungen im Arbeitsablauf (etwa in der Lohnbuchhaltung oder in der Rechtsabteilung oder in der betrieblichen Organisation) führt.

Auch bei Vorliegen solcher wesentlicher Störungen bedarf es im Einzelfall einer umfassenden Abwägung der Interessen beider Arbeitsvertragsparteien (NJW 1982, 1062):

In dem hier zu entscheidenden Fall lagen immerhin 20 Abtretungen und Pfändungen zu Lasten des Arbeitnehmers vor. Gekündigt wurde er allerdings vom Arbeitgeber mit der Begründung, seine Schulden beruhten zum Teil auf dem Erwerb überflüssiger Konsumartikel. Ihre Entstehung sei darüber hinaus darauf zurückzuführen, daß der Kläger es auch wegen lächerlicher Beträge zu Pfändungen kommen lasse. Sie sei nicht bereit, den durch 20 Pfändungen verursachten Verwaltungsaufwand hinzunehmen. Die Bearbeitung eines Vorgangs nehme mindestens einen halben, wenn nicht einen ganzen Tag in Anspruch.

Die Arbeitsgerichte hatten allerdings kein Einsehen mit der Argumentation des Arbeitgebers. Die Kündigungsschutzklagen waren erfolgreich. Das Vorliegen einer kündigungsrechtlich erheblichen Belastung der Beklagten durch die Bearbeitung der Pfändungsvorgänge wurde von den Gerichten verneint.

## Politische Betätigung

Die politische Betätigung im Betrieb führte ebenfalls schon wiederholt zur Frage, inwieweit sie eine ordentliche verhaltensbedingte Kündigung rechtfertige.

Ein besonders spektakulärer Fall war das Tragen einer „Anti-Strauß-Plakette", zu dem sich das Bundesarbeitsgericht 1982 äußern mußte (NJW 1984, 1142):
Das Bundesarbeitsgericht stellte fest, daß das Tragen einer auffälligen Plakette im Betrieb während der Arbeitszeit, durch die eine parteipolitische Meinung bewußt und herausfordernd zum Ausdruck gebracht wird, ähnlich wie eine ständige verbale Agitation, eine provozierende parteipolitische Betätigung darstellen kann, die einen wichtigen Grund zur in diesem Fall sogar außerordentlichen Kündigung geben kann, wenn durch das Verhalten des Arbeitnehmers der Betriebsfrieden oder der Betriebsablauf konkret gestört oder die Erfüllung der Arbeitspflicht beeinträchtigt wird.

Das Gericht stellte zunächst klar, daß angesichts der Bedeutung der Meinungsfreiheit und der Betriebsgemeinschaft für die soziale Kommunikation der Betriebsangehörigen auch eine parteipolitische Diskussion im Betrieb nicht schlechthin unzulässig sei. Die Meinungsfreiheit des Arbeitnehmers werde insoweit jedoch durch die Grundregeln über das Arbeitsverhältnis begrenzt. Dazu solle auch die Verpflichtung gehören, durch sein Verhalten den Arbeitsablauf und den Betriebsfrieden nicht zu gefährden und nicht zu beeinträchtigen oder gar zu stören. Das Tragen der auffälligen „Anti-Strauß-Plakette" durch den Kläger sei keine allgemeine politische Meinungsbekundung mehr gewesen, sondern durch die Verbindung der Karikatur des damaligen Kanzlerkandidaten Strauß mit der Ablehnung seiner Kandidatur zugleich eine parteipolitische Agitation gegen den Kanzlerkandidaten der CDU/CSU und seine Anhänger. Sie habe provokativen Charakter gehabt, weil das betonte und ständige Herausstellen der parteipolitischen Gegnerschaft des Klägers durch eine wegen ihrer Farbe und Aufmachung auch vom flüchtigen Betrachter nicht zu übersehenden Plakette über die Kundgabe der eigenen politischen Überzeugung in einem privaten Gespräch mit Arbeitskollegen hinausging.

Bei Beamten kann sogar die Entfernung aus dem Dienst erfolgen, wenn sie gleichzeitig in einer Partei sind, deren Ziele mit der freiheitlichen demokratischen Grundordnung unvereinbar sind. Das stellte das Bundesverwaltungsgericht 1981 (NJW 1982, 779) in bezug auf einen Beamten fest, der Mitglied der Deutschen Kommunistischen Partei und für diese auch sehr aktiv war. Inzwischen dürften die Probleme in bezug auf diese Partei weitgehend erledigt sein, in bezug auf die Republikaner steht ein derartiges Urteil noch aus.

## Gründe für eine außerordentliche fristlose Kündigung

Fristlose und außerordentliche Kündigungen sind, wie der Name schon sagt, einschneidende arbeitsrechtliche Maßnahmen, die auch nur unter besonders bedeutsamen und wichtigen Gründen möglich sind. Aufgrund dieser Besonderheit muß in Berufsausbildungsverhältnissen auch der Kündigungsgrund als Wirksamkeitsvoraussetzung der Kündigung jeweils angegeben werden. Üblicherweise ist das auch bei sonstigen Arbeitsverhältnissen der Fall, sollte der Arbeitgeber auf die Angaben des Kündigungsgrundes verzichtet haben, kann er vom Gekündigten aufgefordert werden, ihm die Gründe unverzüglich mitzuteilen. Wurden dem Arbeitnehmer nicht sofort alle zum Zeitpunkt der Kündigung vorhandenen Gründe für eine außerordentliche Kündigung mitgeteilt, so kann sich der Arbeitgeber auch später noch hierauf berufen, allerdings nur innerhalb der gesetzlich festgelegten 2-Wochen-Frist für die außerordentliche Kündigung.

Da der Betriebsrat vor jeder Kündigung zu hören ist, können solche Gründe einer außerordentlichen Kündigung nicht mehr nachgeschoben werden, die dem Betriebsrat nicht mitgeteilt wurden und zu denen er auch nicht Stellung nehmen konnte.

Die 2-Wochen-Frist für die fristlose Kündigung ist eine unabdingbare Ausschlußfrist. Innerhalb dieser Frist muß auch der Betriebsrat angehört werden beziehungsweise muß dessen Genehmigung vorliegen.

Sollte die außerordentliche Kündigung nicht erfolgreich sein, kann sie auch dann, wenn sich der Kündigende nicht ausdrücklich darauf beruft, eine Umdeutung in eine ordentliche fristgemäße Kündigung rechtfertigen. Das bestätigte das Bundesarbeitsgericht in einem Urteil aus dem Jahr 1987 (NJW 1988, 581):

Bei diesem Fall hatte das Landesarbeitsgericht die Klage insoweit abgewiesen, als der Kläger beantragt hatte festzustellen, daß die Kündigung der Beklagten das Arbeitsverhältnis der Parteien auch nicht als fristgerechte Kündigung aufgelöst hat. Das Bundesarbeitsgericht stellte fest, daß die fristlose Kündigung in eine ordentliche Kündigung umgedeutet werden könne. Die Beklagte hatte vor Ausspruch der außerordentlichen Kündigung den Betriebsrat auch zu einer hilfsweisen ordentlichen Kündigung angehört. Aus dieser Aufforderung an den Betriebsrat auch zu einer ordentlichen Kündigung Stellung zu nehmen, ergebe sich eindeutig der Wille der Beklagten, das Arbeitsverhältnis mit dem Kläger notfalls auch auf dem Wege einer fristgemäßen Kündigung zu beenden.

Das Gesetz spricht für die fristlose Kündigung vom Erfordernis eines wichtigen Grundes. Was letztendlich als wichtiger Grund in diesem Sinne angesehen werden kann, liegt im Ermessen der Gerichte. Es gibt deshalb auch hier eine Unzahl verschiedenster Gerichtsentscheidungen, bei denen über die Frage des wichtigen Grundes bei der außerordentlichen Kündigung entschieden wurde. Auch hier kann deshalb nur stichwortartig auf einzelne beispielhafte Entscheidungen eingegangen werden.

Eine Abmahnung ist bei der außerordentlichen Kündigung nur in sehr seltenen Fällen erforderlich, da hier üblicherweise das Vertrauen des Arbeitgebers gegenüber dem Arbeitnehmer so beeinträchtigt ist, daß die Fortdauer des Arbeitsverhältnisses nicht zumutbar ist.

Das Vorzeigen falscher oder verfälschter Zeugnisse oder sonstiger Arbeitsunterlagen bei der Bewerbung oder falsche Auskünfte bei zulässigen Fragen berechtigen, wenn es sich nicht um unwesentliche Daten handelt, in der Regel zur fristlosen Kündigung.

Selbstverständlich können Sie auch nicht Ihren Urlaub eigenmächtig und nach eigenem Gutdünken antreten oder verlängern oder ohne einen besonderen Grund Ihren Arbeitsplatz verlassen. Gleiches gilt für häufige Unpünktlichkeiten trotz mehrfacher Abmahnung (NZA 89, 261). Sogar bei Streiks müssen Sie vorsichtig sein. Wenn es sich um einen rechtswidrigen Streik handelt und Sie daran teilnehmen, könnte das ein Grund für eine fristlose Kündigung sein – allerdings nur dann, wenn die Rechtswidrigkeit des Streiks und damit der Arbeitsverweigerung für den Arbeitnehmer auch deutlich erkennbar war, so die Entscheidung des Bundesarbeitsgerichts (NJW 1979, 239). In diesem Fall handelte es sich um einen sogenannten „wilden Streik", der nicht von der Gewerkschaft getragen wurde. Gleiches kann jedoch selbst für einen von der Gewerkschaft getragenen

Streik gelten, wenn den Arbeitnehmern aufgrund der vielfältigen und ausführlichen Bekanntmachungen des Arbeitgebers bewußt geworden ist, daß hinsichtlich der Rechtmäßigkeit des Streiks unterschiedliche Rechtsansichten vertreten wurden. Das gilt insbesondere, wenn für die Ansicht des Arbeitgebers von diesem genannte arbeitsgerichtliche Entscheidungen sprechen. Von daher habe sich für die Arbeitnehmer der Schluß aufdrängen müssen, daß auch die Ansicht der Beklagten zutreffend und der von der IG-Chemie in diesem Fall beabsichtigte Streik möglicherweise doch rechtswidrig sein könnte. Wenn sie gleichwohl an diesem Streik teilgenommen hätten, dann sei ihnen vorzuhalten, daß sie für den Fall, daß die Ansicht der Beklagten zutreffen sollte, willentlich in Kauf genommen hätten, an einem rechtswidrigen Streik teilzunehmen und damit ihre Arbeit rechtswidrig zu verweigern (NJW 1984, 1372).

Auch heute noch gibt es in zahlreichen Firmen sogenannte Stechuhren, mit denen festgestellt werden soll, von wann bis wann ein Arbeitnehmer in der Firma anwesend ist. Es kommt und kam immer wieder vor, daß Arbeitnehmer sich gegenseitig „helfen" und für einen abwesenden Arbeitskollegen mitstempeln. Es kann jedoch nur dringend davon abgeraten werden, an derartigen Unregelmäßigkeiten teilzunehmen. Das Landesarbeitsgericht Düsseldorf hat ausdrücklich festgestellt, daß dem Arbeitnehmer, der für einen noch nicht im Betrieb anwesenden Arbeitskollegen mehrfach die Stechuhr betätigt hat, fristlos gekündigt werden kann. Das soll sogar dann gelten, wenn er auf Anweisung seines Abteilungsleiters für diesen mitgestempelt hat. Das Landesarbeitsgericht war der Meinung, daß die vom Arbeitgeber ausgesprochene fristlose Kündigung als wirksam anzusehen sei. „Die Klägerin hat durch das von ihr zugestandene Mitstempeln der Stechkarte ihrer Abteilungsleiterin X und durch ihre dem damaligen Lehrling Y erteilte mehrfache Anweisung, ihre, der Klägerin, Zeitkarte bei Verspätungen mitzustempeln, in ganz erheblichem Maße gegen ihre arbeitsvertraglichen Pflichten verstoßen. *Das Mitstempeln für einen im Zeitpunkt der Zeitregistrierung noch nicht im Betrieb anwesenden Arbeitskollegen stellt eine Urkundenfälschung und einen Betrug dar.* Die Meinung der Klägerin, die Beklagte sei durch das Falschstempeln nicht geschädigt worden, weil Frau X ihr Arbeitspensum auch bei einer verkürzten Arbeitszeit erbracht habe, ist unrichtig. Wenn die Vergütung eines Arbeitnehmers sich nicht nach einer meßbaren Arbeitsleistung richtet, sondern wie hier nach einer bestimmten Arbeitszeit, so wird bei einer falschen Angabe über die geleisteten Arbeitsstunden das Vermögen des Arbeitgebers geschädigt, denn der Arbeitgeber ist nicht verpflichtet, unberechtigte Fehlzeiten zu bezahlen."

Der Entscheidung des Landesarbeitsgerichts Düsseldorf ist nicht zu entnehmen, was mit der Abteilungsleiterin geschehen ist, die ihrerseits als weisungsberechtigte Vorgesetzte ihre Mitarbeiterin beauftragt hatte, die Stechuhr zu betätigen. Anzunehmen ist jedoch, daß diese ebenfalls entlassen wurde. Das Verhalten eines Vorgesetzten, der einem Arbeitnehmer aufträgt, für ihn während seiner Abwesenheit mitzustempeln, ist schließlich noch weit verwerflicher als dasjenige des Arbeitnehmers, der sich hierzu widerspruchlos hergibt.

Daß strafbare Handlungen, sofern sie auch tatsächlich bewiesen sind, zu einer fristlosen Kündigung führen können, dürfte selbstverständlich sein. Das gilt insbesondere, wenn sich ein Diebstahl, ein Betrug, eine Untreue oder auch nur eine Sachbeschädigung gegen den Arbeitgeber selbst richtet. Selbstverständlich dürfen auch Arbeitgeber und Kollegen nicht in übelster Art und Weise beschimpft und beleidigt oder gar verletzt und bedroht werden.

## Verdachtskündigung

Besonderheiten bestehen bei der sogenannten Verdachtskündigung, wenn also nur der Verdacht schwerer Verfehlungen vorliegt, ohne daß ein entsprechender Nachweis schon geführt ist. Es müssen aber schon sehr gewichtige Tatsachen dafür sprechen, daß der Verdacht einer strafbaren Handlung oder auch einer sonstigen wirklich schweren Verfehlung gegen den Arbeitsvertrag anzunehmen ist, damit eine Kündigung hierauf gestützt werden kann.

Das Bundesarbeitsgericht stellte in einer Entscheidung aus dem Jahr 1985 noch weitere Erfordernisse für die Möglichkeit der Verdachtskündigung auf (NJW 1986, 3161):
Bei einer Verdachtskündigung gehöre es zu der für den Arbeitgeber zumutbaren Aufklärungspflicht, dem verdächtigen Arbeitnehmer Gelegenheit zur Stellungnahme zu geben. Die Anhörung des Arbeitnehmers ist Wirksamkeitsvoraussetzung für die Verdachtskündigung. Vom Arbeitgeber ist zu verlangen, daß er alles tut, um den Sachverhalt aufzuklären. „Der Arbeitnehmer muß die Möglichkeit erhalten, die Verdachtsgründe – beziehungsweise Verdachtsmomente – zu beseitigen beziehungsweise zu entkräften, um gegebenenfalls Entlastungstatsachen geltend machen zu können."

1994 befaßte sich das Bundesarbeitsgericht (DB 1995, 534) erneut mit den Problemen der Verdachtskündigung. Der Arbeitgeber hatte dem Arbeitnehmer, nachdem er ihn angehört hatte, fristlos gekündigt, weil sich der Verdacht erhärtet hatte, fehlende Geräte seien nicht verschrottet, sondern vom Arbeitnehmer veräußert worden. Das Bundesarbeitsgericht bestätigte seine bisherige Rechtsprechung, nach der schon der schwerwiegende Verdacht einer strafbaren Handlung oder einer sonstigen Verfehlung ein wichtiger Grund zur außerordentlichen Kündigung gegenüber dem verdächtigen Arbeitnehmer sein könne. Eine Verdachtskündigung liege dann vor, wenn und soweit der Arbeitgeber seine Kündigung damit begründet, gerade der Verdacht eines (nicht erwiesenen) strafbaren bzw. vertragswidrigen Verhaltens habe das für die Fortsetzung des Arbeitsverhältnisses erforderliche Vertrauen zerstört.

Gegen diese Möglichkeit der Verdachtskündigung war eingewandt worden, daß die Menschenrechtskonvention ausdrücklich eine Unschuldsvermutung verlange, solange nicht das strafbare bzw. vertragswidrige Verhalten tatsächlich nachgewiesen ist. Das Bundesarbeitsgericht meinte, daß dann, wenn man mit der Anwendung der Unschuldsvermutung der Menschenrechtskonvention im Privatrecht ernst machen würde, bis zu einer strafrechtlichen Verurteilung überhaupt keine Kündigungsmöglichkeit bliebe und der Arbeitgeber auf dem begründeten Verdacht einer strafbaren Handlung nur mit einer sicherlich zulässigen Aussetzung des Arbeitsverhältnisses mit dem Arbeitnehmer reagieren könne, was diesem im Ergebnis eine bezahlte Freistellung bis zum Abschluß des Strafverfahrens verschaffen würde.

Das Bundesarbeitsgericht stellte andererseits aber fest, daß auch erst nach der Kündigung gewonnene Erkenntnisse im Prozeß zugunsten des gekündigten Arbeitnehmers berücksichtigt werden können: Maßgeblich für die rechtliche Beurteilung der Kündigung sind die unstreitigen oder im Wege der Beweisaufnahme ermittelten Umstände im Zeitpunkt der Kündigung. Die Darlegungslast im Prozeß hat dabei derjenige, der für sich das Recht zur Kündigung in Anspruch genommen hat.

Wird ein entsprechend hinreichender Tatsachenverdacht bestritten, so hat ihn der Kündigende zu beweisen. Werden von dem Verdächtigen seinerseits zusätzliche Umstände vorgetragen, die den zunächst ausreichenden Indizwert des unstreitigen bzw. bewiesenen Sachverhalts entkräften, so hat der Kündigende aufgrund der ihm obliegenden Beweislast diesen Vortrag zu widerlegen.

Die ständige Senatsrechtsprechung, wonach für die rechtliche Beurteilung der Kündigung der Erkenntnisstand zum Schluß der mündlichen Verhandlung in der Tatsacheninstanz maßgeblich ist, grundsätzlich also auch nachträgliches Be- und Entlastungsvorbringen zu berücksichtigen ist, ist keine Besonderheit der Verdachtskündigung.

## Druckkündigung

Besonderheiten gelten auch bei der sogenannten Druckkündigung, das heißt, daß der Arbeitgeber zunächst nicht beabsichtigt den Arbeitnehmer zu kündigen, daß jedoch zum Beispiel andere Arbeitnehmer, Betriebsrat oder auch Kunden die Entlassung des Arbeitnehmers verlangen. 1990 hatte sich das Bundesarbeitsgericht mit einer derartigen Druckkündigung auseinanderzusetzen (NJW 1991, 2307):

In diesem Fall arbeitete die Klägerin als Krankenschwester in einem Krankenhaus. Als schließlich in der von der Klägerin geleiteten Station ein größerer Medikamentenfehlbestand festgestellt wurde, erhob sich der Verdacht, die Klägerin selbst könnte medikamentenabhängig sein und die Fehlmengen zum Eigengebrauch entwendet haben. Nach einer entsprechenden Anhörung versetzte sie die Klägerin in eine andere Abteilung mit der Begründung, sie sei ihren Pflichten als Stationsschwester nicht nachgekommen und habe außerdem Medikamente aus den Beständen der Station unbefugt entwendet und für sich verbraucht. Anschließend schickte das Krankenhaus der Versetzung auch noch eine Änderungskündigung nach, gegen welche sich die Krankenschwester mit einer Kündigungsschutzklage zur Wehr setzte. Nun stellte das Arbeitsgericht fest, daß diese Änderungskündigung unwirksam sei und verurteilte das Krankenhaus zur Weiterbeschäftigung der Klägerin als Stationsschwester. Etwa ein halbes Jahr später erfolgte erneut eine fristlose Änderungskündigung, wiederum auch mit einem Weiterbeschäftigungsangebot als Krankenschwester in einer anderen

Abteilung. Bei dieser Kündigung verwies das Krankenhaus auf die Weigerung der Mitarbeiter der Station, auf welcher die Klägerin beschäftigt war und bleiben wollte, sowie ebenfalls auf diejenige des Chefarztes, mit der Klägerin als Leiterin dieser Station weiter zusammenzuarbeiten. Andere in der Abteilung beschäftigte Krankenschwestern sowie ein Krankenpfleger baten ihrerseits um Versetzung in eine andere Station mit der Begründung, eine weitere Zusammenarbeit mit der Klägerin sei ihnen nicht zumutbar. Auch der Chefarzt der Abteilung lehnte für sich und seine ärztlichen Mitarbeiter eine weitere Zusammenarbeit mit der Klägerin ab. Schließlich kündigten die Krankenschwestern sogar ihr Arbeitsverhältnis.

Das Bundesarbeitsgericht definierte zunächst den Begriff „Druckkündigung" und stellte fest, eine solche liege vor, „wenn Dritte unter Androhung von Nachteilen für den Arbeitgeber von diesem die Entlassung eines bestimmten Arbeitnehmers verlangen. Dabei sind zwei Fallgestaltungen zu unterscheiden: Das Verlangen des Dritten kann gegenüber dem Arbeitgeber durch ein Verhalten des Arbeitnehmers oder einen in dessen Person liegenden Grund objektiv gerechtfertigt sein. In diesem Fall liegt es im Ermessen des Arbeitgebers, ob er eine personen- oder verhaltensbedingte Kündigung ausspricht. Fehlt es an einer objektiven Rechtfertigung der Drohung, kommt eine Kündigung aus betriebsbedingten Gründen in Betracht."

An die Zulässigkeit einer betriebsbedingten Druckkündigung seien strenge Anforderungen zu stellen. Beim Verlangen der Belegschaft oder eines Teils der Belegschaft auf Entlassung eines Arbeitnehmers dürfe der Arbeitgeber diesem nicht ohne weiteres nachgeben. Er habe sich aufgrund seiner arbeitsvertraglichen Fürsorgepflicht schützend vor den betroffenen Arbeitnehmer zu stellen und alles zumutbare zu versuchen, um die Belegschaft von ihrer Drohung abzubringen. Nur wenn daraufhin trotzdem ein Verhalten in

Aussicht gestellt werde, zum Beispiel Streik oder Massenkündigung, und dadurch schwere wirtschaftliche Schäden für den Arbeitgeber drohten, könne die Kündigung gerechtfertigt sein. Allerdings sei festzustellen, daß bei einer Druckkündigung die vorherige Anhörung des Arbeitnehmers keine Wirksamkeitsvoraussetzung sei.

## Trunkenheitsdelikte

Zunächst ist zu unterscheiden zwischen Trunkenheit am Arbeitsplatz und Trunkenheit im Straßenverkehr. Das Bundesarbeitsgericht entschied in einem Fall (NZA 1995, 517), daß eine Kündigung wegen Pflichtverletzungen, die auf Alkoholabhängigkeit beruhen, sozialwidrig sei, weil dem Arbeitnehmer im Zeitpunkt der Pflichtverletzung kein Schuldvorwurf zu machen sei. Alkoholabhängigkeit sei eine Krankheit, die zur Schuldausschließung führen kann.

Anders ist es natürlich, wenn eine derartige Krankheit nicht vorliegt, es aber doch zu Pflichtverletzungen wegen Alkoholisierung im Betrieb kommt. In der Regel ist hier eine Abmahnung erforderlich, bleibt diese aber erfolglos, kann eine verhaltensbedingte und gegebenenfalls auch fristlose Kündigung in Betracht kommen. Dabei ist der Arbeitgeber aber für die Alkoholisierung beweispflichtig.

Unter welchen Umständen Trunkenheit im Straßenverkehr sogar zu einer fristlosen Kündigung führen kann, mußte ebenfalls das Bundesarbeitsgericht entscheiden. Da das außerbetriebliche Verhalten eines Arbeitnehmers den Arbeitgeber grundsätzlich nicht berührt und betrifft, kann selbstverständlich auch eine Kündigung nicht darauf gestützt werden, daß der Arbeitnehmer in betrunkenem Zustand Auto fährt. Etwas anderes gilt nur dann, wenn es sich um einen als Kraftfahrer tätigen Mitarbeiter handelt und diesem, wie in solchen Fällen üblich, der Führerschein entzogen wird.

Bereits 1978 mußte sich das Bundesarbeitsgericht mit einem derartigen Fall befassen (NJW 1979, 332):

Im Juni 1969 hatte ein Arbeitgeber einen Kraftfahrer eingestellt, den er bereits im Dezember schriftlich deshalb verwarnen mußte, weil er nach dem Genuß von Alkohol noch ein Firmenfahrzeug gefahren hatte. Im Januar 1975 verursachte der Kraftfahrer unter Alkoholeinwirkung bei einer Privatfahrt einen Verkehrsunfall. Daraufhin wurde ihm die Fahrerlaubnis vorläufig entzogen. Nach Rücksprache mit dem Betriebsrat kündigte der Arbeitgeber das Arbeitsverhältnis mit dem Arbeitnehmer fristlos. Dieser erhob nun seinerseits Kündigungsschutzklage, in der er auch vortrug, die Firma hätte ihn als Betonmischer weiterbeschäftigen können.

Das Bundesarbeitsgericht stellte zwar zunächst fest, daß die Entziehung der Fahrerlaubnis eines als Kraftfahrer beschäftigten Arbeitnehmers für den Arbeitgeber ein wichtiger Grund zur außerordentlichen Kündigung sein könne, da diese jedoch nur die unausweislich letzte Maßnahme des Kündigenden sein müsse, sei bei der Prüfung des wichtigen Grundes darauf abzustellen, ob die durch den Verlust der Fahrerlaubnis eingetretene Störung im Leistungsbereich dadurch überwunden werden könne, daß unter Berücksichtigung der besonderen Umstände des Einzelfalls das Arbeitsverhältnis zu geänderten Bedingungen entweder bis zum Ablauf der Kündigungsfrist oder auf Dauer fortgesetzt werde. Damit sei die Möglichkeit der Weiterbeschäftigung auch bei einer außerordentlichen Kündigung in aller Regel dann zu prüfen, wenn das Hindernis, das der Fortsetzung des Arbeitsverhältnisses mit dem bisherigen Inhalt entgegenstehe, es nicht zugleich ausschließe, den Arbeitnehmer zu anderen Bedingungen weiterzubeschäftigen.

## Änderungskündigung

Eine Änderungskündigung liegt gemäß der Definition des Kündigungsschutzgesetzes dann vor, wenn einerseits zwar der Arbeitgeber dem Arbeitnehmer eine ordentliche fristgemäße Kündigung ausspricht, ihm gleichzeitig aber mit der Kündigung die Fortsetzung des Arbeitsverhältnisses zu geänderten Bedingungen, also eventuell an einem anderen Arbeitsplatz oder mit einer anderen Einstufung, anbietet. Es müssen also grundsätzlich die zwei Tatbestände – Kündigung und neues Vertragsangebot – vorhanden sein.

Vertragsbestimmungen, die wie eine Änderungskündigung wirken, ohne von den hierfür geltenden Voraussetzungen abhängig zu sein, sind nichtig. Das stellte das Bundesarbeitsgericht 1984 (NJW 1985, 2151) in einem Fall fest, bei dem eine Stadt eine Musikschule unterhielt. In den Arbeitsverträgen war folgende Klausel enthalten: „Arbeitsleistungen sind nur nach Aufforderung durch die Musikschule zu erbringen. Die Zahl der zu erteilenden Unterrichtsstunden wird von Fall zu Fall im Einvernehmen mit dem Schulleiter festgelegt. Die wöchentliche Arbeitszeit beträgt mindestens sechs Stunden und höchstens 13,5 Stunden.” Diese Klausel enthielt ein einseitiges Leistungsbestimmungsrecht zum Umfang der Arbeitszeit. Das Bundesarbeitsgericht sah darin eine objektive Umgehung von zwingenden Vorschriften des Kündigungsschutzrechts. Eine ordentliche Änderungskündigung sei nur unter Beachtung der gesetzlichen, kollektivrechtlichen und einzelvertragsrechtlichen Kündigungsfristen möglich. Dagegen berechtige ein einseitiges Leistungsbestimmungsrecht der hier vorliegenden Art den Arbeitgeber zu einer jederzeitigen Änderung des Umfangs der Arbeitszeit. Der Arbeitnehmer könne demgegenüber eine Arbeitszeitverkürzung nur mittels einer fristgemäßen ordentlichen Änderungskündigung erreichen. Das Bundesarbeitsgericht ging deshalb davon aus, daß die zwischen den Parteien bestehenden Arbeitszeitregelungen fortbestünden. Eine Abänderung der wöchentlichen Stundenzahl hätte nur durch einen Änderungsvertrag oder durch den Ausspruch einer Änderungskündigung erfolgen können.

Die gesetzlichen Bestimmungen für die Änderungskündigung bedeuten, daß der Arbeitgeber alle vorhandenen Kündigungsfristen einhalten und daß er unbedingt den Betriebsrat vor jeder Änderungskündigung hören muß; gleichzeitig gelten natürlich auch für den Arbeitnehmer die im Kündigungsschutzgesetz festgelegten Klagefristen. Das Vertragsangebot muß unbedingt sein, weil ansonsten davon ausgegangen werden muß, daß die Beendigung des Vertragsverhältnisses auf jeden Fall gewollt ist.

Wir haben im Rahmen der Kündigungsmöglichkeiten schon gesehen, daß der Arbeitgeber verpflichtet ist, vor jeder Kündigung grundsätzlich zu prüfen, ob er dem Arbeitnehmer in seinem Betrieb nicht eine andere Tätigkeit oder einen anderen Arbeitsplatz anbieten kann. Er ist also verpflichtet, ihm eine Änderungskündigung vorzulegen; hat er das nicht getan und konnte festgestellt werden, daß der Arbeitnehmer an einer anderen Position hätte arbeiten können und wollen, dann ist die Kündigung, mit der das Arbeitsverhältnis beendet werden soll, unwirksam. Natürlich muß der Arbeitgeber dabei dem Arbeitnehmer deutlich machen, daß er seinen Arbeitsplatz verliert, wenn er dem Änderungsangebot nicht zustimmt.

Der Arbeitnehmer hat nun ein sogenanntes Vorbehaltsrecht. Er kann das neue Vertragsangebot zu den vorgeschlagenen Bedingungen ohne eine weitere Erklärung annehmen, oder er kann dieses Angebot nur unter „Vorbehalt" annehmen. Hat der Arbeitnehmer keinen Vorbehalt erklärt, so tritt er unbedingt in das neue Arbeitsverhältnis ein und kann dann auch keine Kündigungsschutzklage geltend machen. Nimmt er es unter Vorbehalt an, so bedeutet das, daß er die andere Arbeit nur ausführen will, wenn die gleichzeitig mit dem neuen Angebot ergangene Kündigung nicht sozial ungerechtfertigt war. Er muß dann aber fristgemäß gleichzeitig mit der Annahme des neuen Vertragsangebots unter Vorbehalt auch Kündigungsschutzklage erheben.

Bei der Klage wird dann, wie auch bei einer sonstigen Kündigungsschutzklage, geprüft, ob behauptete betriebsbedingte, personen- oder verhaltensbedingte Gründe die Kündigung rechtfertigen und ob im Falle von betriebsbedingten Kündigungen auch die soziale Auswahl entsprechend berücksichtigt wurde.

# Wie Sie gegen eine Kündigung vorgehen

10

## Zustellung der Kündigung

Zunächst stellt sich die Frage, ob Sie die Kündigung auch tatsächlich in der richtigen Form erhalten haben. Das Gesetz sieht zwar – mit Ausnahme von Kündigungen von Berufsausbildungsverhältnissen – vor, daß mündlich gekündigt werden kann, zahlreiche Tarif- und Arbeitsverträge sehen jedoch für die Kündigung die Schriftform vor. In diesen Fällen würde eine Kündigung, die nicht schriftlich erfolgt ist, automatisch nichtig und damit wirkungslos. Sie müssen also zunächst einmal feststellen, ob entweder in Ihrem Arbeitsvertrag etwas von schriftlicher Kündigung enthalten ist, ob Sie gegebenenfalls einem Tarifvertrag unterliegen, wie zum Beispiel dem Bundesangestelltentarifvertrag, der eine Schriftform für eine Kündigung ausdrücklich verlangt, oder ob es in Ihrem Betrieb eine entsprechende Vereinbarung gibt. Gibt es keine derartige Schriftformklausel, so kann der Arbeitgeber zu Ihnen kommen und Ihnen mündlich sagen, daß er Ihr Arbeitsverhältnis kündigt. Eine derartige Verhaltensweise wird jedoch nur bei wenigen handwerklichen oder Anlernarbeitsverhältnissen üblich sein.

Ein Kündigungsgrund muß insbesondere bei der ordentlichen Kündigung nicht angegeben werden; bei der außerordentlichen Kündigung kann der Arbeitnehmer die Angabe der Kündigungsgründe verlangen. Unabhängig davon wird der Arbeitgeber spätestens bei einem eventuellen Kündigungsschutzprozeß zur Angabe der Gründe verpflichtet sein.

Wenn die Kündigung nicht direkt an Ihrem Arbeitsplatz ausgesprochen, sondern Ihnen schriftlich zugeschickt wird, dann erhalten Sie Kenntnis von der Kündigung, wenn sie von der Post bei Ihnen abgeliefert wird. Es reicht dabei, daß Sie in Ihren Briefkasten gelangt. Zugegangen ist sie auch dann, wenn Sie sie nicht aus Ihrem Briefkasten entnehmen.

Ein sorgfältiger Arbeitgeber wird Ihnen die Kündigung entweder per Post mit eingeschriebenem Brief und Rückschein zukommen lassen oder in Gegenwart von Zeugen direkt übergeben. Da sehr wichtige Fristen an den Zugang der Kündigung geknüpft sind, ist der Nachweis des Zugangs oft recht bedeutsam.

Der Arbeitgeber kann Ihnen die Kündigung auch vorlegen, wenn Sie im Krankenzustand sind oder eventuell auch dann, wenn Sie sich im Urlaub befinden. Die Fristen für Kündigungsschutzklagen laufen allerdings so lange nicht, bis Sie aus dem Urlaub zurückgekehrt sind und überhaupt von der Kündigung Kenntnis nehmen können. Das gilt zumindest dann, wenn der Arbeitgeber ganz genau weiß, daß Sie sich in Urlaub befinden, weil er aus den Urlaubslisten oder aufgrund Ihrer persönlichen Abmeldung davon Kenntnis hat oder haben kann.

Es wird selten vorkommen, gleichwohl ist festzuhalten, daß Kündigungen auch an Sonn- und Feiertagen zugetellt werden können oder sogar zu Weihnachten. Mit dieser Frage hatte sich das Bundesarbeitsgericht im Jahr 1985 (NZA 86, 97) zu befassen. Es stellte fest, daß eine derartige Kündigung zu Weihnachten nicht zu beanstanden sei.

Ein Arbeitnehmer muß grundsätzlich nicht angehört werden, bevor ihm die Kündigung ausgesprochen wird – mit Ausnahme der vorher schon angesprochenen Verdachtskündigung. Die Frage in diesem Zusammenhang ist natürlich, was unter Anhörung zu verstehen ist. In jedem Fall empfiehlt es sich, daß der Arbeitgeber in Gegenwart von Zeugen dem Arbeitnehmer den Verdacht eröffnet, aufgrund dessen er kündigen will. Ob dieser sich nun dazu äußert oder nicht, spielt letztendlich keine Rolle. Auch bei sonst beabsichtigten, gerade personen- oder verhaltensbedingten Kündigungen wird sich grundsätzlich die Anhörung des Arbeitnehmers empfehlen und in den meisten Fällen auch von den Arbeitgebern durchgeführt werden. Wirksamkeitsvoraussetzung für die Kündigung ist sie allerdings nicht.

## Anhörung des Betriebsrates

In Firmen, in denen es einen Betriebs- oder Personalrat gibt, muß dieser grundsätzlich vor jeder Kündigung angehört werden, das heißt, der Arbeitgeber muß ihm vor jeder Kündigung schriftlich mitteilen, wen er, weshalb und mit welcher Kündigungsfrist kündigen will. Die Kündigungsgründe sind bereits umfassend in diesem Kündigungsschreiben aufzuzählen. Gründe, die der Arbeitgeber dem Betriebsrat nicht mitgeteilt hat, können nicht nachträglich in einem Kündigungsschutzprozeß geltend gemacht werden.

Das bestätigte das Bundesarbeitsgericht unter anderem in einer Entscheidung aus dem Jahr 1980 (NJW 1981, 2316):
In diesem Fall war der Kläger einer von 13 Vertrauensleuten der IG-Metall bei der Beklagten. Vormittags während der Arbeitszeit verteilte er an zehn Belegschaftsmitglieder die Gewerkschaftszeitung „Metall". Nach der Mittagspause verrichtete er für einen Arbeitskollegen eine Privatarbeit. Vier Tage danach kündigte ihm die Beklagte nach Anhörung des Betriebsrats fristlos und zugleich hilfsweise ordentlich.

Im Kündigungsschutzprozeß trug die Beklagte vor, der Kläger sei wegen ständiger privater Unterhaltungen während der Arbeitszeit verschiedentlich abgemahnt worden. Nachdem der Kläger Kündigungsschutz erlangt habe, seien immer häufiger Mitarbeiter an seinem Arbeitsplatz zu privaten Gesprächen erschienen. Anfall und Dauer der Gespräche seien über das übliche Maß weit hinausgegangen. Auch deswegen sei er wiederholt abgemahnt worden. Dem Kläger sei bekannt gewesen, daß er Privatarbeiten ohne Genehmigung während der Arbeitszeit nicht habe verrichten dürfen. Parallel zur Steigerung der Privatgespräche sei die Arbeitsleistung des Klägers drastisch abgefallen.

Die Beklagte meinte nun, der Betriebsrat sei zur Kündigung ordnungsgemäß gehört worden, indem ihm die wesentlichen Kündigungsgründe mitgeteilt worden seien. Sie sei nicht gehindert, im arbeitsgerichtlichen Verfahren ihren Sachvortrag zu spezifizieren und andere Vorgänge aufzuzeigen, durch die das Verhalten des Klägers ein anderes Gepräge erhalte.

Das Bundesarbeitsgericht stellte ausdrücklich fest, daß *nachgeschobene Kündigungsgründe, die bereits vor Ausspruch der Kündigung entstanden und dem Arbeitgeber bekannt gewesen seien, die er aber nicht mit dem Betriebsrat abgestimmt habe, im Kündigungsprozeß nicht zu verwerten seien. Das gelte jedenfalls dann, wenn der Betriebsrat der Kündigung nicht bereits aufgrund der ihm mitgeteilten Gründe zugestimmt habe, oder wenn der Arbeitgeber den Betriebsrat wegen der nachgeschobenen Gründe weder erneut angehört noch dem Betriebsrat diese Gründe nachträglich mitgeteilt habe.*

Die Bedeutung der Einschaltung des Betriebsrats bei einer Kündigung ist auch durchaus einer ganzen Reihe von Anwälten nicht in gebotenem Maße bekannt. Gerade zum Schutz von Arbeitnehmern ist immer wieder gründlich nachzufragen, inwieweit der Betriebsrat tatsächlich ordnungsgemäß angehört wurde. Es gibt zahlreiche Entscheidungen sowohl des Bundesarbeitsgerichts wie auch der Landesarbeitsgerichte, in denen die Mitteilungsobliegenheit des Arbeitgebers gegenüber dem Betriebsrat bei Kündigungen präzisiert wurde. In einer Entscheidung aus dem Jahr 1988 (DB 1989, 1575) stellte das Bundesarbeitsgericht zum Beispiel fest, daß der Betriebsrat auch bei Kündigungen, die innerhalb der ersten sechs Monate eines Beschäftigungsverhältnisses – also sogar in der Zeit, in der nach dem Kündigungsschutzgesetz noch kein Kündigungsschutz gegeben ist – ausgesprochen werden sollen, anzuhören ist. Im Betriebsverfassungsgesetz ist ausdrücklich festgelegt, daß der Betriebsrat vor jeder Kündigung zu hören ist, ohne daß dabei unterschieden wird, in welchem Zeitraum die Kündigung erfolgt. Die Unterrichtung des Betriebsrats müsse also in diesen Fällen genauso substantiiert zu erfolgen haben wie bei sonstigen Kündigungen. „Wenn der Arbeitgeber dem Betriebsrat bewußt ihm bekannte und seinen Kündigungsbeschluß bestimmende Tatsachen vorenthält, die nicht nur eine Ergänzung oder Konkretisierung des mitgeteilten Sachverhaltes darstellen, sondern diesem erst das Gewicht eines Kündigungsgrundes geben oder weitere eigenständige Kündigungsgründe beinhalten, dann ist das Anhörungsverfahren fehlerhaft und die Kündigung unwirksam."

Habe der Arbeitgeber hingegen objektiv kündigungsrechtlich erhebliche Tatsachen dem Betriebsrat deswegen nicht mitgeteilt, weil er darauf die Kündigung zunächst nicht stützen wolle oder weil er sie bei seinem Kündigungsentschluß für unerheblich oder entbehrlich gehalten habe, dann sei zwar die Anhörung ordnungsgemäß, die in diesem Sinne unvollständige Anhörung verwehre es dem Arbeitgeber allerdings, im Kündigungsschutzprozeß Gründe nachzuschieben, die über die Erläuterung des mitgeteilten Sachverhaltes hinausgingen.

Ebenfalls 1989 entschied das Bundesarbeitsgericht (DB 1989, 1679), daß der Arbeitgeber den Betriebsrat auch über die persönlichen Daten des zu kündigenden Arbeitnehmers (Alter, Familienstand, Unterhaltspflichten etc.) vollständig zu unterrichten habe, weil diese Daten für die Interessenabwägung und die Bestimmung der Kündigungsfristen von Bedeutung sein könnten.

In einem anderen Fall war ein Arbeitnehmer abgemahnt worden, er hatte jedoch zu dieser Abmahnung eine Gegendarstellung abgegeben. Als er nun angeblich wegen der Wiederholung der gleichen Tätigkeit gekündigt wurde, stellte das Bundesarbeitsgericht in letzter Instanz ebenfalls 1989

(Eza § 102 BetrVG 1972 Nr. 75) fest, daß diese Unterlassung der Beklagten zu einem fehlerhaften Anhörungsverfahren geführt habe. Wie die Stellungnahme des Personalrats zeige, sei er nachweislich von arbeitsrechtlichen Verfehlungen des Klägers ausgegangen, obwohl der Kläger solche Verfehlungen – insbesondere die ihm zur Last gelegten Kompetenzüberschreitungen – im einzelnen bestritten habe. Dem Betriebsrat seien auch Umstände mitzuteilen, die gegen den Ausspruch einer Kündigung sprechen würden.

Aus all den vorstehenden Entscheidungen und Hinweisen können Sie entnehmen, wie außerordentlich hoch das Bundesarbeitsgericht die Unterrichtungspflicht des Arbeitgebers gegenüber dem Betriebsrat ansetzt. Sie haben das Recht, wenn Sie gekündigt worden sind und vor der Frage eines Kündigungsschutzprozesses stehen, sowohl die vollständigen Papiere zu sehen, die der Arbeitgeber dem Betriebsrat vorgelegt hat, wie auch die Antwort des Betriebsrats hierauf. In jedem Fall ist der Arbeitgeber verpflichtet, diese Unterlagen vorzulegen, wenn der Arbeitnehmer im Kündigungsschutzprozeß auch nur die Behauptung aufstellt, die Anhörung des Betriebsrats sei nicht vollständig gewesen. Der Arbeitnehmer hat hierzu jederzeit das Recht; Nachteile können ihm hieraus nicht erwachsen.

## Fristen

Solange der Arbeitgeber ordnungsgemäß, sei es wegen personenbedingter, verhaltens- oder auch betriebsbedingter Gründe, kündigen will, sind ihm keine Fristen für die Kündigungserklärung vorgeschrieben. Etwas anderes gilt jedoch für den Fall, daß er wegen außerordentlicher Gründe fristlos kündigen will. Ausgehend von dem Zeitpunkt, zu dem er von dem Kündigungsgrund Kenntnis erhält, darf der Arbeitgeber nicht länger als 14 Tage warten, um die fristlose Kündigung auszusprechen. Diese relativ kurze Frist gilt unabhängig von der Verpflichtung des Arbeitgebers, dem

Betriebsrat die vollständigen Kündigungsgründe vorzulegen und dessen Erklärung zur beabsichtigten Kündigung abzuwarten. Da dem Betriebsrat auch relativ kurze Fristen gesetzt sind, wird es hierbei selten Probleme geben.

Ist dem Arbeitnehmer eine Kündigung übergeben oder durch die Post zugestellt worden, so muß er innerhalb von drei Wochen nach Zugang der Kündigung – beginnend mit dem auf den Erhalt der Kündigung folgenden Tag – die Kündigungsschutzklage beim Arbeitsgericht eingereicht haben. Es kann Ihnen als Arbeitnehmer nur empfohlen werden, möglichst rasch einen Anwalt aufzusuchen und diesem den Arbeitsvertrag und die Kündigungserklärung vorzulegen. Sie müssen dabei dem Anwalt keineswegs schon in jeder Einzelheit schildern, wie was abgelaufen ist, und wie Sie den Sachverhalt sehen und beurteilen. Ihr Anwalt muß nämlich keineswegs schon eine umfassende, bis in die letzte Einzelheit gehende Kündigungsschutzklage einreichen.

## Arbeitsgerichtsprozeß

Jedem sogenannten Haupttermin geht im Arbeitsgerichtsprozeß ein Sühnetermin voraus, das heißt, ein Zusammentreffen von Arbeitgeber und Arbeitnehmer beziehungsweise deren Anwälten bei Gericht, bei dem in ziemlich lockerer Verhandlungsführung der Sachverhalt vorgeklärt und der Versuch unternommen werden soll, den Rechtsstreit einvernehmlich und vergleichsweise zu erledigen. Dabei wird der Richter am Arbeitsgericht auch seine Rechtsmeinung zum Rechtsstreit darlegen. Wie Sie aufgrund der zahlreichen unterschiedlichen Entscheidungen der Arbeitsgerichte, Landesarbeitsgerichte und schließlich wiederum des Bundesarbeitsgerichts, die hier zitiert wurden, schon feststellen konnten, muß auch die Meinung des Richters am Arbeitsgericht nicht immer die richtige sein. Wenn Ihr Anwalt eine andere Rechtsmeinung vertritt, können Sie dieser mindestens ebenso vertrauen wie derjenigen des Arbeitsrichters. Selbst wenn dieser im Prozeß erklärt, Sie hätten mit Ihren Rechtsvorstellungen bei dem vorliegenden Sachverhalt überhaupt keine Aussicht auf Erfolg, dann bedeutet das nicht, daß Sie sich auf diese Rechtsmeinung tatsächlich einlassen müssen. Schon das Landesarbeitsgericht kann wieder eine völlig andere Meinung vertreten und – wie Sie schon mehrfach gesehen haben – das Bundesarbeitsgericht eine dritte. Sie müssen einzig und allein bedenken, daß Prozesse für den Betroffenen oft nervenaufreibend sind und vor allen Dingen, daß Sie im Arbeitsrecht in der ersten Instanz beim Arbeitsgericht immer die Kosten des Verfahrens – das heißt Ihre Anwaltsgebühren – selbst tragen müssen. Die Streitwerte, aus denen sich die Anwaltsgebühren errechnen – in den meisten Fällen gibt es keine Gerichtskosten – sind keineswegs niedrig. Wenn Sie 3000,– DM brutto im Monat verdienen – oft wird es mehr sein – müssen Sie von einem Streitwert von 9000,– DM, dem dreifachen Monatsbetrag, ausgehen. Das bedeutet derzeit Anwaltsgebühren in Höhe von ca. 1200,– DM.

*Es lohnt sich also in Arbeitsrechtsfällen immer, wenn Sie schon rechtzeitig eine Rechtsschutzversicherung abgeschlossen haben.* Es wird Ihnen und Ihrem Anwalt dann auch leichter fallen, über die Frage zu entscheiden, ob Sie gegebenenfalls eine nachteilige Entscheidung beim Arbeitsgericht vom Landesarbeitsgericht überprüfen lassen wollen. Sollten Sie Ihre Klage auch dort verlieren, müßten Sie nicht nur die eigenen Anwaltskosten der Berufungsinstanz bezahlen, sondern hier auch noch die des Arbeitgebers. Das wäre dann für die zweite Instanz ein zusätzlicher Kostenbetrag von ca. 3000,– DM.

Arbeitsgerichtsprozesse dauern oft sehr lange, zumindest dann, wenn das Sühneverfahren vorbei ist und die Sache in das sogenannte Hauptsacheverfahren übergeht, bei dem Zeugen gehört werden können oder müssen und bei dem nicht ein Einzelrichter, sondern eine Kammer mit zwei ehrenamtlichen Beisitzern entscheidet. Das bedeutet bei einer Kündigungsschutzklage, daß Sie sich in vielen Fällen zunächst einmal entweder an das Arbeitsamt wenden und sich arbeitslos melden müßten, oder daß Sie sich eine andere Tätigkeit suchen müßten. Von irgend etwas muß der Mensch schließlich leben. Diese Tatsache macht allerdings Arbeitsgerichtsprozesse oft besonders schwierig, weil Sie doch in vielen Fällen nicht die wirtschaftlichen Voraussetzungen haben werden, um das manchmal ja auch ungewisse Ende eines Arbeitsgerichtsprozesses bis zur letzten Instanz abzuwarten. Oft werden Sie deshalb bereit sein, eine angebotene Abfindung anzunehmen und damit einvernehmlich das Arbeitsverhältnis aufzulösen. Der auch vom Bundesarbeitsgericht behauptete Zweck des Kündigungsschutzgesetzes als Bestandsschutz des Arbeitsverhältnisses für den Arbeitnehmer wird durch die wirtschaftlichen Zwänge oft nicht zu erreichen sein. Es gibt allerdings auch die Möglichkeit, mittels einer sogenannten *einstweiligen Verfügung* die Weiterbeschäftigung zu erreichen. Das Betriebsverfassungsgesetz stellt die Voraussetzungen hierfür wie folgt zusammen:

Der Arbeitgeber muß eine ordentliche Kündigung – also keine außerordentliche – ausgesprochen haben, der Betriebsrat muß frist- und ordnungsgemäß dieser Kündigung widersprochen und der Arbeitnehmer muß die Kündigungsschutzklage erhoben haben, mit dem Ziel festzustellen, daß das Arbeitsverhältnis durch die Kündigung nicht aufgelöst worden ist. Der Arbeitgeber kann seinerseits den gegenteiligen Antrag stellen. Auch in diesem Vorverfahren wird jedoch zu prüfen sein, inwieweit die Kündigungsschutzklage überhaupt Aussicht auf Erfolg hat. Nur wenn ein sozusagen schon greifbares Verschulden des Arbeitgebers an der fehlerhaften Kündigung vorliegt, werden Sie einen Arbeitsrichter auch davon überzeugen können, daß Sie im bisherigen Arbeitsverhältnis weiterbeschäftigt werden müssen.

## Abfindung

Das Kündigungsschutzgesetz sieht neben den Kündigungsschutzklagen auch die Möglichkeit vor, daß Arbeitgeber oder Arbeitnehmer den Antrag auf Auflösung des Arbeitsverhältnisses gegen Zahlung einer Abfindung stellen. Das Gericht kann also nicht von sich aus die Auflösung des Arbeitsverhältnisses feststellen, zumindest nicht im Sinne dieser Vorschriften des Kündigungsschutzgesetzes. Üblicherweise wird der Arbeitnehmer zusammen mit seiner Kündigungsschutzklage einen entsprechenden Auflösungsantrag bereits beim Arbeitsgericht stellen, ebenso möglich ist das für den Arbeitgeber.

Der Arbeitnehmer wird in erster Linie dann den Auflösungsantrag stellen, wenn er zwar einerseits der Meinung ist, zu Unrecht gekündigt worden zu sein, wenn er aber andererseits auch glaubt, die Fortsetzung des Arbeitsverhältnisses sei ihm nicht zuzumuten. Was nunmehr wieder zumutbar ist, wird vom jeweiligen Gericht entschieden. Es kann dabei sehr unterschiedliche Zumutbarkeitsgrenzen geben. Das Bundesarbeitsgericht hat jahrelang die Meinung vertreten, unzumutbar sei die Weiterbeschäftigung nur, wenn dem Arbeitnehmer das Recht zur außerordentlichen Kündigung zustünde. Nachdem es selbst festgestellt hatte, daß diese Rechtsprechung zu weit ging und die Möglichkeiten der Zumutbarkeit für den Arbeitnehmer zu weit einschränkte, änderte es seine Rechtsprechung mit einer Entscheidung aus dem Jahr 1981 ab (NJW 1982, 2015):

In diesem Fall hatte der Arbeitnehmer Kündigungsschutzklage erhoben. Die Arbeitgeberin hatte beantragt, die Klage abzuweisen und hilfsweise das Arbeitsverhältnis gegen Zahlung einer angemessenen Abfindung aufzulösen. Nun stellte der Arbeitnehmer seinerseits den Antrag, das Arbeitsverhältnis gegen Zahlung einer Abfindung aufzulösen. Er begründete seinen Auflösungsantrag damit, die Arbeitgeberin habe durch ihren eigenen Auflösungsantrag in der ersten Instanz zu erkennen gegeben, sie gehe davon aus, daß eine vertrauensvolle Zusammenarbeit zwischen ihr und dem Kläger nicht mehr gegeben sei. Der Kläger müsse davon ausgehen, daß er bei der Weiterbeschäftigung nicht mehr einwandfrei behandelt werde und bei geplanten Kündigungen zweifellos als erster betroffen werde. Das Bundesarbeitsgericht änderte, wie schon festgestellt, seine frühere Rechtsansicht und stellte fest, es müsse geprüft werden, ob die Fortsetzung des Arbeitsverhältnisses überhaupt, das heißt, auf unbestimmte Dauer, zumutbar sei. Es könne auch Gründe geben, die einem Arbeitnehmer die Fortsetzung des Arbeitsverhältnisses unzumutbar machten, die jedoch für eine fristlose Kündigung nicht ausreichen würden. Bestreitet der Arbeitgeber – wie im vorliegenden Fall – trotz gegenteiliger Aussagen des Vorgesetzten des Arbeitnehmers, daß dieser für bestimmte Aufgaben die nötige Qualifikation besitze, so könne es dem Arbeitnehmer durchaus zuzumuten sein, mit dem Arbeitgeber noch bis zum Ende der einmonatigen Kündigungsfrist weiter zusammenzuarbeiten. Dagegen sei die Basis für eine vertrauensvolle Zusammenarbeit auf unbestimmte Zeit entfallen. Der Arbeitgeber erwecke durch dieses Verhalten beim Arbeitnehmer die begründete Befürchtung, daß er, so wie im Prozeß, auch in Zukunft die Qualifikation des Arbeitnehmers für bestimmte Arbeiten bestreiten und ihn nicht mit einer seiner Ausbildung und seinem Können angemessenen Arbeit betrauen werde.

„Dem steht auch nicht Sinn und Zweck des Kündigungsschutzes entgegen. Das Kündigungsschutzgesetz dient zwar vornehmlich dem Schutz des Arbeitsplatzes, es ist also ein ‚Bestandsschutzgesetz' und kein ‚Abfindungsgesetz'. Dabei ist aber zu berücksichtigen, daß die dem Arbeitnehmer gesetzlich eingeräumte Möglichkeit ... die Auflösung des Arbeitsverhältnisses zu verlangen, gleichwertig neben dem

Kündigungsschutz steht. Der im Interesse der Arbeitnehmer geschaffene Bestandsschutz soll also ... nicht gegen den Willen des Arbeitnehmers durchsetzbar sein."

Aus der Sicht des Arbeitgebers liegt der Auflösungsgrund darin, daß er darlegen und beweisen muß, daß eine weitere Zusammenarbeit zwischen Arbeitnehmer und Arbeitgeber dem Betrieb nicht dienlich wäre. Die Auflösungsgründe können auch zwischen der Kündigung und der letzten mündlichen Verhandlung bei Gericht erst entstanden sein. Sie müssen objektiv dazu führen, daß das Vertrauensverhältnis zwischen Arbeitgeber und Arbeitnehmer nachhaltig gestört ist, ohne daß sie so gewichtig sein müssen, daß sie für eine ordentliche Kündigung ausreichen würden. Schließlich erhält der Arbeitnehmer mit der Abfindung wenigstens teilweise einen Ersatz für seinen Arbeitsplatz.

Da der Arbeitnehmer seinen Auflösungsantrag nur in Verbindung mit einer Kündigungsschutzklage stellen kann, muß der Auflösungsantrag für ihn nicht immer erfolgreich ausgehen. Es kann auch sein, daß vom Arbeitsgericht festgestellt wird, daß die Kündigung sozial ungerechtfertigt war und daß deshalb ein Auflösungsantrag zurückgewiesen wird. Gleiches kann für den Fall gelten, daß ausnahmsweise der Arbeitgeber recht bekommen sollte, daß also festgestellt wird, daß die Kündigung sozial gerechtfertigt war und daß damit die Auflösungsanträge gegenstandslos werden. Nur wenn zugunsten des Arbeitnehmers festgestellt wird, daß er eigentlich gar nicht hätte gekündigt werden dürfen, hat das Gericht auch die Möglichkeit, das Arbeitsverhältnis aufgrund eines Auflösungsantrags durch Urteil aufzulösen. Der Arbeitgeber ist dann verpflichtet, bis zu dem Zeitpunkt, zu dem das Arbeitsverhältnis aufgelöst wird, Lohn beziehungsweise Gehalt fortzuzahlen. Der Auflösungszeitpunkt wird im Urteil durch das Gericht festgelegt. Erst für die darauffolgende Zeit ist die Abfindung anzusetzen.

Unabhängig von dem vorher geschilderten Auflösungsantrag können die Streitparteien – Arbeitnehmer und Arbeitgeber – in jedem Abschnitt des arbeitsgerichtlichen Verfahrens einen Vergleich abschließen, aufgrund dessen das Arbeitsverhältnis gegen Zahlung einer Abfindung beendet wird.

**Abfindungshöhe**

Das Gericht soll die Höhe der Abfindung „nach pflichtgemäßem Ermessen" festsetzen. Es sollen auch hier alle Umstände des Einzelfalles berücksichtigt werden, insbesondere Lebensalter, Dauer der Betriebszugehörigkeit, Familienstand, eventuell sogar in Ausnahmefällen die wirtschaftliche Lage des Arbeitgebers. Als Höchstmaß sind in der Regel 12 Monatsverdienste anzusetzen, nur das Lebensalter gibt weitere Erhöhungsmöglichkeiten. Sofern nämlich das 50. Lebensjahr schon vollendet ist und das Arbeitsverhältnis mindestens 15 Jahre bestanden hat, können auch 15 Monatsverdienste erzielt werden und sogar 18 Monatsverdienste, wenn der Arbeitnehmer das 55. Lebensjahr vollendet hat und das Arbeitsverhältnis mindestens 20 Jahre bestanden hat. Vielfach wird Ihnen Ihr Anwalt sagen, daß für zwei Beschäftigungsjahre ein Monatseinkommen als Abfindung üblich ist.

Letztendlich kommt es bei der Höhe der Abfindung jedoch in erheblichem Maße auch darauf an, inwieweit schon erkennbar ist, ob der Arbeitgeber bei der Kündigungsschutzklage unterliegen wird und welches Interesse er an der Vertragsauflösung hat. Es können dann gegebenenfalls, wenn der Arbeitgeber das Arbeitsverhältnis unbedingt beenden will, erheblich höhere Abfindungsbeträge zu erzielen sein.

Bei der Berechnung des Monatseinkommens sind nicht nur alle Geld- und Sachbezüge pro Monat, sondern eventuell auch Gratifikationen anteilig mitzuberücksichtigen.

**Steuern und Sozialabgaben auf die Abfindung**

Die Frage, bis zu welcher Höhe Abfindungen steuerfrei bleiben, hängt auch hier vom Lebensalter und der Dauer des Arbeitsverhältnisses ab. Sind Sie beim Ausscheiden aus der Firma bereits 55 Jahre alt und haben Sie mindestens 20 Jahre in der Firma gearbeitet, können Sie einen steuerfreien Höchstbetrag von 36 000,– DM bekommen. Sind Sie erst 50 Jahre alt und hat das Arbeitsverhältnis 15 Jahre bestanden, so ist der steuerfreie Höchstbetrag auf 30 000,– DM festgelegt, in allen übrigen Fällen liegt er bei 24 000,– DM.

Sind in der Abfindung Lohnbestandteile enthalten – zum Beispiel weil Sie zwischen dem vom Gericht festgelegten Auflösungszeitpunkt und dem tatsächlichen Ausscheiden aus dem Betrieb keine Gehalts- oder Lohnfortzahlung mehr erhalten haben, so ist die Abfindung in die Beträge aufzuteilen, die reine Lohnbestandteile sind und in den Betrag, der als Abfindung tatsächlich zu werten ist. Nur die Teile, die nicht als Lohnbestandteile anzusehen sind, sind auch tatsächlich steuerfrei.

Etwas anderes gilt für die sozialversicherungsrechtliche Beurteilung. Das Bundesarbeitsgericht stellte zunächst in einer Entscheidung aus dem Jahr 1988 (NJW 1989, 1381) fest, daß Abfindungen, die für den Verlust des Arbeitsplatzes gezahlt werden, auch dann nicht der Beitragspflicht zur Sozialversicherung unterliegen, wenn für sie Einkommens- oder Lohnsteuer abzuführen ist:

In diesem Fall endete ein Rechtsstreit vor dem Arbeitsgericht damit, daß sich die Arbeitgeberin bereit erklärte, dem Arbeitnehmer zur Abgeltung des Verlustes des sozialen Besitzstandes eine Abfindung von 29 500,– DM zu bezahlen. Mit dem September-Gehalt des Jahres 1986 zahlte sie an den Arbeitnehmer 24 000,– DM, führte jedoch von dem darüber hinausgehenden Betrag in Höhe von 5500,– DM Lohnsteuer und Sozialversicherungsbeiträge an die zuständigen Behörden ab. Es handelte sich bei Letzterem um einen Betrag in Höhe von 728,19 DM, den nun der Arbeitnehmer auch noch von der Arbeitgeberin bekommen wollte. Während Arbeitsgericht und Landesarbeitsgericht der Meinung waren, der Arbeitgeber habe richtig gehandelt, hob das Bundesarbeitsgericht diese Entscheidungen wieder auf. Es stellte ausdrücklich fest, daß von der Abfindung keine Sozialversicherungsbeiträge abzuführen seien, soweit die Abfindungen für Zeiten nach dem Ende des Arbeitsverhältnisses gezahlt werden.

„Für Einmalzahlungen, die für Zeiten des Arbeitsverhältnisses gezahlt werden, zum Beispiel Treueprämien, Jubiläumsgelder, Gratifikationen, sind Sozialversicherungsbeiträge abzuführen, für Einmalzahlungen dagegen, die für Zeiten außerhalb oder nach Beendigung des Arbeitsverhältnisses gezahlt werden, sind keine Sozialversicherungsbeiträge abzuführen. Auch insoweit fehlt der Bezug zu einem versicherungspflichtigen Zeitraum."

In einer Entscheidung aus dem Jahr 1990 schloß sich das Bundessozialgericht dieser Meinung an (NJW 1990, 2274):

In diesem Fall stand die Arbeitnehmerin von 1958 bis März 1986 in einem Arbeitsverhältnis. Aufgrund einer Vereinbarung mit dem Arbeitgeber endete das Beschäftigungsverhältnis mit dem 31. März 1986. Der Arbeitgeber sagte der Mitarbeiterin zugleich in entsprechender Anwendung der Kündigungsschutzvorschriften eine Abfindung in Höhe von 129 168,– DM zu, zog jedoch hiervon ebenfalls wie in dem Fall beim Arbeitsgericht Arbeitnehmeranteile an den Gesamtsozialversicherungsbeiträgen in Höhe von 3093,30 DM ab. Am 20. 5. 1986 beantragte die Arbeitnehmerin die Erstattung der von ihrer Abfindung abgezogenen Beitragsanteile.

Auch das Sozialgericht bestätigte, daß die Abfindung als beitragspflichtiges Arbeitsentgelt nur angesehen werden könnte, wenn sie auf die Zeit der Beschäftigung zu „verschieben" wäre. Der Arbeitgeber meinte nämlich, die im März 1986 gezahlte Abfindung sei nach Abzug eines Steuerfreibetrags als einmalig gezahltes Arbeitsentgelt auf das Jahr 1985 zu verteilen und bis zu den Beitragsbemessungsgrenzen der einzelnen Versicherungszweige zu Beiträgen heranzuziehen. Das Bundessozialgericht argumentierte dagegen, daß die Verschiebung jedoch mit dem Zweck der Abfindung als einer Entschädigung für künftig entfallende Verdienstmöglichkeiten nicht vereinbar sei.

„Wenn im Steuerrecht auch ‚Bezüge und Vorteile aus früheren Dienstleistungen' den Einkünften aus nichtselbständiger Arbeit zugerechnet werden und deshalb auch Abfindungen der vorliegenden Art nach Abzug eines Freibetrags steuerpflichtig sind, allerdings nur mit einem ermäßigten Steuersatz, so beruht dies auf einer dem Steuerrecht eigentümlichen Betrachtungsweise. Danach gehören nämlich kraft ausdrücklicher Bestimmung zum lohnsteuerpflichtigen Arbeitslohn auch Einnahmen aus einem früheren Dienstverhältnis und Entschädigungen, die dem Arbeitnehmer als Ersatz für entgangenen oder entgehenden Arbeitslohn oder für die Aufgabe oder Nichtausübung einer Tätigkeit gewährt werden. Diese Vorschriften sind auf den – eigenständig geregelten – Begriff des Arbeitnehmers in der Sozialversicherung nicht übertragbar."

Eine Abfindung, wie sie die Klägerin erhalten habe, sei somit, weil sie nicht mehr einer inzwischen beendeten versicherungspflichtigen Beschäftigung zuzuordnen sei, nicht als Arbeitsentgelt beitragspflichtig. Die entrichteten Beiträge waren an die Arbeitnehmerin zu erstatten.

# Arbeitszeugnis

11

Bei der Erstellung von Zeugnissen kommen Arbeitgeber ebenso oft in Schwierigkeiten, wie Arbeitnehmer sich ärgern, wenn das Zeugnis nicht nach ihren Vorstellungen ausfällt. Da es ganz natürlich ist, daß sich die meisten Arbeitnehmer auf ihrem Arbeitsplatz für unentbehrlich und im höchsten Maße einsatzbereit halten, auch wenn ein objektiver Beobachter das vielleicht nicht so sehen würde, gehen sie natürlich davon aus, daß gerade ihnen beim Ausscheiden aus dem Arbeitsverhältnis nur das „beste Zeugnis" ausgestellt werden könnte. Da – wie schon gesagt – Arbeitgeber nicht immer dieser Meinung sein müssen, bleibt diesen nichts anderes übrig, als zwischen dem hohen Anspruch des Arbeitnehmers und den eigenen Vorstellungen einen einigermaßen brauchbaren Mittelweg zu finden. Diese Bemühungen schlagen sich dann vielfach in einer Art Zeugnissprache nieder, bei der mit verklausulierten Texten Aussagen getroffen werden sollen, die der Arbeitgeber offen nicht aussprechen will, beziehungsweise der Arbeitnehmer so nicht akzeptieren würde.

## Einfache Zeugnisse/Bescheinigungen

In manchen Fällen, in denen sich Arbeitgeber und Arbeitnehmer sehr schnell getrennt haben, kann es für den Arbeitnehmer ausreichen, wenn er nur eine sogenannte Arbeits- und Entgeltbescheinigung erhält. Das kann insbesondere dann ausreichen, wenn der Arbeitnehmer eine völlig anders gelagerte Tätigkeit aufnehmen will.

Ähnlich wie die Arbeits- und Entgeltbescheinigungen sehen auch einfache Zeugnisse aus, in denen nur die Art und Dauer der Beschäftigung festgelegt ist. Zur Art der Beschäftigung ist eine genaue und vollständige Arbeitsplatzbeschreibung erforderlich einschließlich irgendwelcher Vorgesetztenfunktionen und eventueller Fortbildungsmaßnahmen. Ausschließlich auf Verlangen des Arbeitnehmers ist der Arbeitgeber berechtigt, auch den Entlassungsgrund in das einfache Zeugnis hineinzuschreiben. Sonst hat dieser dort nichts zu suchen.

## Qualifizierte Zeugnisse

In der Regel wird der Arbeitnehmer Wert auf ein qualifiziertes Zeugnis legen, in dem nicht nur Art und Dauer, sondern vor allen Dingen auch Leistungen sowie das Verhalten am Arbeitsplatz beschrieben werden müssen. *Ein qualifiziertes Zeugnis müssen Sie allerdings ausdrücklich verlangen,* damit der Arbeitgeber auch verpflichtet ist, Ihnen dieses Zeugnis auszustellen.

Der Arbeitgeber hat eine Wahrheitspflicht bei der Erstellung des Zeugnisses, das heißt, er darf nur Tatsachen aufnehmen, die einem wohlwollenden verständigen Arbeitgeber entsprechen. Das Bundesarbeitsgericht hat zwar entschieden, daß „wohlwollende Beurteilung" nicht heißen soll, daß Ungünstiges nicht gesagt werden dürfte, gleichwohl sollte sich der Arbeitgeber hüten, wirklich Ungünstiges in das Zeugnis hineinzuschreiben, von extremen Ausnahmen vielleicht gelegentlich abgesehen. Zum Beispiel soll ein Strafverfahren wegen sittlicher Verfehlung eines Heimerziehers im Zeugnis nicht unerwähnt bleiben; dieses Beispiel des Bundesarbeitsgerichts (BAG AP 10 zu § 630 BGB) kann sicherlich als Extrembeispiel bezeichnet werden.

Sind Sie mit Ihrem Zeugnis nicht einverstanden, haben Sie die Möglichkeit, den Arbeitgeber auf Berichtigung zu verklagen. Vielfach kommt es dabei vor, daß der Arbeitnehmer beziehungsweise sein Anwalt sei es das ganze oder seien es Teile des Zeugnisses selbst formulieren müssen. Hat das Gericht den Arbeitgeber dazu verurteilt, ein Zeugnis mit einem bestimmten vom Gericht oder vom Arbeitnehmer formulierten Text zu erteilen, so darf der Arbeitgeber selbstverständlich im Zeugnis nicht auf das Urteil verweisen.

Wie delikat die Zeugnisverpflichtung ist, läßt sich einem Urteil des Bundesgerichtshofs aus dem Jahr 1979 entnehmen (NJW 1979, 1882). Die Beklagte in diesem Fall hatte einen Buchhalter beschäftigt, der dann in die Dienste einer anderen Firma wechselte. Dort beging er Unterschlagungen. Die Beklagte hatte folgendes Dienstzeugnis erteilt: „Herr S. hat sich von Anfang an rasch in die Materie unserer Buchhaltung eingearbeitet ... Wir kennen Herrn S. als einen zuverlässigen und verantwortungsbewußten Mitarbeiter. Er hat seine ihm übertragenen Aufgaben zu unserer vollen Zufriedenheit erfüllt. In Anerkennung seiner Verdienste um die Firma erhielt er am 1. 1. 1972 Handlungsvollmacht. Herr S. verläßt uns auf eigenen Wunsch. Wir wünschen ihm für seine Zukunft alles Gute."

Dieses Zeugnis hatte besagter S. der neuen Firma X bei seiner Einstellung vorgelegt. Ein knappes halbes Jahr danach stellte seine frühere Firma Y fest, daß S. in ihrem Betrieb erhebliche Unterschlagungen begangen hatte. Es handelte sich dabei um Beträge in Höhe von knapp 240 000,– DM. Da er auf seinen Konten zusammen noch 220 000,– DM hatte, übertrug er sein Guthaben bei der Sparkasse in Höhe von ca. 183 000,– DM seinem früheren Arbeitgeber Y. Von diesem Betrag stammten aber 142 000,– DM aus Unterschlagungen bei der Firma X. In einem Schreiben an die Klägerfirma X wies der Anwalt der beklagten Firma Y auf die Unterschlagungen hin und erbat das Zeugnis zur Änderung zurück. Die Firma X ließ daraufhin ihre Buchhaltung prüfen und stellte fest, daß sie durch die Machenschaften des S. einen Schaden von rund 550 000,– DM erlitten hatte. Da von diesem, der natürlich von der Firma X sofort entlassen wurde, nichts zu holen war, verklagte sie deshalb die Firma Y, die das Zeugnis erstellt hatte. Die beklagte Firma Y wurde tatsächlich verurteilt, 140 000,– DM an die Firma X zu bezahlen. Der Bundesgerichtshof führte aus, daß dann, wenn der Aussteller eines Dienstleistungszeugnisses nachträglich erkannt habe, daß dieses grob unrichtig sei, und daß ein bestimmter Dritter durch Vertrauen auf dieses Zeugnis Schaden zu nehmen drohe, für den durch die Unterlassung einer Warnung entstandenen Schaden hafte.

„Die Beklagte hatte durch das Zeugnis, das S. als einen vertrauenswürdigen Buchhalter auswies, einen aus nachträglicher Sicht gefährlich falschen Eindruck erweckt. Obgleich sie daran kein Verschulden getroffen hatte, traf sie doch die Verpflichtung, dieser aus ihrem vorhergegangenen Tun erwachsenen Gefahrenquelle in zumutbarer Weise entgegenzuwirken."

Jedenfalls sei ein klärender Hinweis an die Klägerin zumutbar und daher geschuldet gewesen, nachdem die Beklagte erfahren hatte, daß jene – naturgemäß auch unter Vertrauen auf das dem Herrn S. erteilte Zeugnis – ihn wiederum in verantwortlicher Stellung beschäftigt habe und überdies der Verdacht neuer Unredlichkeiten, diesmal zu Lasten des Klägers, sich aufdrängen mußte. Eine solche Pflicht, eine anfänglich unrichtige Auskunft wenigstens nachträglich zu berichtigen, und so die von ihr einem anderen drohende Gefahr abzuwenden, habe der BGH mehrfach bejaht.

Sie erkennen aus diesem Urteil sicherlich die Problematik einer Zeugniserteilung. Einerseits soll der Arbeitgeber über seinen bisherigen Mitarbeiter nur wahrheitsgemäße Tatsachen berichten, andererseits muß das Zeugnis möglichst wohlwollend sein und gleichzeitig kann den Arbeitgeber sogar nachträglich eine Haftung treffen, wenn er bei Zeugniserteilung noch berechtigt meinte, von den angegebenen Tatsachen ausgehen zu dürfen und erst später feststellen mußte, daß die Behauptungen in dem Zeugnis nicht zutrafen.

**„. . . zur vollsten Zufriedenheit"**

Das Landesarbeitsgericht Düsseldorf (DB 1995, 1135) befaßte sich mit der Formulierung „Zur vollsten Zufriedenheit" in einem Zeugnis. Im Rahmen dieser Entscheidung stellte es auch fest, daß ein Zeugnisanspruch nicht mehr besteht, wenn der Arbeitnehmer seinen Anspruch elf Monate lang trotz anwaltlicher Fristsetzung mit Klageandrohung nicht weiter verfolgt. Im übrigen stellte es fest, daß die von ihm nach Ablauf der elf Monate gewünschte Formulierung „Zur vollsten Zufriedenheit" schon sprachlich unmöglich sei. „Dem Kläger ist allenfalls zuzugestehen, daß im Arbeitsleben gelegentlich standardisierte Zeugnisformulierungen verwendet werden. Es handelt sich hier um ständig wiederkehrende floskelhafte Sätze, die im übrigen in der Regel wohlwollender klingen, als sie gemeint sind. Das zeigen die vom Kläger vorgelegten Beispiele gebräuchlicher Zeugnisfloskeln wie sie in der Zeitschrift ‚Capital' nach dem Zitat des Klägers in einer vergleichbaren Synopse aufgelistet wurden."

Die Formulierung von Werturteilen in einem Arbeitszeugnis sei und bleibe letztlich Sache des Arbeitgebers und lasse sich nicht bis in die Einzelheiten der sprachlichen Ausformulierung regeln und durch die Gerichte vorschreiben. Das ursprüngliche Verlangen des Klägers auf Erteilung eines Zeugnisses mit der Leistungsbeurteilung „Zur vollsten Zufriedenheit" verlange aber etwas bereits sprachlich Unmögliches.

**Zeugnis abholen oder zuschicken?**

Das Bundesarbeitsgericht mußte sich auch mit der Frage befassen, ob der Arbeitnehmer sein Zeugnis abholen oder ob es ihm vom Arbeitgeber zuzuschicken sei (NJW 1995, 2373). Die Klägerin hatte als Anwaltsgehilfin bei einem Anwalt gearbeitet. Schließlich wechselte sie den Arbeitgeber und damit auch den Anwalt. Von ersterem verlangte sie, nachdem sie ausgeschieden war, ein Arbeitszeugnis. Dieser erklärte, das Zeugnis sei zwischenzeitlich gefertigt worden und liege zur Abholung für die Klägerin bereit. Die neuen

Arbeitgeber waren der Meinung, das Zeugnis müsse übersandt werden. Das Landesarbeitsgericht Kassel verurteilte den früheren Arbeitgeber, das Arbeitszeugnis an die Klägerin „auf den Weg zu bringen", das Bundesarbeitsgericht hob diese Entscheidung wieder auf.

Es stellte fest, daß grundsätzlich Arbeitspapiere, zu denen auch das Arbeitszeugnis zähle, vom Arbeitnehmer abzuholen seien. Nur wenn der Arbeitnehmer seinen Wohnsitz inzwischen an einen weit entfernten Ort verlegt habe, könne nach Meinung des Arbeitsgerichts Wetzlar (BB 1972, 222) vom Arbeitgeber die Zusendung des Zeugnisses verlangt werden. Das Landesarbeitsgericht Frankfurt hatte entschieden, daß eine Verpflichtung des Arbeitgebers zur Übersendung dann gegeben sei, wenn ein Arbeitnehmer die Erteilung des Zeugnisses rechtzeitig vor Beginn des Arbeitsverhältnisses verlangt habe, es jedoch bis zur Beendigung des Arbeitsverhältnisses aus Gründen, die in der Sphäre des Arbeitgebers lägen, nicht zur Abholung durch den Arbeitnehmer bereitliege (DB 1984, 22).

Das Bundesarbeitsgericht stellte in dem hier zur Entscheidung anstehenden Fall fest, es sei der Klägerin nicht unzumutbar, das Zeugnis in der Kanzlei des Beklagten abzuholen oder durch einen Bevollmächtigten abholen zu lassen. Es sei nicht mit einem unverhältnismäßigen Aufwand oder unverhältnismäßigen Kosten verbunden, wenn sie das von ihr nachträglich verlangte qualifizierte Zeugnis in der Kanzlei des Anwalts abhole. Die Entfernung zwischen dem jetzigen Arbeitsort der Klägerin und der Kanzlei des Beklagten betrage nach der Feststellung des Landesarbeitsgerichts nur 500 Meter. Auch die Entfernung vom Wohnort der Klägerin zur Kanzlei des Beklagten in Kassel betrage nur wenige Kilometer. Im Interesse der Klägerin sei es zwar wünschenswert, wenn der Anwalt ihr das begehrte Arbeitszeugnis übermittle, allein die Tatsache, daß dem Beklagten dies möglich sei, führe jedoch nicht zu einer entsprechenden rechtlichen Verpflichtung.

Es ist vielen Arbeitnehmern bekannt, daß Personalchefs häufig beim früheren Arbeitgeber anrufen, weil sie sich nicht auf die Angaben im Zeugnis verlassen wollen. Diese Anrufe sind derart anonym, daß ein Dritter in der Regel hiervon keine Kenntnis bekommen wird.

Die Gerichte haben festgestellt, daß der bisherige Arbeitgeber berechtigt ist, dem künftigen Arbeitgeber Auskünfte zu erteilen, wobei er verpflichtet sein soll, seinem Arbeitnehmer in seinem Fortkommen auch behilflich zu sein. Hat der Arbeitgeber das Ausscheiden seines früheren Mitarbeiters wirklich mit Bedauern zur Kenntnis genommen und wünschte ihm – wie im Zeugnis oft festgestellt – für die Zukunft wirklich alles Gute, wird er auch positive Auskünfte an den künftigen Arbeitgeber erteilen. Ist das nicht der Fall, können die Auskünfte negativ sein – in den wenigsten Fällen wird jedoch der Arbeitnehmer von der tatsächlich erteilten Auskunft etwas erfahren.

# Mutterschutz

12

## Kündigungsschutz während der Schwangerschaft

Drei wichtige Kriterien enthält das Mutterschutzrecht:

Es verhilft zu einem besonderen Kündigungsschutz während der Schwangerschaft und in einer relativ kurzen Frist danach, es sorgt für einen besonderen Gefahrenschutz der werdenden Mutter insbesondere am Arbeitsplatz mit zahlreichen Beschäftigungsverboten, und es gewährt darüber hinaus die Bezahlung eines Mutterschutzlohnes für einige Wochen vor und nach der Entbindung.

Das Mutterschutzgesetz enthält ein absolutes Kündigungsverbot. Das bedeutet, daß ohne Zustimmung der zuständigen Verwaltungsrechtsstellen – diese sind bei den einzelnen Ländern unterschiedlich – eine Kündigung einer schwangeren Arbeitnehmerin, sei es ordentlich oder außerordentlich, sei es eine Änderungskündigung oder sogar eine Massenänderungskündigung, unwirksam ist. Dieser besondere Kündigungsschutz beginnt mit dem Zeitpunkt, für den der Arzt den Beginn der Schwangerschaft festgelegt hat, und er endet erst vier Monate nach der Entbindung beziehungsweise mit dem Ende des Erziehungsurlaubs, wenn dieser von der Mutter beantragt wurde.

Das Mutterschutzrecht gilt tatsächlich nur für werdende Mütter. Diese Tatsache kann Probleme aufwerfen, wenn es zu Fehlgeburten kommt. Einen derartigen Fall hatte das Bundesarbeitsgericht im Jahr 1990 zu entscheiden (NZA 91, 63):

In diesem Fall war der Klägerin zunächst das Angebot unterbreitet worden, gegen Zahlung einer Abfindung von 15 000,– DM das Arbeitsverhältnis einverständlich aufzuheben, weil die Firma verkauft werden sollte. Dies lehnte die Arbeitnehmerin ab, weil Sie sich im vierten Monat ihrer Schwangerschaft befand. Etwa einen Monat später verlor sie jedoch ihr Kind durch Fehlgeburt. Im späteren Kündigungsschutzprozeß berief sie sich unter anderem darauf, die Kündigung sei zur Unzeit erfolgt, so daß der Zeitpunkt des Zugangs der Kündigung treuwidrig sei. Das verneinte das Bundesarbeitsgericht, das zunächst auf die Bestimmungen des Mutterschutzgesetzes hinwies, nach welchen die Kündigung gegenüber einer Frau während der Schwangerschaft und bis zum Ablauf von vier Monaten nach der Entbindung unzulässig sei, vorausgesetzt, der Arbeitgeber hat Kenntnis von Schwangerschaft oder Entbindung.

„Endet die Schwangerschaft mit einer Fehlgeburt – das ist immer dann der Fall, wenn das Kind nach der Geburt nicht lebensfähig war –, so scheidet die Frau aus dem Geltungsbereich des Mutterschutzgesetzes aus.“ Wenn also nach der Entscheidung des Gesetzgebers bei einer Fehlgeburt trotz der psychischen und physischen Belastung der Frau kein besonderer Kündigungsschutz bestehen soll, so kann eine nach einer Fehlgeburt ausgesprochene Kündigung nicht schon aufgrund des Zeitpunkts ihres Zugangs unwirksam sein.

## Mitteilung der Schwangerschaft

Von größter Bedeutung ist auch, wie Sie dem Arbeitgeber als werdende Mutter Kenntnis von der Schwangerschaft geben. Das Mutterschutzrecht tritt schon dann in Kraft, wenn Sie innerhalb von zwei Wochen eine – wenn auch nur vermutete oder mögliche – Schwangerschaft dem Arbeitgeber mitteilen. Selbstverständlich muß diese dann später durch ärztliches Zeugnis, in dem auch der voraussichtliche Tag der Geburt errechnet ist, bestätigt werden.

In einem vom Bundesarbeitsgericht 1990 zu entscheidenden Fall (BB 91, 1419) ging es darum, daß eine Arbeitnehmerin aufgrund eines Urintests am 2. 5. 1989 vom Bestehen einer Schwangerschaft erfuhr. Am 11. 4. 1989 hatte ihr die Arbeitgeberin, eine Krankengymnastikpraxis, schon fristgerecht zum 30. 6. 1989 wegen Betriebsaufgabe gekündigt. Am 3. 5.

1989 teilte die Masseurin der Arbeitgeberin mit, daß sie schwanger sei. Am 18. 5. 1989 wurde sie aufgrund eines Bluttests vom Arzt dahingehend aufgeklärt, daß sie sich am 2. 5. bereits in der sechsten Schwangerschaftswoche befunden habe. Zugleich wurde der 3. 1. 1990 als voraussichtlicher Entbindungstermin errechnet. Die Masseurin teilte das allerdings der Krankengymnastikpraxis nicht mit. Erst am 26. 6. 1989 machte sie geltend, die Kündigung sei wegen Verstoßes gegen das Mutterschutzgesetz rechtsunwirksam, da sie schon bei deren Zugang schwanger gewesen sei. Während das Landesarbeitsgericht noch der Meinung war, die Arbeitnehmerin sei nicht verpflichtet, bei der Mitteilung ihrer Schwangerschaft erkennbar zu machen, daß sie den Kündigungsschutz für Schwangere geltend machen wolle, teilte das Bundesarbeitsgericht diese Meinung nicht. Es stellte fest, die nachträgliche Mitteilung der Schwangerschaft müsse das Bestehen einer Schwangerschaft im Zeitpunkt des Zugangs der Kündigung oder die Vermutung einer solchen Schwangerschaft zum Inhalt haben. Die Mitteilung der Schwangerschaft ohne Rücksicht darauf, ob der Erklärungsempfänger ihr auch das Bestehen dieses Zustandes zu diesem Zeitpunkt entnehmen könne, genüge nicht.

„Teilt die Arbeitnehmerin ausdrücklich nur das Bestehen einer Schwangerschaft mit, so hängt es von den Umständen des Falles ab, ob die Mitteilung dahin verstanden werden muß, daß die Schwangerschaft bereits bei Zugang der Kündigung bestanden habe."

Eine Arbeitnehmerin muß, wenn sie den Sonderkündigungsschutz erhalten will, dem Arbeitgeber innerhalb von zwei Wochen nach Kenntnis der Schwangerschaft eine Mitteilung zukommen lassen. Sind zwingende Anhaltspunkte gegeben, die das Vorliegen einer Schwangerschaft praktisch unabweisbar erscheinen lassen, so ist eine verzögerte, nicht fristgerechte Mitteilung an den Arbeitgeber als Verschulden der Arbeitnehmerin zu werten. „Die Mitteilung des Bestehens einer Schwangerschaft als solche, ermöglicht dem Arbeitgeber keine Einstellung auf die noch unklare Situation, weil ohne Kenntnis des Beginns der Schwangerschaft deren Erheblichkeit im kündigungsrechtlichen Sinne nicht feststeht."

## Gleichbehandlung und Schwangerschaft

In diesem Zusammenhang ist darauf hinzuweisen, daß sich auch der Gerichtshof der Europäischen Gemeinschaft unter anderem mit Urteil von 1990 mit der Frage der Gleichbehandlung und der Schwangerschaft im Zeitpunkt der Bewerbung zu befassen hatte (BB 1991, 692):

In diesem Fall hatte sich die Klägerin um eine Tätigkeit als Erzieherin in der vom Beklagten betriebenen Bildungsstätte für junge Erwachsene beworben. Kurz danach teilte sie der Auswahlkommission mit, daß sie seit drei Monaten schwanger sei. Die Kommission schlug sie dennoch der Leitung des Beklagten als für die Tätigkeit am besten geeigneten Bewerber vor. Dieser teilte jedoch der Klägerin mit, daß sie nicht eingestellt werde. In diesem Schreiben führte der Beklagte aus, diese Entscheidung sei darauf zurückzuführen, daß die Klägerin schon bei Einreichung ihrer Bewerbung schwanger gewesen sei und daß dies nach den von ihr eingeholten Auskünften bedeute, daß wenn der Beklagte die Klägerin einstellen würde, deren Versicherer dem Beklagten nicht die Leistungen erstatten würde, die er der Klägerin während ihres Mutterschaftsurlaubs zu gewähren hätte. Der Gerichtshof der Europäischen Gemeinschaft entschied, daß dieses Verhalten des Arbeitgebers eine unmittelbare Diskriminierung aufgrund des Geschlechts darstelle. Eine Verweigerung der Einstellung aufgrund der finanziellen Auswirkungen der Fehlzeiten wegen Schwangerschaft sei als eine Weigerung anzusehen, die im wesentlichen ihren Grund in der Schwangerschaft als solcher habe. Eine solche Diskriminierung könne nicht mit den finanziellen Nachteilen gerechtfertigt werden, die der Arbeitgeber im Falle der Einstellung einer schwangeren Frau während deren Mutterschaftsurlaubs erleiden würde.

„Ein Arbeitgeber verstößt gegen den Gleichbehandlungsgrundsatz, wenn er es ablehnt, mit einer von ihm für geeignet gefundenen Bewerberin einen Arbeitsvertrag zu schließen, weil er wegen der Einstellung einer schwangeren Frau Nachteile zu befürchten hat, die sich aus einer staatlichen Regelung über die Arbeitsunfähigkeit ergeben, wonach eine mit Schwangerschaft und Entbindung zusammenhängende Verhinderung an der Arbeitsleistung einer Verhinderung wegen Krankheit gleichsteht."

## Gefahrenschutz für werdende Mütter

Werdende – oder auch stillende – Mütter dürfen an einer ganzen Reihe von Arbeitsplätzen nicht beschäftigt werden, so insbesondere nicht mit schweren körperlichen Arbeiten, mit Arbeiten, bei denen sie schädlichen Gasen, Dämpfen, Erschütterungen etc. oder gar Strahlen (zum Beispiel im Sinne der Strahlenschutzverordnung) ausgesetzt sind.

Zum Schutz der werdenden beziehungsweise stillenden Mütter gehören auch Beschäftigungsverbote. Hierzu gehören insbesondere die letzten sechs Wochen vor der vom Arzt errechneten Entbindung sowie die acht Wochen danach. Für die sechs Wochen vor der Entbindung kann sich jedoch die Frau ausdrücklich zur Arbeitsleistung bereiterklären – im üblichen Arbeitnehmerverhältnis wird das nur äußerst selten vorkommen. Bekannt ist ein derartiger Verzicht eigentlich nur dann, wenn zum Beispiel die werdende Mutter im Unternehmen des Ehemannes mitarbeitet. Für die acht Wochen nach der Geburt ist ein Verzicht auf das Beschäftigungsverbot nicht möglich.

In Ausnahmefällen kann sich die 8-Wochen-Frist auf eine 12-Wochen-Frist verlängern, wenn es sich bei der Entbindung um eine Früh- beziehungsweise Mehrlingsgeburt handelt.

Beschäftigungsverbote für werdende und stillende Mütter beziehen sich auch auf Überstundentätigkeit, auf Nacht-, Sonn- und Feiertagsarbeiten. Ausnahmen hiervon gibt es wiederum im Verkehrswesen, vor allen Dingen auch in Gast- und Schankwirtschaften oder bei künstlerischer Tätigkeit.

Wie bedeutsam die Mitteilung der Schwangerschaft dann sein kann, wenn eine Arbeitnehmerin sich ausschließlich zu Nachtarbeit verpflichtet hat und wann eine derartige Verpflichtung zur Auflösung des Arbeitsvertrages führen kann, entschied das Bundesarbeitsgericht 1988 (NJW 1989, 929):

In diesem Fall hatte sich eine Frau als Pflegerin für den Nachtdienst in einem Altenheim beworben. Kurz danach bot man ihr an, daß sie noch am gleichen Abend ihre Tätigkeit aufnehmen könne. Die Pflegerin arbeitete zunächst fünf Nächte. Beim Vorstellungsgespräch und bei der Arbeitsaufnahme war sie vom Altenheimbetreiber nicht nach dem Bestehen einer Schwangerschaft gefragt worden. Einige Tage später wurde ihr ein Formulararbeitsvertrag zur Unterzeichnung vorgelegt. Dort heißt es in § 12: „Der Arbeitnehmer versichert, nicht schwanger zu sein." Zehn Tage danach teilte die Pflegerin der Altenheimverwaltung mit, daß sie schwanger sei. Das Gewerbeaufsichtsamt habe jedoch in Aussicht gestellt, sie auf entsprechenden Antrag des Altenheims vom Nachtarbeitsverbot für Schwangere freizustellen. Das Altenheim beantragte jedoch seinerseits beim Gewerbeaufsichtsamt die Zulassung einer Kündigung.

Das Bundesarbeitsgericht stellte fest, daß das hier vorliegende Beschäftigungsverbot – also das Nachtarbeitsverbot – kein absolutes Verbot, sondern ein solches mit Erlaubnisvorbehalt sei. Die zuständige Behörde könne sowohl vor als auch nach der Entbindung eine Ausnahme zulassen. Erst wenn eine Ausnahmegenehmigung endgültig nicht erteilt werde, stehe fest, daß Schwangerschaft und geschuldete Arbeitsleistung miteinander unvereinbar seien, der Schwangerschaft damit nach herrschender Meinung zugleich auch verkehrswesentliche Eigenschaft zukomme. Das Nachtarbeitsverbot führe jedenfalls dann nicht zur Nichtigkeit eines mit einer Schwangeren geschlossenen Arbeitsvertrages, wenn zum Zeitpunkt des Abschlusses des Vertrages eine Ausnahmegenehmigung noch nicht versagt sei oder wenn nicht feststehe, daß sie abgelehnt worden wäre.

In dem hier vorliegenden Fall, bei dem es feststehe, daß das Altenheim dringend nur eine Arbeitskraft brauchte, und diese nur für die Nachtarbeit, sei die schwangere Arbeitnehmerin jedoch von sich aus ohne Befragen verpflichtet gewesen, ihre Schwangerschaft zu offenbaren. Komme sie ihrer Offenbarungspflicht nicht nach, so könnten die Voraussetzungen der Anfechtung wegen arglistiger Täuschung erfüllt sein.

In besonderen Ausnahmefällen sind Sie also verpflichtet, dem Sie einstellenden Arbeitgeber unbedingt Mitteilung davon zu machen, ob Sie schwanger sind. Sollten Sie selbstverständlich unverschuldet eine derartige Mitteilung nicht machen können, weil Sie zum Zeitpunkt der entsprechenden Befragung noch gar nicht wissen, daß Sie schwanger sind, so kann Ihnen das allerdings nicht angelastet werden.

## Mutterschutzlohn und Mutterschaftsgeld

Zwischen Mutterschutzlohn und Mutterschaftsgeld muß unterschieden werden.

*Der Mutterschutzlohn ist vom Arbeitgeber zu bezahlen.* Er setzt voraus, daß Beschäftigungsverbote vorliegen und daß deshalb die werdende oder stillende Mutter einen Verdienstentgang erleiden muß.

*Das Mutterschaftsgeld wird von der Krankenkasse bezahlt.* Es ist derzeit auf 25,– DM pro Tag festgelegt. Soweit damit nicht der frühere Nettoverdienst der werdenden oder stillenden Mutter erreicht wird, muß auch hier der Arbeitgeber den Differenzbetrag zum Nettoeinkommen übernehmen.

Soweit Frauen nicht in der gesetzlichen Krankenversicherung versichert sind, erhalten sie höchstens ein Mutterschaftsgeld von nur 400,– DM. Das bedeutet, daß bei einem kalendertäglichen Höchstbetrag von 25,– DM der Bezug bereits nach 16 Tagen endet, obwohl die Schutzfristen mit 98 Tagen anzusetzen sind. Nicht nachvollziehbar ist in diesem Zusammenhang, daß das Bundessozialgericht diese Begrenzung des Mutterschaftsgeldes für verfassungsgemäß angesehen hat (BSG in ZA 5, 1985, 605).

Ein vom Bundesarbeitsgericht zu entscheidendes Problem stellte die Frage dar, was mit dem Mutterschaftsgeld und dem Anspruch auf Zuschuß hierzu vom Arbeitgeber dann ist, wenn eine Entbindung früher, als nach dem Zeugnis eines Arztes anzunehmen war, erfolgt (NJW 1988, 1108):

In diesem Fall war eine Steuerfachgehilfin schwanger geworden. Der mutmaßliche Entbindungstermin wurde vom Arzt auf den 31. 8. 1985 bestimmt. Während der Schwangerschaft wurde die Klägerin nun arbeitsunfähig krank. Von ihrem Arbeitgeber erhielt sie dementsprechend für sechs Wochen Gehaltsfortzahlung. Da sie weiterhin arbeitsunfähig krankgeschrieben war, wurde für die nachfolgende Zeit die Krankenkasse eintrittspflichtig. Am 20. 7. 1985 wurde die Steuerfachgehilfin von ihrem Kind entbunden. Die Krankenkasse berechnete vom Tag der tatsächlichen Entbindung her die Bezugszeit für das Mutterschaftsgeld, nämlich für die Zeit von sechs Wochen vor dem 20. 7. 1985. Sie gewährte demgemäß Mutterschaftsgeld in Höhe von 25,– DM täglich für die

Zeit vom 8. 6. bis 20. 7. 1985. Vom Arbeitgeber verlangte nun die Steuerfachgehilfin den Zuschuß zum Mutterschaftsgeld in Höhe von ca. 1650,– DM.

Während Arbeitsgericht und Landesarbeitsgericht noch der Meinung waren, für den Zahlungsbeginn des Mutterschaftsgeldes und des Arbeitgeberzuschusses sei der Tag anzusetzen, von dem das ärztliche Zeugnis als Entbindungstag ausgehe, war das Bundesarbeitsgericht jedoch anderer Meinung. Es stellte fest, daß die von ihm vertretene Auffassung, daß vom tatsächlichen Zeitpunkt der Entbindung auszugehen und davon der 6-Wochen-Zeitraum zurückzurechnen sei, dem Sinn und Zweck der gesetzlichen Regelung des Mutterschutzgesetzes entspreche. Die Frau solle während der Schutzfristen vor und nach der Geburt wirtschaftlich dadurch abgesichert werden, daß ihr grundsätzlich das durchschnittliche kalendertägliche Arbeitsentgelt erhalten bleibe. Dies würde dadurch erreicht, daß die Krankenkasse verpflichtet sei, an die versicherten Frauen ein Mutterschaftsgeld bis zur Höhe von 25,– DM täglich zu zahlen. Soweit das Nettoarbeitsentgelt 25,– DM täglich übersteige, sei der Arbeitgeber gehalten, zu der wirtschaftlichen Absicherung durch den Zuschuß beizutragen. Dieser Zuschuß sei deshalb auch dann zu gewähren, wenn – wie vorliegend – das zunächst gezahlte Krankengeld entfalle und dafür das niedrigere Mutterschaftsgeld von der Krankenkasse geleistet werde.

Noch einmal ist auf den Mutterschutzlohn zu verweisen. Dieser ist ähnlich gestaltet wie der Zuschuß zum Mutterschaftsgeld, auch mit ihm soll erreicht werden, daß eine werdende oder stillende Mutter keinen Verdienstverlust erhält, weil sie zum Beispiel in bestimmten Arbeitsbereichen nicht mehr arbeiten kann oder weil sie keine Nacht- oder Sonn- und Feiertagsarbeit ausüben darf. Mutterschutzlohn ist dementsprechend dann nicht zu zahlen, wenn die künftige Mutter nachweislich schlecht arbeitet oder wenn sie ihr angebotene zumutbare Ersatzarbeit ablehnt.

Ein Problem kann gegebenenfalls die Errechnung des Mutterschutzlohnes beziehungsweise des Zuschusses zum Mutterschaftsgeld darstellen. Es stellt sich zum Beispiel die Frage, wie Gehaltserhöhungen sich auf die Berechnungen auswirken und insbesondere, von welchen Durchschnittsverdiensten auszugehen ist. Das Mutterschutzgesetz geht von einem Bezugszeitraum von den letzten drei Monaten vor Beginn des Monats aus, in dem die Schwangerschaft nach dem ärztlichen Zeugnis eingetreten ist. Sollte das Arbeitsverhältnis erst später begonnen haben, so kann dieser 3-Monats-Zeitraum auf eine Zeitspanne bis zu einem Monat verkürzt werden oder gegebenenfalls sogar in die Monate nach dem Schwangerschaftsbeginn hineinreichen. Sollte ausnahmsweise ein Wochenlohn vereinbart sein, so zählen hier die letzten drei Lohnwochen ebenfalls vor Beginn der Schwangerschaft, gegebenenfalls auch hier verkürzt auf eine Zeitspanne von bis zu vier Wochen bei einem späteren Arbeitsbeginn.

Zum Gesamtverdienst gehören die besonderen Zuwendungen wie Weihnachtsgratifikation und Urlaubsgeld nicht. Alle anderen Zulagen und Vergütungen wie Überstunden, Nacht-, Sonn- oder Feiertagsarbeit zählen dazu. Verdiensterhöhungen, die nicht nur vorübergehend gewährt werden, sind zumindest anteilig bei der Berechnung des Gesamtverdienstes anzusetzen. Gleiches gilt auch für Verdienstkürzungen. Als Verdiensterhöhungen sind selbst solche Zuschläge für Nacht- und Sonntagsdienste anzusetzen, die eine Arbeitnehmerin wegen einer inzwischen eingetretenen Schwangerschaft und den entsprechenden Beschäftigungsverboten nicht mehr leisten darf (BAG NZA 1990, 974).

# Arbeitsverhältnisse mit Schwerbehinderten

13

## Behinderungsgrad

Unter Schwerbehinderten im Sinne des Schwerbehindertengesetzes versteht man zunächst grundsätzlich nur Personen mit einem Grad der Behinderung von wenigstens 50 Prozent. In Ausnahmefällen können jedoch Personen mit einem geringeren Behinderungsgrad – allerdings von wenigstens 30 Prozent – den Schwerbehinderten gleichgestellt werden. Die Gleichstellung erfolgt durch das zuständige Arbeitsamt und gilt für solche Personen, die infolge der Behinderung ohne die Gleichstellung einen geeigneten Arbeitsplatz nicht erlangen oder nicht behalten könnten.

Die Schwerbehinderung als solche wird auch dem Grad nach vom zuständigen Versorgungsamt festgestellt, wobei üblicherweise Gutachter eingesetzt werden, welche die Schwerbehinderung und deren Grad aus ärztlicher Sicht überprüfen müssen. Der Schwerbehinderte erhält einen besonderen Ausweis, in dem der Grad der Schwerbehinderung festgestellt und nachgewiesen wird.

Der Schwerbehindertenschutz beginnt nicht erst zu dem Zeitpunkt, an dem der Behinderte den Bescheid des Versorgungsamtes oder gar den entsprechenden Ausweis erhält, sondern tatsächlich schon mit dem Zeitpunkt, seit dem die Behinderung tatsächlich vorhanden ist. Wer zum Beispiel aufgrund eines Verkehrsunfalls querschnittgelähmt wird, erhält die Schwerbehinderteneigenschaft und damit auch den Schutz des Schwerbehindertengesetzes mit dem Unfalltag. Von diesem Zeitpunkt ab kann er nur noch mit Zustimmung der Hauptfürsorgestelle gekündigt werden, auch wenn er den Bescheid des Versorgungsamtes und vor allem auch den Schwerbehindertenausweis erst später bekommen wird. Etwas anderes gilt nur bei den sogenannten Gleichgestellten, bei denen der Schutz – für den Fall, daß durch das Arbeitsamt die Gleichstellung bestätigt wird – mit dem Tag beginnt, an dem der Antrag beim Arbeitsamt eingereicht wurde.

## Ausgleichsabgabe

Arbeitgeber, die über mindestens 16 Arbeitsplätze verfügen, müssen beziehungsweise sollten 6 Prozent der Arbeitsplätze für Schwerbehinderte zur Verfügung stellen. Bereits 1981 bestätigte das Bundesverfassungsgericht, daß diese besonderen Vorschriften mit dem Grundgesetz vereinbar sind, auch wenn sie private Arbeitgeber betreffen (NJW 1981, 2107).

Anstelle dieser Beschäftigungspflicht kann der Arbeitgeber allerdings auch eine sogenannte Ausgleichsabgabe wählen, die derzeit für jeden nicht mit einem Schwerbehinderten beschäftigten Platz monatlich 200,– DM beträgt. Dabei spielt es keine Rolle, ob der Arbeitgeber keine Schwerbehinderten einstellen will – eine Tatsache, die leider viel zu häufig ist – oder ob sich bei diesem Arbeitgeber keine Schwerbehinderten bewerben. Die Ausgleichsabgabe ist vom Arbeitgeber zu berechnen und bei der für ihn zuständigen Hauptfürsorgestelle zu bezahlen.

Die Ausgleichsabgabe ist zweckgebunden, sie darf nur zugunsten von Behinderten, deren Berufs- und Ausbildungsförderung sowie zur Unterbringung und zur Förderung von speziellen Behinderteneinrichtungen verwendet werden.

## Schutzbestimmungen

Dem Schwerbehinderten steht ein Zusatzurlaub von wenigstens 5 Arbeitstagen im Urlaubsjahr zu. Tarifverträge können einen längeren Zusatzurlaub vorsehen.

Der Zusatzurlaub von 5 Arbeitstagen steht dem Schwerbehinderten auch zu, wenn er erst im Laufe des Jahres als Schwerbehinderter anerkannt wird (BAG, NZA 1995, 746).

Gibt es in einer Firma mehrere Schwerbehinderte, so können diese einen Vertrauensmann wählen, der ihre Interessen dem Arbeitgeber gegenüber zusätzlich wahrnehmen soll.

Arbeitsverhältnisse mit Schwerbehinderten können nur mit Zustimmung der Hauptfürsorgestelle gekündigt werden; ohne deren Zustimmung ist jede Kündigung wirkungslos.

Die Hauptfürsorgestelle kann zwar auch die Zustimmung zur Kündigung erteilen, sie wird jedoch nur in ganz wenigen Ausnahmefällen zu einem derartigen Entschluß kommen. Nur wenn eine betriebsbedingte Kündigung insoweit vorliegt, daß Betriebe oder Betriebsteile nicht nur vorübergehend aufgelöst werden und wenn der Schwerbehinderte nicht auf einem anderen Arbeitsplatz desselben Betriebs mit Zustimmung des Schwerbehinderten beschäftigt werden kann, muß die Hauptfürsorgestelle die Zustimmung zur Kündigung erteilen.

Das Oberverwaltungsgericht Nordrhein-Westfalen mußte 1989 (BB 1990, 1909) einen Fall entscheiden, bei dem eine Verkäuferin gekündigt worden war, weil sie zumindest dringend verdächtigt gewesen sei, eine Packung Zigaretten zum Verkaufspreis von 3,80 DM entwendet zu haben. Der Hausdetektiv des Kaufhauses habe sie dabei beobachtet. Die Hauptfürsorgestelle lehnte die Zustimmung zur außerordentlichen Kündigung ab. Das Gericht meinte jedoch, die Zustimmung habe nicht versagt werden können:

Es stellte zunächst fest, daß die mit 50 Prozent in ihrer Erwerbsfähigkeit geminderte Verkäuferin dem Sonderkündigungsschutz unterfalle. Danach bedürfe die außerordentliche Kündigung des Arbeitsverhältnisses eines Schwerbehinderten der vorherigen Zustimmung der Hauptfürsorgestelle. In dem hier vorliegenden Fall bestehe aber zwischen dem Kündigungsgrund und der Schwerbehinderung der Verkäuferin kein Zusammenhang.

„Das Restermessen, das der Hauptfürsorgestelle bei einer Entscheidung über den Zustimmungsantrag verbleibt, wenn die außerordentliche Kündigung aus einem Grund erfolgt, der nicht im Zusammenhang mit der Behinderung steht, hat sie je nachdem zu gebrauchen, ob der Sachverhalt Besonderheiten zugunsten des Schwerbehinderten aufweist, die eine Verweigerung der Zustimmung ausnahmsweise rechtfertigen, oder nicht.”

Die Fürsorgestelle habe nicht über die Wirksamkeit der beabsichtigten außerordentlichen Kündigung zu urteilen. Allenfalls dann, wenn die Kündigung erkennbar und offensichtlich rechtswidrig sei, wäre eine Zustimmung zu versagen. Allein die Schwierigkeit der Gekündigten, einen neuen Arbeitsplatz zu finden, stelle keinen außergewöhnlichen Umstand dar, der eine Versagung der Zustimmung rechtfertige.

Es sei dahingestellt, ob das Bundesarbeitsgericht eine ähnlich harte Entscheidung getroffen hätte. Diebstahl ist auch bei Schwerbehinderten ein Grund, der zu einer berechtigten fristlosen Kündigung führen kann.

### Fragen und Angaben zur Behinderung im Personalbogen

Das Bundesarbeitsgericht hatte sich 1995 mit der Frage zu befassen, ob ein Schwerbehinderter die Frage im Personalbogen nach seiner Behinderung wahrheitswidrig beantworten dürfe (DB 1995, 2173).

Die Klägerin war ab 1. 1. 1991 als Schwerbehinderte mit einem Grad der Behinderung von 50 % anerkannt. Sie ist auf einem Auge blind. Im Dezember dieses Jahres bewarb sie sich um eine Stelle als Reinigungskraft. Im Personalfragebogen ließ sie die Frage nach ihrer Schwerbehinderteneigenschaft unbeantwortet. Auf eine ausdrückliche Rückfrage erklärte sie, sie sei nicht schwerbehindert. Der Personalbogen wurde entsprechend ergänzt und die Klägerin zum 15. 1. 1992 als Reinigungskraft eingestellt. Anschließend offenbarte die Klägerin jedoch ihre Schwerbehinderteneigenschaft, worauf der Arbeitgeber das Arbeitsverhältnis wegen arglistiger Täuschung anfocht. Die Klägerin verlangte Weiterbeschäftigung und meinte, die entsprechende Frage bei dem Einstellungsgespräch sei unzulässig gewesen und habe deshalb von ihr falsch beantwortet werden dürfen. Die Erkrankung, die zu ihrer Anerkennung als Schwerbehinderte geführt habe, habe keinerlei Auswirkung auf ihre Arbeitsleistung gehabt. Lasse man die entsprechende Frage uneingeschränkt zu, so erhalte der Arbeitgeber die Möglichkeit, Schwerbehinderte sofort aus dem Kreis der Bewerber auszunehmen.

Diese Meinung teilte zwar zunächst das Arbeitsgericht, das Landesarbeitsgericht und das Bundesarbeitsgericht ließen aber die Anfechtung des Arbeitsvertrags wegen arglistiger Täuschung über die Schwerbehinderteneigenschaft zu. Das Bundesarbeitsgericht stellte ausdrücklich fest, es sei zu unterscheiden zwischen der Frage nach vorliegenden Erkrankungen, die nur dann zulässig sei, wenn diese Erkrankungen für die Arbeitsleistung von Bedeutung seien, und der Frage nach dem Schwerbehindertenstatus. Habe ein Arbeitnehmer, was seiner eigenen Entscheidung unterliege, seine Anerkennung als Schwerbehinderter erreicht, so habe dies rechtliche Auswirkungen für die gesamte Dauer des Arbeitsverhältnisses. Ein Fragerecht des Arbeitgebers sei gerechtfertigt, schon damit dieser seine Verpflichtung aus dem Schwerbehindertengesetz erfüllen könne. Das von der Klägerin geforderte „Recht zur Lüge" führe zu einer vom Gesetzgeber nicht gewollten Bevorzugung der Schwerbehinderten, deren Behinderung nicht erkennbar sei und sich auf ihre Arbeitsleistung nicht auswirke.

# Berufsausbildungsverhältnisse

14

## Ausbildungsvertrag

Verträge mit Auszubildenden müssen grundsätzlich schriftlich abgeschlossen werden. Das ist schon deshalb erforderlich, weil der Berufsausbildungsvertrag in ein Fachverzeichnis der jeweiligen Berufssparte eingetragen werden muß. Der Vertrag muß enthalten, wofür die Berufsausbildung erfolgen soll, also das spezielle Berufsziel, Beginn und Dauer der Berufsausbildung, die Dauer der regelmäßigen täglichen Ausbildungszeit sowie die Probezeit und die Höhe der Ausbildungsvergütung.

An die Ausbildenden sind erhebliche Anforderungen gestellt. Sie müssen sowohl persönlich wie auch fachlich geeignet sein, junge Menschen in den Ausbildungsberufen anzuleiten. Die Hauptpflicht der Ausbildenden besteht in der sachlichen und persönlichen Ausbildung der jungen Menschen. Sie müssen die Auszubildenden deshalb nicht nur sachgerecht in ihre zukünftige Tätigkeit einführen können, sie müssen sie auch zum Besuch der Berufsschule anhalten und die zu erstellenden Berichtshefte überprüfen.

Sie haben den jungen Menschen eine angemessene Vergütung zu bezahlen, die sich meist nach Tarifverträgen richten wird.

Das Berufsbildungsgesetz legt – selbst wenn das vielleicht manchen Auszubildenden gelegentlich nicht bewußt ist – eine ganze Reihe von Pflichten für den Auszubildenden fest. Insbesondere ist der Auszubildende zur Leistung von Arbeit verpflichtet, die dazu dienen muß, den Ausbildungszweck zu erfüllen. Er muß die ihm übertragenen Aufgaben so sorgfältig wie möglich ausführen, bei Schlechtleistung könnte sogar – wohl aber mehr theoretisch als praktisch – eine Schadensersatzpflicht auf ihn zukommen.

Der Auszubildende muß sich darum bemühen, möglichst umfassend die für seinen künftigen Beruf erforderlichen

Kenntnisse und Fähigkeiten zu erwerben, wobei er ihm übergebenes Arbeitsmaterial sorgfältig und pfleglich behandeln muß. Selbstverständlich trifft ihn auch eine umfassende Schweigepflicht zu Betriebs- und Geschäftsgeheimnissen.

## Beendigung des Berufsausbildungsverhältnisses

Es wurde schon darauf hingewiesen, daß in Berufsausbildungsverhältnissen eine Probezeit üblich ist, die mindestens einen Monat und höchstens drei Monate betragen darf. Innerhalb dieser Probezeit können sowohl Auszubildende wie auch Ausbilder jederzeit ohne Einhaltung einer Kündigungsfrist schriftlich kündigen.

Das Bundesarbeitsgericht entschied 1988 einen Fall, bei dem es um die Kündigung eines Berufsausbildungsverhältnisses während der Probezeit ging (NJW 1989, 1107):
In diesem Fall wollte ein Mädchen Verkäuferin in einem Schuhgeschäft werden. Am 18. 4. 1986 schloß sie mit dem Schuhgeschäft einen Berufsausbildungsvertrag, wonach sie vom 1. 8. 1986 bis 31. 7. 1988 als Verkäuferin ausgebildet werden sollte. Die Probezeit betrug drei Monate. Am 24. 10. 1986 teilte das Schuhgeschäft – ein Filialunternehmen einer größeren Firma – ihrem Betriebsrat mit, sie wolle dem als Auszubildende beschäftigten Mädchen ordentlich zum 30. 11. 1986 kündigen. In dem Schreiben hieß es, die Kündigung sei erforderlich, weil die aufgetragenen Arbeiten unzuverlässig erledigt würden, die Auszubildende schlechte schulische Leistungen erbringe und lustlos im Verkauf sei. Außerdem vertrat die Leitung des Filialunternehmens die Meinung, das Mädchen warte nach eigener Aussage auf eine Kündigung. Der Betriebsrat stellte fest, daß er keine Möglichkeit sehe, gegen die beabsichtigte Kündigung Bedenken zu erheben. Daraufhin kündigte das Filialunternehmen am 24. 10. 1986 der Auszubildenden zum 30. 11. 1986. Daraufhin wandte sich das Mädchen an den Schlichtungsausschuß der Handelskammer, der in Berufsausbildungsverhältnissen

grundsätzlich dem arbeitsgerichtlichen Verfahren vorauszugehen hat. Dieser verkündete den „Versäumnisspruch". Das Ausbildungsverhältnis bestehe fort, da die Kündigung auf einen Zeitpunkt nach Ablauf der Probezeit unzulässig sei. Am 1. 3. 1987 ging das Mädchen ein neues Arbeitsverhältnis ein. Das ihrer Meinung nach – oder wahrscheinlicher nach Meinung ihres Anwalts – fortbestehende Ausbildungsverhältnis sah sie durch eine eigene fristlose Kündigung am 13. März 1987 als beendet an. Sie verlangte nun für die Monate Dezember, Januar und Februar die Ausbildungsvergütung von jeweils 571,– DM. Das Bundesarbeitsgericht stellte in seiner Entscheidung fest, daß ein Berufsausbildungsverhältnis auch während der Probezeit unter Zubilligung einer Auslauffrist wirksam ordentlich gekündigt werden könne, wenn dadurch keine zweckwidrige Bindung über das Ende der Probezeit hinaus bewirkt werde.

„Unter Berücksichtigung der zwingenden gesetzlichen Regelung ‚des Berufsbildungsgesetzes' ist der Kündigende allerdings bei der durch die Kündigung einseitigen Festlegung des Beendigungstermins nicht völlig frei. Es ist zu beachten, daß nach den gesetzlichen Regelungen vielmehr an sich innerhalb der Probezeit endgültige Klarheit über die Vertragsfortsetzung, beziehungsweise die Beendigung der Ausbildung, geschaffen werden soll. Die Einräumung einer Auslauffrist durch die kündigenden Vertragspartner, die wie im vorliegenden Fall der Frist entspricht, mit der das mit der Ausbildung angestrebte Arbeitsverhältnis ordentlich hätte gekündigt werden können, begegnet jedoch auch bei Beachtung des Zweckes des Berufsausbildungsgesetzes keinen rechtlichen Bedenken."

*Ist die Probezeit vorbei, kann das Berufsausbildungsverhältnis grundsätzlich nicht ordentlich gekündigt werden.* Möglich ist nur eine Kündigung aus wichtigem Grund oder durch den Auszubildenden wegen Wechsels oder Aufgabe der Berufsausbildung. Im Berufsausbildungsverhältnis ist eine außerordentliche Kündigung aus wichtigem Grund in jedem Falle unwirksam, wenn in der schriftlich vorzulegenden Kündigung die Gründe nicht angegeben sind.

Noch wesentlich mehr als bei sonstigen Arbeitsverhältnissen wird im Berufsausbildungsverhältnis immer das Interesse des Auszubildenden an seiner Berufsausbildung überprüft und gegebenenfalls auch Vorrang einzuräumen sein. Selbst erhebliche Leistungsmängel oder negative Verhaltensweisen werden insbesondere gegen Ende des Ausbildungsverhältnisses grundsätzlich nachrangig zu bewerten sein im Vergleich zum Ziel des Auszubildenden, den Abschluß des Ausbildungsverhältnisses zu erreichen.

Wesentlich einfacher ist es natürlich für den Auszubildenden. Dieser seinerseits kann die Berufsausbildung aufgeben oder sich für eine andere Berufstätigkeit ausbilden lassen und unter Hinweis auf diese beiden Möglichkeiten jederzeit kündigen. Will er jedoch in seinem Ausbildungsberuf bleiben, dann ist es ihm verwehrt, den Ausbilder einfach zu wechseln.

Das Berufsausbildungsverhältnis wird im übrigen mit der Abschlußprüfung beendet. Das bedeutet, daß bei bestandener Abschlußprüfung das Berufsausbildungsverhältnis einige Monate früher beendet sein kann. In diesem Fall muß dann der Arbeitgeber dem Auszubildenden gegenüber auch erklären, ob er ihn in ein unbefristetes Arbeitsverhältnis übernehmen oder ihn nicht mehr weiterbeschäftigen will. Wenn der Auszubildende diese Prüfung nicht besteht, kann das Berufsausbildungsverhältnis bis zur nächstmöglichen Wiederholungsprüfung verlängert werden, wenn der Auszubildende das wünscht und verlangt.

# Stichwortverzeichnis